DEIN ONLINE-PLUS ZUM FiNALE ABITURBAND

FiNALEonline.de

FiNALEonline ist die digitale Ergänzung zu deinem Abiturband. Hier findest du eine Vielzahl an Angeboten, die dich bei deiner Prüfungsvorbereitung zusätzlich unterstützen.

Das Plus für deine Vorbereitung:

→ Original-Prüfungsaufgaben mit Lösungen (bitte
→ EXTRA-Training Rechtschreibung
   So kannst du einem möglichen Punktabzug bei dein
→ Videos zur mündlichen Prüfung
→ Tipps zur stressfreien Prüfungsvorbereitung
→ Abi-Checklisten mit allen prüfungsrelevanten Themen

Abi-Checklisten
Sie helfen dir, den Überblick über den Prüfungsstoff zu behalten.

DEIN ONLINE-PLUS ZUM FiNALE ABITURBAND

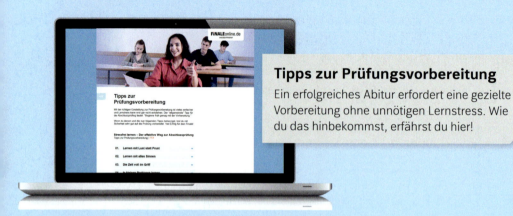

Tipps zur Prüfungsvorbereitung
Ein erfolgreiches Abitur erfordert eine gezielte Vorbereitung ohne unnötigen Lernstress. Wie du das hinbekommst, erfährst du hier!

Videos zur mündlichen Prüfung
Nur wenige Abiturienten wissen genau, wie sie abläuft, die „Mündliche". Die Videos geben dir Einblick in den Ablauf der Prüfung und Tipps für die richtige Vorbereitung.

Die Kombination aus FiNALE-Buch und FiNALEonline bietet dir die optimale Vorbereitung für deine Prüfung und begleitet dich sicher zu einem erfolgreichen Abitur 2022!

www.finaleonline.de

westermann

FiNALE
Prüfungstraining

Niedersachsen

Zentralabitur 2022
Mathematik

Heinz Klaus Strick
Martin Brüning
Benno Burbat
Dr. Holger Reeker

Liebe Abiturientin, lieber Abiturient,

sobald die Original-Prüfungsaufgaben zur Veröffentlichung freigegeben sind, können sie unter www.finaleonline.de zusammen mit ausführlichen Lösungen kostenlos heruntergeladen werden.
Gib dazu einfach diesen Code ein:

MA4V2M4

Einfach mal reinschauen: www.finaleonline.de

westermann GRUPPE

© 2021 Georg Westermann Verlag GmbH, Georg-Westermann-Allee 66, 38104 Braunschweig
www.westermanngruppe.de

Das Werk und seine Teile sind urheberrechtlich geschützt. Jede Nutzung in anderen als den gesetzlich zugelassenen Fällen bedarf der vorherigen schriftlichen Einwilligung des Verlages.
Hinweis zu § 52a UrhG: Weder das Werk noch seine Teile dürfen ohne Einwilligung gescannt und in ein Netzwerk eingestellt werden. Dies gilt auch für Intranets von Schulen und sonstigen Bildungseinrichtungen. Für Verweise (Links) auf Internet-Adressen gilt folgender Haftungshinweis: Trotz sorgfältiger inhaltlicher Kontrolle wird die Haftung für die Inhalte der externen Seiten ausgeschlossen. Für den Inhalt dieser externen Seiten sind ausschließlich deren Betreiber verantwortlich. Sollten Sie daher auf kostenpflichtige, illegale oder anstößige Inhalte treffen, so bedauern wir dies ausdrücklich und bitten Sie, uns umgehend per E-Mail davon in Kenntnis zu setzen, damit beim Nachdruck der Verweis gelöscht wird.

Druck A[1] / Jahr 2021
Alle Drucke der Serie A sind im Unterricht parallel verwendbar.

Redaktion: Dr. Ulrich Kilian
Kontakt: finale@westermann.de
Layout: Druckreif! Sandra Grünberg, Braunschweig
Umschlaggestaltung: Janssen Kahlert Design & Kommunikation, Hannover
Umschlagfoto: Peter Wirtz, Dormagen
Zeichnungen: Michael Wojczak, Langner & Partner Werbeagentur GmbH
Druck und Bindung: westermann druck GmbH, Braunschweig

ISBN 978-3-7426-**2235**-8

Inhaltsverzeichnis

Arbeiten mit **FiNALE** 5

Abi-Checkliste 7

Basiswissen 12

Analysis 12

A	Differenzialrechnung	12
B	Untersuchung von Funktionsgraphen	19
C	Mathematische Modellierungen mithilfe der Differenzialrechnung ...	38
D	Integralrechnung	47

Analytische Geometrie 56

E	Vektorrechnung	56
F	Geraden und Ebenen im Raum	61
G	Winkel und Abstände, Volumina im Raum	84

Stochastik 94

H	Beschreibende Statistik	94
I	Wahrscheinlichkeitsrechnung	96
J	Wahrscheinlichkeitsverteilungen	99
K	Beurteilende Statistik	110

Aufgaben zum Trainieren 117

Hilfsmittelfreie Aufgaben 117

Analysis 137

Aufgabe 1	Produktfunktion (quadratische Funktion mal Exponentialfunktion), Funktionenschar	137
Aufgabe 2	Exponentialfunktion, Funktionenschar	141
Aufgabe 3	Produktfunktion (quadratische Funktion mal Exponentialfunktion) .	145
Aufgabe 4	ganzrationale Funktion	148
Aufgabe 5	ganzrationale Funktion	151
Aufgabe 6	ganzrationale Funktion	154

Analytische Geometrie ... 157

Aufgabe 7	Ebenen- und Geradengleichung, Winkel, Volumen	157
Aufgabe 8	Ebenengleichung, Winkel, Abstand, Schattenwurf	160
Aufgabe 9	Ebenen- und Geradengleichung, Winkel	164
Aufgabe 10	Spurgeraden, Ebenengleichung, Winkel, Volumen, Flächeninhalt	169

Stochastik ... 172

Aufgabe 11	Binomialverteilung, bedingte Wahrscheinlichkeit, Mindestumfang, Hypothesentest, Normalverteilung	172
Aufgabe 12	bedingte Wahrscheinlichkeit, Binomialverteilung, Prognoseintervall, signifikante Abweichung, Mindestumfang	177
Aufgabe 13	Normalverteilung, Binomialverteilung, Vertrauensintervall	181
Aufgabe 14	Erwartungswert, Binomialverteilung, Mindestumfang, Hypothesentest	183

Original-Prüfungsaufgaben ... 186

Original-Prüfungsaufgaben 2020 zum Pflichtteil ... 186
Original-Prüfungsaufgaben 2020 zum Wahlteil:

Aufgabe 1A	Analysis – grundlegendes Anforderungsniveau	192
Aufgabe 1B	Analysis – grundlegendes Anforderungsniveau	195
Aufgabe 1A	Analysis – erhöhtes Anforderungsniveau	198
Aufgabe 1B	Analysis – erhöhtes Anforderungsniveau	202
Aufgabe 2A	Stochastik – grundlegendes Anforderungsniveau	206
Aufgabe 2B	Stochastik – grundlegendes Anforderungsniveau	208
Aufgabe 2A	Stochastik – erhöhtes Anforderungsniveau	210
Aufgabe 2B	Stochastik – erhöhtes Anforderungsniveau	212
Aufgabe 3A	Analytische Geometrie – grundlegendes Anforderungsniveau	214
Aufgabe 3B	Analytische Geometrie – grundlegendes Anforderungsniveau	216
Aufgabe 3A	Analytische Geometrie – erhöhtes Anforderungsniveau	217
Aufgabe 3B	Analytische Geometrie – erhöhtes Anforderungsniveau	220

Stichwortverzeichnis ... 222
Bildquellenverzeichnis ... 224

Arbeiten mit FiNALE

Liebe Schülerin, lieber Schüler,

dieses Buch entstand aufgrund der Erfahrungen aus den bisher in Niedersachsen durchgeführten Zentralabiturprüfungen unter besonderer Beachtung der offiziellen Vorgaben für das Fach Mathematik.

Zur gezielten Vorbereitung auf das Abitur 2022 bietet **FiNALE**:
- vielfältige, umfangreiche Aufgabenbeispiele mit ausformulierten Beispiellösungen, die sowohl das grundlegende Anforderungsniveau (gA) wie das erhöhte Anforderungsniveau (eA) berücksichtigen;
- umfangreiche und gut strukturierte Angebote zur systematischen Wiederholung und zeitökonomischen Vertiefung des erforderlichen Basiswissens,
- vollständige Original-Prüfungsaufgaben von Niedersachsen aus dem Jahr 2020 mit ausformulierten Lösungen (sofern sie den aktuellen Bestimmungen entsprechen).

Gemäß der Vereinbarung der Kultusminsterkonferenz (KMK) bestehen schriftliche Abiturprüfungen aus einem Pflicht- und einem Wahlteil. Daher enthält dieser **FiNALE**-Band auch Trainingsaufgaben, die gezielt auf die Pflichtteil-Aufgaben vorbereiten.

Beachten Sie: Die Trainingsaufgaben sind teilweise erheblich umfangreicher als die in der Abiturprüfung gestellten Aufgaben; das gilt sowohl für den Pflicht- als auch für den Wahlteil. Ziel der Trainingsaufgaben ist eine *möglichst umfassende* Vorbereitung auf mögliche Aufgabenstellungen im Zentralabitur.

Bei den Lernbereichen, die in der Abiturprüfung 2022 eine Rolle spielen, sind gegenüber dem bisherigen Lehrplan teilweise erhebliche Änderungen vorgenommen worden. Im **FiNALE**-Band sind alle diese Änderungen berücksichtigt.

FiNALE ist so konzipiert, dass bei der Arbeit mit dem Buch eine *individuelle* Vorbereitung möglich ist. Sie können sich schnell einen Überblick über Ihre persönlichen Stärken und Schwächen in den Themenbereichen Analysis, Analytische Geometrie oder Stochastik verschaffen und damit die Intensität der Arbeit nach eigenen Bedürfnissen genau dosieren.

Das detaillierte Inhaltsverzeichnis, das übersichtlich zusammengestellte Verzeichnis der für die Abiturprüfung notwendigen Kompetenzen (Abi-Checkliste), die Übersicht der Operatoren, die alle Kompetenzen abdeckenden Trainingsaufgaben mit den entsprechenden Querverweisen zur Kompetenzübersicht sowie ein Stichwortverzeichnis erleichtern dabei die Orientierung in **FiNALE**.

Der systematische Aufbau und die komprimierte Form fördern eine zeitökonomische und effektive Abiturvorbereitung. **FiNALE** empfiehlt sich von daher als sinnvolle Begleitung und Ergänzung des Fachunterrichts.

Wir wünschen Ihnen viel Erfolg!

Tipps zum Umgang mit FiNALE

Für die Vorbereitung auf die zentrale Abiturprüfung im Fach Mathematik schlagen wir folgende Arbeitsweisen vor:

Möglichkeit 1:
Um einen Überblick über die verschiedenen Themenbereiche zu erhalten, sollten Sie zunächst die Kompetenzübersicht (Abi-Checkliste) sowie die Ausführungen in Form des Basiswissens
lesen und sich anhand der Beispiele verdeutlichen, welche Anforderungen mit den Kompetenzen zu erfüllen sind. Dabei können Sie gleichermaßen feststellen, welche Prüfungsinhalte Sie bereits gut beherrschen und was Ihnen noch Schwierigkeiten bereitet. Wir empfehlen Ihnen hier, sich zu notieren, welche Themen Sie noch intensiver wiederholen sollten, um damit die Vorbereitung auf die Abiturprüfung zu strukturieren. Wenn Sie hier systematisch vorgehen und sich über Ihre Stärken und Schwächen im Klaren sind, wird die Vorbereitung effizient und zielorientiert sein.

Nach der Entscheidung, in welchem Themenbereich für Sie in der persönlichen Vorbereitung auf das Zentralabitur der größte Handlungsbedarf besteht, können Sie die entsprechenden Kapitel im Basiswissen nochmals intensiv durcharbeiten. Hier werden auch die im Basiswissen von **FiNALE** enthaltenen einfachen Aufgabenbeispiele als Muster hilfreich sein.

Nachdem Sie die Grundlagen wiederholt haben, bieten Ihnen die zugehörigen Trainingsaufgaben mit ihren ausführlichen Lösungen (auch mit Lösungsalternativen) ein umfangreiches Übungsfeld. Sie können für Ihre Vorbereitung besonders geeignete Aufgaben anhand der bei den Aufgabenstellungen notierten Kompetenzen schnell erkennen.

Versuchen Sie zunächst, die Aufgaben selbstständig zu bearbeiten, d.h. erst dann die angebotenen Lösungen einzusehen, wenn es nicht mehr anders geht. Wenn Ihnen die Bearbeitung ohne Blick in den Lösungsteil gelungen ist, sollten Sie dennoch Ihre eigenen Lösungen kontrollieren und mit den abgedruckten Lösungen und weiteren Lösungsvarianten vergleichen.

Treten auch nach der Durchsicht der angebotenen Lösungen Verständnisprobleme auf, dann hilft Ihnen das intensive Durcharbeiten der zugehörigen Stichwörter des Basiswissens sicherlich weiter. – Überhaupt lässt sich das *Basiswissen* wie ein Nachschlagewerk benutzen.

An den Original-Prüfungsaufgaben können Sie dann erproben, wie weit Sie mit Ihrer Vorbereitung bereits gekommen sind.

Möglichkeit 2:
Selbstverständlich können Sie **FiNALE** auch in anderer Reihenfolge nutzen: Wenn Sie unmittelbar mit den Trainingsaufgaben beginnen, werden Sie automatisch durch die Querverweise zu den zugehörigen Kompetenzen und dem entsprechenden Basiswissen hingeführt. Treten Schwierigkeiten bei der Lösung der Aufgaben auf, so können Sie Ihre Lücken genau erkennen und die entsprechenden Inhalte wiederholen. Allerdings erhalten Sie bei der oben beschriebenen Vorgehensweise schneller einen Überblick über Ihre Stärken und Schwächen.

Bei diesen Vorschlägen zur Arbeitsweise mit **FiNALE** handelt es sich natürlich nur um Anregungen, die Sie nach eigenen Vorstellungen variieren können.

Abi-Checkliste

ANALYSIS

Ich kann ...	Trifft zu	Trifft nicht zu	Seite
A Differenzialrechnung			
A1 ... Potenzfunktionen ableiten (ganzzahlige, rationale, reelle Exponenten).	◯	◯	12
A2 ... Exponentialfunktionen ableiten; **eA zusätzlich**: Logarithmusfunktionen ableiten	◯	◯	13
A3 ... einfache Funktionen mit der Summen- und Faktorregel ableiten, zusammengesetzte Funktionen mit der Produkt- und Kettenregel ableiten.	◯	◯	13
A4 ... die Gleichung einer Tangente und einer Normalen an einen Funktionsgraphen bestimmen.	◯	◯	14
A5 ... mittlere und lokale Änderungsraten angeben und berechnen sowie im Sachzusammenhang interpretieren.	◯	◯	15
A6 ... Schnittwinkel eines Graphen mit der x-Achse bestimmen.	◯	◯	16
A7 ... bei abschnittsweise definierten Funktionen überprüfen können, ob die Übergänge stetig, differenzierbar bzw. ruckfrei sind.	◯	◯	17
B Untersuchung von Funktionsgraphen			
B1 ... Graphen auf Symmetrie untersuchen.	◯	◯	19
B2 ... den Graphen einer Funktion verschieben.	◯	◯	20
B3 ... den Graphen einer Funktion strecken.	◯	◯	22
B4 ... Nullstellen einer Funktion bestimmen.	◯	◯	23
B5 ... Schnittpunkte zweier Funktionsgraphen interpretieren.	◯	◯	25
B6 ... Graphen auf Monotonie und auf lokale und absolute Extrempunkte untersuchen.	◯	◯	26
B7 ... Graphen auf ihr Krümmungsverhalten und auf Wende- und Sattelpunkte untersuchen.	◯	◯	29
B8 ... den Globalverlauf ganzrationaler Funktionen und das asymptotische Verhalten bei Exponentialfunktionen untersuchen.	◯	◯	33
B9 ... **nur eA:** Funktionenscharen auf besondere Punkte untersuchen sowie gemeinsame Punkte der Kurvenschar ermitteln; Ortslinien von Funktionenscharen bestimmen.	◯	◯	34

Ich kann ...	Trifft zu	Trifft nicht zu	Seite
C Mathematische Modellierungen mithilfe der Differenzialrechnung			
C1 ... ganzrationale Funktionen mit vorgegebenen Eigenschaften bestimmen (auch in Sachzusammenhängen, z. B. Trassierungen).	○	○	38
C2 ... Exponentialfunktionen aus gegebenen Bedingungen bestimmen.	○	○	39
C3 ... in Anwendungen ein passendes Modell für das exponentielle, beschränkte oder **(nur eA)** logistische Wachstum aufstellen, seine Tragfähigkeit untersuchen und Schlussfolgerungen im Sachzusammenhang interpretieren sowie Verdopplungs- und Halbwertszeiten berechnen.	○	○	40
C4 ... **nur eA**: den Zusammenhang zwischen einer Wachstumsfunktion und ihrer Ableitungsfunktion mithilfe einer Differenzialgleichung beschreiben und einfache Differenzialgleichungen für Wachstumsprozesse lösen.	○	○	43
C5 ... Extremwertaufgaben mit Nebenbedingungen innermathematisch und in Sachzusammenhängen lösen.	○	○	45
D Integralrechnung			
D1 ... Stammfunktionen zu Grundtypen von Funktionen bestimmen und den Hauptsatz der Differenzial- und Integralrechnung (HDI) zur Berechnung bestimmter Integrale anwenden.	○	○	47
D2 ... Flächeninhalte von Flächenstücken zwischen einem Funktionsgraphen und der x-Achse und Flächeninhalte von Flächenstücken zwischen Funktionsgraphen berechnen.	○	○	48
D3 ... Gesamtänderungen aus gegebenen Änderungsraten exakt mit bestimmten Integralen berechnen.	○	○	51
D4 ... Mittelwerte von kontinuierlich veränderten Größen mithilfe der Integralrechnung berechnen.	○	○	52
D5 ... **nur eA**: Flächeninhalte von Flächen, die ins Unendliche reichen, mit uneigentlichen Integralen und den dabei erforderlichen Grenzwertbetrachtungen ermitteln.	○	○	53
D6 ... **nur eA**: das Volumen von Rotationskörpern berechnen und die erforderlichen Berandungsfunktionen für reale rotationssymmetrische Körper modellieren.	○	○	54

Analytische Geometrie

Ich kann ...	Trifft zu	Trifft nicht zu	Seite
E Vektorrechnung			
E1 ... Punkte im Raum durch Ortsvektoren sowie Verschiebungen im Raum durch Vektoren beschreiben.	○	○	56
E2 ... Vektoren auf Kollinearität untersuchen.	○	○	56
E3 ... Vektoren addieren und subtrahieren sowie den Mittelpunkt einer Strecke berechnen.	○	○	57
E4 ... das Skalarprodukt zweier Vektoren berechnen und damit entscheiden, ob die Vektoren zueinander orthogonal sind.	○	○	59
E5 ... Längen von Strecken im Raum und den Betrag von Vektoren berechnen.	○	○	60
F Geraden und Ebenen im Raum			
F1 ... Parameterdarstellungen für Geraden ermitteln sowie überprüfen, ob und ggf. wo ein Punkt auf einer gegebenen Gerade liegt (Punktprobe).	○	○	61
F2 ... Geraden auf ihre gegenseitige Lage untersuchen.	○	○	62
F3 ... Parameterdarstellungen für Ebenen ermitteln sowie überprüfen, ob ein Punkt auf einer gegebenen Ebene liegt (Punktprobe).	○	○	65
F4 ... Spurpunkte von Geraden sowie Spurpunkte und Spurgeraden von Ebenen bestimmen.	○	○	67
F5 ... **nur eA:** einen Normalenvektor und den Einheitsnormalenvektor einer Ebene bestimmen.	○	○	68
F6 ... **nur eA:** Ebenen mithilfe von Koordinatengleichungen beschreiben – auch in Normalenform oder Hesse'scher Normalenform angeben.	○	○	70
F7 ... **nur eA:** Darstellungsformen von Ebenen ineinander überführen	○	○	72
F8 ... **nur eA:** Schnittprobleme zwischen Geraden und Ebenen in Sachzusammenhängen untersuchen.	○	○	73
F9 ... **nur eA:** Projektionen im Raum in eine Koordinatenebene mithilfe von speziellen Matrizen beschreiben und die (Schatten)-Bilder berechnen.	○	○	75
F10 ... **nur eA:** Ebenen auf ihre gegenseitige Lage untersuchen und möglicherweise vorhandene Schnittgeraden bestimmen.	○	○	77
F11 ... **nur eA:** Geraden- und Ebenenscharen innermathematisch und in Sachzusammenhängen untersuchen.	○	○	79
F12 ... lineare Gleichungssysteme systematisch lösen.	○	○	80

Ich kann ...	Trifft zu	Trifft nicht zu	Seite
G Winkel und Abstände, Volumina im Raum			
G1 ... Winkel zwischen zwei Vektoren und Schnittwinkel zwischen zwei Geraden berechnen.	○	○	84
G2 ... **nur eA**: Schnittwinkel zwischen zwei Ebenen berechnen.	○	○	85
G3 ... **nur eA**: Schnittwinkel zwischen einer Gerade und einer Ebene berechnen.	○	○	86
G4 ... den Flächeninhalt eines Dreiecks und das Volumen einer dreiseitigen Pyramide (Tetraeder) mit elementaren Methoden bestimmen.	○	○	87
G5 ... **nur eA**: den Abstand eines Punktes von einer Ebene berechnen.	○	○	89
G6 ... **nur eA**: Den Abstand eines Punktes von einer Geraden berechnen.	○	○	91
G7 ... **nur eA**: den Abstand zweier windschiefer Geraden berechnen.	○	○	92
G8 ... **nur eA**: Das Vektorprodukt zur Berechnung von Dreiecksflächen und von Spatvolumina verwenden.	○	○	93

STOCHASTIK

Ich kann ...	Trifft zu	Trifft nicht zu	Seite
H Beschreibende Statistik			
H1 ... Mittelwert und Stichprobenstreuung einer Häufigkeitsverteilung bestimmen.	○	○	94
I Wahrscheinlichkeitsrechnung			
I1 ... mehrstufige Zufallsversuche mithilfe von Baumdiagrammen beschreiben.	○	○	96
I2 ... Wahrscheinlichkeiten mithilfe der Pfadregeln berechnen.	○	○	96
I3 ... bedingte Wahrscheinlichkeiten mithilfe von Vierfeldertafeln oder umgekehrten Baumdiagrammen bestimmen.	○	○	97
I4 ... **Zusatz:** bedingte Wahrscheinlichkeiten mithilfe des Satzes von BAYES bestimmen.	○	○	98

Ich kann ...	Trifft zu	Trifft nicht zu	Seite
J Wahrscheinlichkeitsverteilungen			
J1 ... Wahrscheinlichkeitsverteilungen einer (diskreten) Zufallsgröße bestimmen.	○	○	99
J2 ... Kenngrößen (Erwartungswert, Varianz und Standardabweichung) einer (diskreten) Zufallsgröße berechnen.	○	○	100
J3 ... wesentliche Eigenschaften von BERNOULLI-Versuchen erläutern und Wahrscheinlichkeiten von Ereignissen mithilfe der Bernoulli-Formel oder der Optionen eines TR bestimmen	○	○	101
J4 ... Mindestwerte von n bzw. von p zu einer vorgegebenen Mindestwahrscheinlichkeit ermitteln.	○	○	103
J5 ... die Kenngrößen Erwartungswert, Varianz und Standardabweichung einer binomialverteilten Zufallsgröße berechnen.	○	○	105
J6 ... Wahrscheinlichkeiten normalverteilter Zufallsgrößen bestimmen.	○	○	106
J7 ... Wahrscheinlichkeiten binomialverteilter Zufallsgrößen näherungsweise mithilfe normalverteilter Zufallsgrößen berechnen.	○	○	108
K Beurteilende Statistik			
K1 ... Prognosen im Hinblick auf zu erwartende absolute Häufigkeiten treffen und damit die Signifikanz von Abweichungen bewerten.	○	○	110
K2 ... **nur eA**: für den Schluss von der Stichprobe auf die Gesamtheit Konfidenzintervalle bestimmen.	○	○	112
K3 ... **nur eA**: einen genügend großen Umfang einer Stichprobe bestimmen.	○	○	114

Basiswissen

 A1 Potenzfunktionen ableiten (ganzzahlige, rationale, reelle Exponenten).

(1) Potenzregel für **natürliche Exponenten**:
$f(x) = x^n$, $n \in \mathbb{N}$, $\qquad f'(x) = n \cdot x^{n-1}$.

(2) Potenzregel für **negative ganzzahlige Exponenten**:
$f(x) = x^{-n}$ $(x \neq 0)$ $\qquad f'(x) = -n \cdot x^{-n-1}$

(3) Potenzregel für **rationale Exponenten** (insb. **Wurzelfunktionen**):
$f(x) = x^r$, $f'(x) = r \cdot x^{r-1}$ $(x > 0)$

(4) Potenzregel für **reelle Exponenten**:
$f(x) = x^r$ $(x > 0)$, $f'(x) = r \cdot x^{r-1}$

Merkregel:
Pot-a=Ex-+Fa-da
Potenzfunktion ableiten:
Exponent um 1 verringern, Faktor davorschreiben

Definition: Sei $r = \frac{m}{n}$.
$f(x) = x^r = x^{\frac{m}{n}} = \sqrt[n]{x^m}$

Beispiele

(1) $f(x) = x^1 \Rightarrow f'(x) = 1$ $\qquad$ $f(x) = x^2 \Rightarrow f'(x) = 2x$ $\qquad$ $f(x) = x^5 \Rightarrow f'(x) = 5 \cdot x^4$

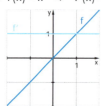 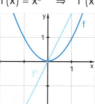 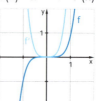

(2) $f(x) = x^{-1} \Rightarrow f'(x) = (-1) \cdot x^{-2} = -\frac{1}{x^2}$ $\qquad$ $f(x) = \frac{1}{x^3} = x^{-3} \Rightarrow f'(x) = (-3) \cdot x^{-4} = -\frac{3}{x^4}$

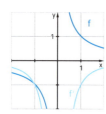 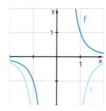

(3) $f(x) = x^{\frac{1}{2}} = \sqrt{x} \Rightarrow f'(x) = \frac{1}{2} \cdot x^{-\frac{1}{2}} = \frac{1}{2\sqrt{x}}$ $\qquad$ $f(x) = x^{-\frac{1}{3}} = \frac{1}{\sqrt[3]{x}} \Rightarrow f'(x) = -\frac{1}{3} \cdot x^{-\frac{4}{3}} = -\frac{1}{3 \cdot \sqrt[3]{x^4}}$

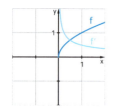 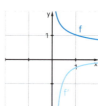

**Exponentialfunktionen ableiten;
eA zusätzlich: Logarithmusfunktionen ableiten.**

(1) Die Ableitung der Exponentialfunktion zur Basis e (EULER'sche Zahl) stimmt mit der Funktion selbst überein: $f(x) = e^x \Rightarrow f'(x) = e^x$.

(2) **(eA)** Die Ableitung der Logarithmusfunktion zur Basis e ist gleich der Kehrwertfunktion:
$f(x) = \ln(x) \Rightarrow f'(x) = \frac{1}{x}$.

(3) **(eA)** Ableitung der Exponentialfunktion mit beliebiger Basis:
$f(x) = b^x = e^{\ln(b) \cdot x} \Rightarrow f'(x) = e^{\ln(b) \cdot x} \cdot \ln(b) = b^x \cdot \ln(b)$ – vgl. auch **A3**, Beispiel (4).

Beispiele

vgl. **A3**

  Einfache Funktionen mit der Summen- und Faktorregel ableiten, zusammengesetzte Funktionen mit der Produkt- und Kettenregel ableiten.

Für das Ableiten von Funktionen gelten folgende Regeln:

(1) **Summen- und Faktorregel (Linearität)**
$f(x) = k_1 \cdot f_1(x) + k_2 \cdot f_2(x) \Rightarrow f'(x) = k_1 \cdot f'_1(x) + k_2 \cdot f'_2(x)$

In Worten: Ein konstanter Faktor bleibt beim Ableiten erhalten. Die Ableitung einer Summe ist gleich der Summe der Ableitungen der Summanden.

(2) **Produktregel**
$f(x) = u(x) \cdot v(x) \Rightarrow f'(x) = u'(x) \cdot v(x) + u(x) \cdot v'(x)$

(3) Für geschachtelte Funktionsterme gilt die **Kettenregel**:
$f(x) = g(h(x)) \Rightarrow f'(x) = g'(h(x)) \cdot h'(x)$

Die äußere Funktion g wird abgeleitet und die innere Funktion h wie eine Variable behandelt. Dieser Term wird mit der Ableitung der inneren Funktion multipliziert.

Beispiele

(1) **Summen- und Faktorregel**
$f(x) = 5 \cdot x^3 + 4 \cdot x^2 \Rightarrow f'(x) = 15 \cdot x^2 + 8 \cdot x$

$f(x) = \frac{3}{x^2} - 6 \cdot \sqrt{x} = 3 \cdot x^{-2} - 6 \cdot x^{\frac{1}{2}} \Rightarrow f'(x) = 3 \cdot (-2) \cdot x^{-3} - 6 \cdot \frac{1}{2} \cdot x^{-\frac{1}{2}} = -\frac{6}{x^3} - \frac{3}{\sqrt{x}}$

$f(x) = \log_2 x = \frac{\ln(x)}{\ln(2)} \Rightarrow f'(x) = \frac{1}{\ln(2)} \cdot \frac{1}{x} = \frac{1}{x \cdot \ln(2)}$

$f(x) = 2 \cdot \sin(x) + \frac{1}{2} \cdot \cos(x) \Rightarrow f'(x) = 2 \cdot \cos(x) - \frac{1}{2} \cdot \sin(x)$

(2) **Folgerung für ganzrationale Funktionen:** Ist eine ganzrationale Funktion f gegeben durch $f(x) = a_n \cdot x^n + a_{n-1} \cdot x^{n-1} + \ldots + a_2 \cdot x^2 + a_1 \cdot x + a_0, n \in \mathbb{N}$,

dann gilt: $f'(x) = n \cdot a_n \cdot x^{n-1} + (n-1) \cdot a_{n-1} \cdot x^{n-2} + \ldots + 2 \cdot a_2 \cdot x + a_1$.

(3) **Produktregel**

$f(x) = (2x + 5) \cdot e^x \Rightarrow f'(x) = 2 \cdot e^x + (2x + 5) \cdot e^x = (2x + 7) \cdot e^x$

$f(x) = (x^2 + 3x - 1) \cdot e^x \Rightarrow f'(x) = (2x + 3) \cdot e^x + (x^2 + 3x - 1) \cdot e^x = (x^2 + 5x + 2) \cdot e^x$

$f(x) = x^2 \cdot \cos(x) \Rightarrow f'(x) = 2x \cdot \cos(x) - x^2 \cdot \sin(x)$

(4) **Kettenregel**

$f(x) = e^{-x^2} \Rightarrow f'(x) = e^{-x^2} \cdot (-2x)$

$f(x) = 3^x = e^{x \cdot \ln(3)} \Rightarrow f'(x) = e^{x \cdot \ln(3)} \cdot \ln(3) = 3^x \cdot \ln(3)$

$f(x) = \sin(2x) \Rightarrow f'(x) = 2 \cdot \cos(2x)$

(5) **Produkt- und Kettenregel**

$f(x) = x^3 \cdot e^{-x} \Rightarrow f'(x) = 3x^2 \cdot e^{-x} + x^3 \cdot e^{-x} \cdot (-1) = (3x^2 - x^3) \cdot e^{-x}$

$f(x) = (x^2 + 1)^3 \cdot e^{-0,3x} \Rightarrow$

$f'(x) = 3 \cdot (x^2 + 1)^2 \cdot (2x) \cdot e^{-0,3x} + (x^2 + 1)^3 \cdot e^{-0,3x} \cdot (-0,3)$

$\quad = (x^2 + 1)^2 \cdot e^{-0,3x} \cdot (6x - 0,3 \cdot (x^2 + 1))$

$\quad = (x^2 + 1)^2 \cdot e^{-0,3x} \cdot (-0,3 \cdot x^2 + 6x - 0,3)$

  Die Gleichung einer Tangente und einer Normale an einen Funktionsgraphen bestimmen.

Eine **Tangente** ist eine Gerade durch den Punkt eines Graphen. Die Steigung der Geraden stimmt mit der Steigung des Graphen in diesem Punkt (dem Berührpunkt) überein.

Die Gleichung der Geraden g, von der man die Steigung m und einen Punkt (a|b) kennt, bestimmt man mithilfe der Punkt-Steigungsform: $g(x) = m \cdot (x - a) + b$

Die Gleichung einer Tangente t an eine differenzierbare Funktion f im Punkt (a|f(a)) wird mithilfe der Ableitung f'(a) bestimmt:
$t(x) = f'(a) \cdot (x - a) + f(a)$.

Bei der Ermittlung der Tangentengleichung kann man auch so verfahren, dass man f'(a) bestimmt und dann in der allgemeinen Geradengleichung $y = m \cdot x + b$ die bekannten Größen einsetzt, um b zu bestimmen:
Bekannt sind also: m = f'(a), y = f(a) und x = a. Hieraus ergibt sich die Gleichung
$f(a) = f'(a) \cdot a + b$, d. h. $b = f(a) - f'(a) \cdot a$.

Zusatz: Die **Normale** im Punkt P ist eine Gerade, die den Graphen der Funktion f im Punkt $P(x_0|f(x_0))$ orthogonal schneidet. Dabei ist die Steigung der Normalen gleich dem negativen Kehrwert der 1. Ableitung an dieser Stelle, also $m = \frac{-1}{f'(x_0)}$.

Beispiele

(1) Bestimmung der Tangente und der Normalen des Graphen der Funktion f mit $f(x) = x^2$ an der Stelle x = 1: Es gilt: $f(1) = 1$ und $f'(x) = 2x$, also $f'(1) = 2$.

Daher ist $t(x) = 2 \cdot (x - 1) + 1 = 2x - 1$ die Gleichung der Tangente t durch den Punkt (1|1) und $n(x) = -\frac{1}{2} \cdot (x - 1) + 1 = -\frac{1}{2}x + \frac{3}{2}$ die Gleichung der Normalen n durch den Punkt (1|1).

(2) Bestimmung der Tangente und der Normalen des
Graphen der Funktion f mit
$f(x) = x^2 \cdot e^{-x}$ an der Stelle $a = -0{,}5$:
Es gilt: $f(-0{,}5) \approx 0{,}412$ und
$f'(x) = 2x \cdot e^{-x} + x^2 \cdot e^{-x} \cdot (-1) = (-x^2 + 2x) \cdot e^{-x}$, also
$f'(-0{,}5) \approx -2{,}061$.
Daher ist
$t(x) \approx -2{,}061 \cdot (x + 0{,}5) + 0{,}412 \approx -2{,}061x - 0{,}619$
und
$n(x) \approx 0{,}485 \cdot (x + 0{,}5) + 0{,}412 \approx 0{,}485x + 0{,}655$.

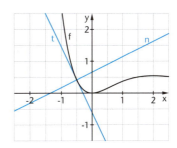

(3) Gesucht ist derjenige Punkt $(a \mid f(a))$ des Graphen von
$f(x) = e^{0{,}5 \cdot x}$, in dem die Tangente an den Graphen durch
den Ursprung verläuft.

Hier gilt: $f'(x) = 0{,}5 \cdot e^{0{,}5 \cdot x}$,
also lautet die Tangentengleichung
$t(x) = 0{,}5 \cdot e^{0{,}5 \cdot a} \cdot (x - a) + e^{0{,}5 \cdot a}$.

Aus der Bedingung $t(0) = 0$ ergibt sich
$0 = 0{,}5 \cdot e^{0{,}5 \cdot a} \cdot (0 - a) + e^{0{,}5 \cdot a} \Leftrightarrow 0 = e^{0{,}5 \cdot a} \cdot (1 - 0{,}5 \cdot a)$
$\Leftrightarrow a = 2$, da $e^{0{,}5 \cdot x} > 0$ für alle x.

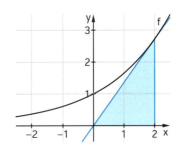

Anschaulich kann man die Berührstelle a der Tangente auch so ermitteln, dass das
Steigungsdreieck betrachtet wird:
waagerechte Kathete: a; senkrechte Kathete: $f(a)$; Steigung $f'(a)$.
Es muss also gelten: $f'(a) = \frac{f(a)}{a}$, also in diesem Beispiel:
$0{,}5 \cdot e^{0{,}5a} = \frac{e^{0{,}5a}}{a}$, d. h. $0{,}5 = \frac{1}{a}$ und somit $a = 2$.

A5 Mittlere und lokale Änderungsraten angeben und berechnen sowie im Sachzusammenhang interpretieren.

Zeichnet man durch zwei Punkte $A(a \mid f(a))$ und $B(b \mid f(b))$ des Graphen einer Funktion f
eine Gerade (also eine Sekante zum Graphen von f), so ist die Steigung dieser Geraden
die mittlere Änderungsrate der Funktion f im Intervall [a; b], also:
$\frac{f(b) - f(a)}{b - a}$.

Die Ableitung einer Funktion an einer Stelle x_0 ist **die lokale Änderungsrate**
in x_0 und der Grenzwert des Differenzenquotienten für $x \to x_0$:
$f'(x_0) = \lim\limits_{x \to x_0} \frac{f(x) - f(x_0)}{x - x_0}$.
Dies kann man auch in der Form $f'(x_0) = \lim\limits_{h \to 0} \frac{f(x_0 + h) - f(x_0)}{h}$ beschreiben.

Als **Ableitungsfunktion** f' einer Funktion f bezeichnet man die Funktion, die jeder Stelle
$a \in D_f$ die Ableitung $f'(a)$ zuordnet.

Beispiele

(1) $f(x) = x^3 - 2$ $f(0) = 0;\ f(2) = 4$.

Die mittlere Änderungsrate der Funktion im Intervall $[0;\ 2]$ ist $\frac{f(2) - f(0)}{2 - 0} = \frac{4 - 0}{2} = 2$.

(2) In Anwendungssituationen haben Differenzenquotient und Differenzialquotient beispielsweise folgende Bedeutung:

Zuordnung durch die Funktion f	mittlere Änderungsrate in einem Intervall	lokale Änderungsrate in einem Punkt
Zeit → zurückgelegter Weg	Durchschnittsgeschwindigkeit in einem Zeitintervall	Momentangeschwindigkeit zu einem Zeitpunkt
Zeit → Geschwindigkeit	durchschnittliche Beschleunigung in einem Zeitintervall	Momentanbeschleunigung zu einem Zeitpunkt
Weg → Benzinverbrauch (Volumen)	durchschnittlicher Benzinverbrauch auf einer Wegstrecke	momentaner Benzinverbrauch
Zeit → eingefüllte Wassermenge	durchschnittliche Zuflussgeschwindigkeit in einem Zeitintervall	momentane Zuflussgeschwindigkeit zu einem Zeitpunkt
Zeit → Höhe einer Pflanze	durchschnittliche Wachstumsgeschwindigkeit in einem Zeitintervall	momentane Wachstumsgeschwindigkeit zu einem Zeitpunkt
Zeit → Temperatur	durchschnittliche Änderung der Temperatur in einem Zeitintervall	momentane Temperaturänderung zu einem Zeitpunkt
Zeit → Besucherzahl	durchschnittliche Zunahme der Besucherzahl in einem Zeitintervall	momentane Zunahme der Besucherzahl zu einem Zeitpunkt

  A6 Schnittwinkel eines Graphen mit der x-Achse bestimmen.

Als Schnittwinkel α eines Graphen mit der x-Achse bezeichnet man jeweils den spitzen Winkel der beiden Winkel, welche die Tangente in einer Nullstelle x_0 des Graphen mit der x-Achse bildet.
Aus dem Steigungsdreieck, das durch die Tangente gebildet wird, ergibt sich
$\tan(\alpha) = m = f'(x_0)$ und hieraus dann $\alpha = \tan^{-1}(m) = \tan^{-1}(f'(x_0))$.
Da m auch negativ sein kann, definiert man allgemein:
$\alpha = |\tan^{-1}(f'(x_0))|$ als **Schnittwinkel des Graphen von f mit der x-Achse**.

Beispiele

(1) Der Graph der Funktion f mit $f(x) = 0{,}25 x^3 - 0{,}75 x - 0{,}5$ hat eine Nullstelle bei $x_0 = 2$.

Die Steigung des Graphen an dieser Stelle, also die Steigung der Tangente, ist $f'(2) = 2{,}25$
(da $f'(x) = 0{,}75 x^2 - 0{,}75$).

Daher ist $\alpha = \tan^{-1}(2{,}25) \approx 66{,}0°$.

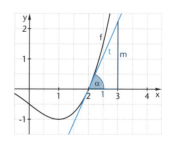

(2) Der Graph der Funktion f mit $f(x) = 2 - e^x$ hat eine Nullstelle bei $x_0 = \ln(2) \approx 0{,}693$.

Die Steigung des Graphen an dieser Stelle, also die Steigung der Tangente, ist $f'(\ln(2)) = -2$ (da $f'(x) = -e^x$).

Daher ist $\alpha = |\tan^{-1}(-2)| \approx 63{,}4°$

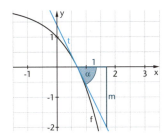

$0{,}25 \cdot x^3 - 0{,}75 \cdot x - 0{,}5 \to f(x)$	Fertig
$\frac{d}{dx}(f(x)) \to f1(x)$	Fertig
$f1(2)$	2.25
$\tan^{-1}(f1(2))$	66.0375

$2 - e^x \to f(x)$	Fertig
$\frac{d}{dx}(f(x)) \to f1(x)$	Fertig
$f1(\ln(2))$	-2.
$\tan^{-1}(-2.)$	-63.4349

🡢 A7 Bei abschnittsweise definierten Funktionen überprüfen können, ob die Übergänge stetig, differenzierbar bzw. ruckfrei sind.

Bei abschnittsweise definierten Funktionen ist der Definitionsbereich unterteilt in aneinander anschließende Intervalle, auf denen die Funktion jeweils durch einen anderen Funktionsterm definiert ist.
Die Übergänge zwischen den verschiedenen Abschnitten können stetig, differenzierbar oder ruckfrei sein.
Eine Funktion f sei für $x < a$ definiert durch den Funktionsterm $f_1(x)$ und für $x \geq a$ durch den Funktionsterm $f_2(x)$. Gilt an dieser Übergangsstelle a zwischen den Definitionsbereichen, dass
- $\lim_{x \to a} f_1(x) = \lim_{x \to a} f_2(x)$, dann ist der Übergang **stetig** (nahtlos), d. h., an der Übergangsstelle stimmen die Funktionswerte überein;
- $\lim_{x \to a} f_1(x) = \lim_{x \to a} f_2(x)$ und $\lim_{x \to a} f'_1(x) = \lim_{x \to a} f'_2(x)$, dann ist der Übergang **differenzierbar** (glatt, knickfrei), d. h., an der Übergangsstelle stimmen die Funktionswerte sowie die (Tangenten-)Steigungen überein;
- $\lim_{x \to a} f_1(x) = \lim_{x \to a} f_2(x)$, $\lim_{x \to a} f'_1(x) = \lim_{x \to a} f'_2(x)$ und $\lim_{x \to a} f''_1(x) = \lim_{x \to a} f''_2(x)$, dann ist der Übergang (krümmungs-)**ruckfrei**: An der Übergangsstelle stimmen die Funktionswerte, die (Tangenten-)Steigungen sowie die Krümmungen der Graphen überein.

Beispiele

(1) $f_1(x) = -x + 1$ für $x < 1$
$f_2(x) = x^2 - 4x + 2$ für $x \geq 1$

Der Übergang an der Stelle $x = 1$ ist nicht stetig:
$\lim_{x \to 1} f_1(x) = 0 \neq -1 = f_2(1)$

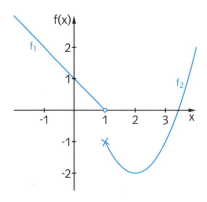

(2) $f_1(x) = -x + 2$ für $x < 1$
$f_2(x) = -x^2 + 4x - 2$ für $x \geq 1$

Der Übergang an der Stelle $x = 1$ ist nahtlos, aber nicht knickfrei:
$\lim_{x \to 1} f_1(x) = 1 = f_2(1)$
$\lim_{x \to 1} f_1'(x) = -1 \neq +2 = \lim_{x \to 1} f_2'(x)$

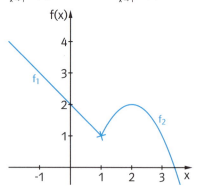

(3) $f_1(x) = x^3$ für $x < 1$
$f_2(x) = -1{,}5x^2 + 6x - 3{,}5$ für $x \geq 1$

Der Übergang an der Stelle $x = 1$ ist knickfrei, aber nicht ruckfrei:
$\lim_{x \to 1} f_1(x) = 1 = f_2(1)$
$\lim_{x \to 1} f_1'(x) = 3 = \lim_{x \to 1} f_2'(x)$
$\lim_{x \to 1} f_1''(x) = 6 \neq -3 = \lim_{x \to 1} f_2''(x)$

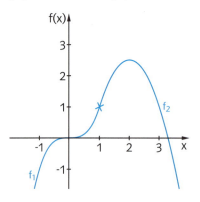

(4) $f_1(x) = \frac{1}{3}x^3 - x$ für $x < 1$
$f_2(x) = x^2 - 2x + \frac{1}{3}$ für $x \geq 1$

Der Übergang an der Stelle $x = 1$ ist ruckfrei:
$\lim_{x \to 1} f_1(x) = -\frac{2}{3} = f_2(1)$
$\lim_{x \to 1} f_1'(x) = 0 = \lim_{x \to 1} f_2'(x)$
$\lim_{x \to 1} f_1''(x) = 2 = \lim_{x \to 1} f_2''(x)$

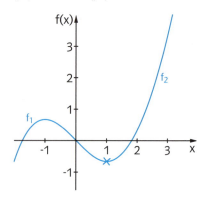

Die Grenzwerte kann man wie folgt bestimmen: Man betrachtet die Funktionsterme einzeln und beachtet dabei nicht die Einschränkung der Definitionsmengen; beispielsweise berechnet man die Ableitungen von $f_1(x) = x^3$, also $f_1'(x) = 3x^2$, $f_1''(x) = 6x$, und setzt für x den Wert 1 ein, obwohl die Funktion f an der Stelle $x = 1$ anders definiert ist.

B1 Graphen auf Symmetrie untersuchen.

- *Achsensymmetrie zur y-Achse:*
  Der Graph der Funktion f ist achsensymmetrisch zur y-Achse, wenn für alle x aus dem Definitionsbereich von f gilt:

  $f(-x) = f(x)$.

  Für ganzrationale Funktionen f gilt zusätzlich:
  Der Graph von f ist genau dann achsensymmetrisch zur y-Achse, wenn der Funktionsterm f(x) nur Potenzen von x mit geraden Exponenten enthält.

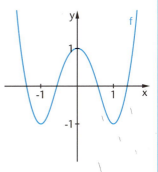

- *Punktsymmetrie zum Ursprung:*
  Der Graph der Funktion f ist punktsymmetrisch zum Ursprung, wenn für alle x aus dem Definitionsbereich von f gilt:

  $f(-x) = -f(x)$.

  Für ganzrationale Funktionen f gilt zusätzlich:
  Der Graph von f ist genau dann punktsymmetrisch zum Ursprung, wenn der Funktionsterm f(x) nur Potenzen von x mit ungeraden Exponenten enthält.

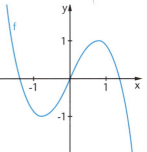

- *Achsensymmetrie zu der Parallelen x = a zur y-Achse*
  Der Graph einer Funktion f ist achsensymmetrisch zu der Parallelen zur y-Achse mit der Gleichung x=a, wenn der um −a in Richtung der x-Achse verschobene Graph (vgl. B2) achsensymmetrisch zur y-Achse ist.

- *Punktsymmetrie zu einem Punkt S(a|b)*
  Der Graph einer Funktion f ist punktsymmetrisch zum Punkt S(a|b), wenn der um −a in Richtung der x-Achse und um −b in Richtung der y-Achse verschobene Graph (vgl. B2) punktsymmetrisch zum Ursprung ist.

  Für ganzrationale Funktionen dritten Grades gilt immer: Der Graph ist punktsymmetrisch zum Wendepunkt.

Beispiel

Der Graph der Funktion f mit
$f(x) = x^4 - 2x^2 + 1$ ist achsensymmetrisch zur
y-Achse, da im Funktionsterm
nur gerade Exponenten auftreten.
Dabei kann der letzte Summand 1 gedeutet
werden als $1 \cdot x^0$ (0 ist eine gerade Zahl!).

Der Graph der Funktion g mit
$g(x) = x^3 - 2x$ ist punktsymmetrisch
zum Ursprung, da im Funktionsterm nur
ungerade Exponenten auftreten.

Der Graph der Funktion h mit
$h(x) = x^2 - 2x - 1$ ist weder achsensymmetrisch zur y-Achse noch punktsymmetrisch zum Ursprung, da im Funktionsterm sowohl gerade als auch ungerade Exponenten auftreten.

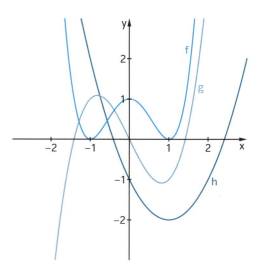

Um nachzuweisen, dass der Graph einer ganzrationalen Funktion f achsensymmetrisch ist zu einer Parallelen zur y-Achse mit der Gleichung x = a, verschiebt man den Graphen der Funktion f um –a Einheiten in Richtung der x-Achse; treten dann im Funktionsterm der neuen Funktion nur Potenzen von x mit geraden Exponenten auf, dann ist der verschobene Graph achsensymmetrisch zur y-Achse, also der ursprüngliche Graph achsensymmetrisch zu x = a.

Um nachzuweisen, dass der Graph einer ganzrationalen Funktion f punktsymmetrisch ist zu einem Punkt S(a|b), verschiebt man den Graphen der Funktion f um –a Einheiten in Richtung der x-Achse und um –b Einheiten in Richtung der y-Achse; treten dann im Funktionsterm der neuen Funktion nur Potenzen von x mit ungeraden Exponenten auf, dann ist der verschobene Graph punktsymmetrisch zum Ursprung, also der ursprüngliche Graph punktsymmetrisch zum Punkt S.

 B2 Den Graphen einer Funktion verschieben.

(1) *Verschiebung in Richtung der y-Achse*
Addiert man eine Zahl b zu einem Funktionsterm, dann **verschiebt** sich der Graph in Richtung der y-Achse. Falls b > 0, ist dies eine Verschiebung nach oben, falls b < 0, eine Verschiebung nach unten.

(2) *Verschiebung in Richtung der x-Achse*
Ersetzt man im Funktionsterm f(x) einer gegebenen Funktion f die Funktionsvariable x durch (x – c), dann verschiebt sich der Graph um c Einheiten, d. h. für c > 0 nach rechts und für c < 0 nach links.

Beispiele

(1) Ausgehend vom Graphen der Funktion f mit $f(x) = x^4 - 6x^2$ erhält man durch Addition von $+3$ zum Funktionsterm den um 3 Einheiten nach oben verschobenen Graphen der Funktion f_1 mit $f_1(x) = x^4 - 6x^2 + 3$ und durch Addition von -5 zum Funktionsterm den um 5 Einheiten nach unten verschobenen Graphen der Funktion f_2 mit $f_2(x) = x^4 - 6x^2 - 5$.

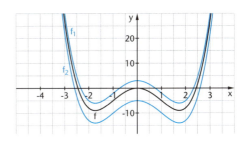

(2) Verschiebt man den Graphen der ganzrationalen Funktion f mit $f(x) = x^4 - 5x^2 + 4$ um 2 Einheiten nach links, dann erhält man den Graphen der Funktion g mit

$$g(x) = (x+2)^4 - 5 \cdot (x+2)^2 + 4$$
$$= (x^4 + 8x^3 + 24x^2 + 32x + 16) - 5 \cdot (x^2 + 4x + 4) + 4$$
$$= x^4 - 8x^3 - 19x^2 + 12x.$$

(3) Verschiebt man den Graphen der Exponentialfunktion f mit $f(x) = 0{,}6 \cdot 1{,}5^x$ um 1 Einheit in Richtung der x-Achse, dann erhält man die Exponentialfunktion g mit

$$g(x) = 0{,}6 \cdot 1{,}5^{x-1} = 0{,}6 \cdot 1{,}5^x \cdot 1{,}5^{-1} = (0{,}6 \cdot 1{,}5^{-1}) \cdot 1{,}5^x = \left(\frac{0{,}6}{1{,}5}\right) \cdot 1{,}5^x = 0{,}4 \cdot 1{,}5^x.$$

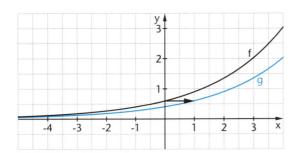

B3 Den Graphen einer Funktion strecken.

(1) *Streckung in Richtung der y-Achse*
Die **Vervielfachung** eines Funktionsterms mit dem Faktor k bewirkt eine **Streckung** des Graphen in Richtung der y-Achse (wobei das Wort „Streckung" in der Alltagssprache mit einer Vergrößerung verbunden ist, im mathematischen Sinne auch eine „Stauchung" bedeuten kann). Dabei sind sechs besondere Fälle zu unterscheiden:

k > 1: Der Graph wird (im Wortsinne) gestreckt, d. h., die y-Werte aller Punkte werden vervielfacht, d. h. die Abstände der Punkte zur x-Achse werden ver-k-facht (also, da k > 1: vergrößert).

k = 1: Der Graph wird auf sich selbst abgebildet.

0 < k < 1: Der Graph wird gestaucht, d. h., die Abstände der Punkte zur x-Achse werden ver-k-facht (also, da 0 < k < 1: verkleinert).

−1 < k < 0: Der Graph wird an der x-Achse gespiegelt und mit dem Faktor |k| gestaucht.

k = −1: Der Graph wird (nur) an der x-Achse gespiegelt.

k < −1: Der Graph wird an der x-Achse gespiegelt und mit dem Faktor |k| > 1 gestreckt. Die Verschiebung in Richtung der y-Achse hat keine Auswirkung auf die Steigung einer Funktion an einer Stelle, da die Ableitung des konstanten Glieds b gleich null ist.

Hinweis: Durch Verschiebung um b in Richtung der y-Achse vergrößert oder verkleinert sich das Flächenstück zwischen Graph und x-Achse um die Größe eines Rechtecks, das die Höhe b hat.

(2) *Streckung in Richtung der x-Achse*
Ersetzt man die Variable x im Funktionsterm durch den Term k·x (k > 0), dann wird der Graph in Richtung der x-Achse mit dem Faktor $\frac{1}{k}$ gestreckt.

Beispiele

(1) Ausgehend vom Graphen der Funktion f mit
$f(x) = x^3 + 2x^2 − 5x − 6$ erhält man die übrigen Graphen durch Streckung in Richtung der y-Achse mit den Faktoren $k_1 = 1{,}5$; $k_2 = 0{,}5$; $k_3 = -0{,}3$; $k_4 = -1$ bzw. $k_5 = -2$.

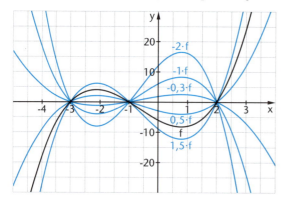

(2) Ersetzt man im Funktionsterm von f(x) = x² die Variable x durch den Term 1,5 x, so erhält man den Funktionsterm

g(x) = (1,5 x)² = 2,25 x².

Der Graph von g ist gegenüber dem Graphen von f mit dem Faktor $\frac{1}{1,5} = \frac{2}{3}$ in Richtung der x-Achse gestreckt.

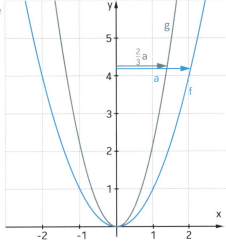

B4 Nullstellen einer Funktion bestimmen.

Zur Bestimmung der Schnittpunkte des Graphen der Funktion f mit der x-Achse wird der Funktionsterm f(x) gleich null gesetzt und die sich ergebende Gleichung f(x) = 0 nach x aufgelöst.
Als Lösungen der Gleichung erhält man die Nullstellen x_{N_1}, x_{N_2}, x_{N_3}, ... der Funktion.
Die Schnittpunkte des Graphen mit der x-Achse sind $(x_{N_1}|0)$, $(x_{N_2}|0)$, $(x_{N_3}|0)$, ...

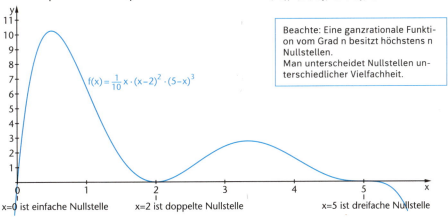

Beachte: Eine ganzrationale Funktion vom Grad n besitzt höchstens n Nullstellen.
Man unterscheidet Nullstellen unterschiedlicher Vielfachheit.

Falls die Nullstellen algebraisch bestimmt werden sollen, kann eines der folgenden Verfahren bei der Lösung hilfreich sein:
– Klammere, falls möglich, x (oder sogar x², x³, ...) im gesamten Funktionsterm aus.
– Löse eine quadratische Gleichung mit dem Verfahren der quadratischen Ergänzung, mit der p-q-Formel oder mit dem Satz von VIETA.
– Kennt man ganzzahlige Nullstellen, dann kann man den Funktionsterm teilweise mithilfe von Linearfaktoren darstellen und dann einen Koeffizientenvergleich vornehmen.

Beispiele

(1) *Nullstellen rechnerisch durch Ausklammern bestimmen*
Um die Schnittpunkte des Graphen von f mit $f(x) = -x^3 + 4x^2$ und der x-Achse zu bestimmen, hilft das Ausklammern von $-x^2$:
$f(x) = 0 \Leftrightarrow -x^3 + 4x^2 = 0 \Leftrightarrow -x^2 \cdot (x-4) = 0 \Leftrightarrow x = 0 \vee x = 4$.

Dabei ist $x = 0$ eine doppelte und $x = 4$ eine einfache Nullstelle.
Die Schnittpunkte mit der x-Achse lauten: $(0|0)$ und $(4|0)$.

(2) *Nullstellen rechnerisch durch Punktprobe und Koeffizientenvergleich bestimmen*
Um die Schnittpunkte des Graphen von g mit $g(x) = x^3 - 4x^2 - 4x + 16$ und der x-Achse zu ermitteln, versucht man, die erste Nullstelle zu erraten: $x = 2$. Der Funktionsterm lässt sich dann darstellen in der Form $(x-2) \cdot (x^2 + ax + b)$. Nach Ausmultiplizieren findet man durch Koeffizientenvergleich: $a = -2$ und $b = -8$.
Man erhält alle Nullstellen nach Lösen der quadratischen Gleichung:
$x^2 - 2x - 8 = 0 \Leftrightarrow x = -2 \vee x = 4$.

Also: $g(x) = 0 \Leftrightarrow x^3 - 4x^2 - 4x + 16 = 0 \Leftrightarrow (x-2) \cdot (x^2 - 2x - 8) = 0$
$\Leftrightarrow x = 2 \vee x^2 - 2x - 8 = 0 \Leftrightarrow x = 2 \vee x = -2 \vee x = 4$.

Alle Nullstellen sind einfache Nullstellen.
Die Schnittpunkte mit der x-Achse lauten: $(-2|0)$, $(2|0)$ und $(4|0)$.

(3) *Nullstellen numerisch bestimmen*
Nullstellen der ganzrationalen Funktion f mit $f(x) = -x^3 + 4x^2 - 3$.
Mithilfe der *Analyse*-Optionen im Grafikmodus des TR findet man:
$x_1 \approx 0{,}791$; $x_2 = 1$; $x_3 = 3{,}79$.

Dass x_2 tatsächlich ganzzahlig ist und somit exakt bestimmt wurde, überprüft man durch Einsetzen von $x = 1$ in den Funktionsterm (Punktprobe).

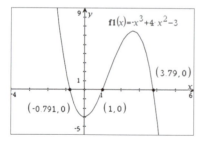

B Untersuchung von Funktionsgraphen

  Schnittpunkte zweier Funktionsgraphen interpretieren.

Sind zwei Funktionen f und g gegeben, dann bestimmt man die Schnittpunkte der Graphen durch Lösen der Gleichung f(x) = g(x).

Wenn man die Gleichung umformt, sodass auf der linken Seite ein Term steht, und auf der rechten Seite null, dann wird das Problem „Schnittstellen zweier Graphen berechnen" zum Problem „Nullstellen bestimmen", vgl. Lösungsverfahren in **B4**.

Anschließend darf man nicht vergessen, die y-Koordinaten der Schnittpunkte zu bestimmen, wenn dieses verlangt ist. Dazu setzt man die erhaltenen Schnittstellen (x-Koordinaten) in die Funktionsgleichung von f oder von g ein, oder man macht beides zur Kontrolle: In beiden Fällen muss das gleiche Ergebnis herauskommen.

Beispiele

(1) *Schnittpunkte rechnerisch durch Punktprobe und Koeffizientenvergleich bestimmen*
Bestimmen der Schnittpunkte der Graphen von f mit $f(x) = -x^3 + 4x^2$ und g mit $g(x) = x^3 - 4x^2 - 4x + 16$:
Die Vereinfachung von f(x) = g(x) führt zur Gleichung $2x^3 - 8x^2 - 4x + 16 = 0$.
Diese hat die Lösung x = 4 (wie man durch Probieren/Einsetzen herausfindet oder ggf. auch aus der Untersuchung der Nullstellen der Funktionen f und g weiß).

Der Funktionsterm lässt sich dann darstellen in der Form $2(x-4) \cdot (x^2 + ax + b)$.
Durch Koeffizientenvergleich ergibt sich: a = 0 und b = -2.
Also: $f(x) = g(x) \Leftrightarrow -x^3 + 4x^2 = x^3 - 4x^2 - 4x + 16 \Leftrightarrow 2x^3 - 8x^2 - 4x + 16 = 0$
$\Leftrightarrow 2(x-4)(x^2 - 2) = 0 \Leftrightarrow x = 4 \lor x = -\sqrt{2} \lor x = \sqrt{2}$.
Mit $f(-\sqrt{2}) \approx 10{,}83$, $f(\sqrt{2}) \approx 5{,}17$ und $f(4) = 0$ erhält man die Schnittpunkte der Graphen von f und g: $(-\sqrt{2}|10{,}83)$, $(\sqrt{2}|5{,}17)$ und $(4|0)$.

(2) *Schnittpunkte numerisch bestimmen*:
Schnittpunkte der Graphen der Funktionen f_1 und f_2 mit
$f_1(x) = x^3 - x^2 - 4x + 6$ und $f_2(x) = -x^3 + 2x^2 + x + 1$.

Mithilfe der *Analyse*-Optionen im Grafik-Modus des TR findet man:

$P_1(-1{,}44|6{,}7)$; $P_2(0{,}818|2{,}61)$ und $P_3(2{,}12|2{,}57)$.

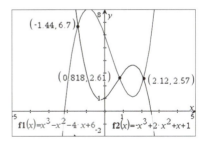

Graphen auf Monotonie und auf lokale und absolute Extrempunkte untersuchen.

Wir betrachten eine auf dem Intervall I differenzierbare Funktion f.

- *Monotonie:*
  Wenn $f'(x) > 0$ für alle $x \in I$, dann ist der Graph von f streng monoton steigend.
  Wenn $f'(x) < 0$ für alle $x \in I$, dann ist der Graph von f streng monoton fallend.

  Die Umkehrung dieser Aussage ist nicht richtig. Beispiel: Der Graph von $f(x) = x^3$ ist streng monton steigend auf $\mathbb{R}$, aber es gilt: $f'(0) = 0$.

- *Lokale Extrempunkte:*
  Notwendige Bedingung:
  Wenn f an der inneren Stelle x_0 einen Extremwert hat, so gilt $f'(x_0) = 0$.

  > Die Bedingung $f'(x) = 0$ bedeutet anschaulich, dass die Tangente an der Extremstelle parallel zur x-Achse verläuft.

  Hinreichende Bedingung (mit der zweiten Ableitung):
  Falls $f'(x_0) = 0$ und $f''(x_0) > 0$ [$f''(x_0) < 0$], so befindet sich an der Stelle x_0 ein lokales Minimum [Maximum].

  Hinreichende Bedingung (Vorzeichenwechselkriterium):
  Falls $f'(x_0) = 0$ und f' einen Vorzeichenwechsel (VZW) von – nach + [VZW von + nach –] hat, so befindet sich an der Stelle x_0 ein lokales Minimum [Maximum].

- *Absolute Extrempunkte:*
  Vergleicht man alle lokalen Minima [Maxima] und die Funktionswerte an den Rändern des Intervalls I, so ist der kleinste [größte] Wert daraus das absolute Minimum [Maximum].

Bei der Untersuchung von Extremstellen in einem Sachzusammenhang, der mit einer mathematischen Funktion beschrieben wird, können diese im Kontext gedeutet werden.

Beispiel 1 *Bestimmung von Extrempunkten*

Gegeben ist die Funktion f mit $f(x) = \frac{1}{9} \cdot (2x^3 - 15x^2 + 24x + 25)$.

- *Numerische Bestimmung der Extrempunkte*
  Mithilfe der *Analyse*-Optionen im Grafik-Modus des TR findet man:
  - den Hochpunkt H(1 | 4)
  - den Tiefpunkt T(4 | 1).

  Dass die Koordinaten tatsächlich ganzzahlig sind und somit exakt bestimmt wurden, bestätigt man durch die Punktprobe.

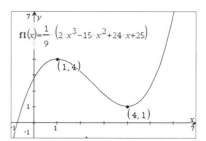

- *Rechnerische Bestimmung der Extrempunkte*
  Die Ableitungen sind:
  $f'(x) = \frac{1}{9} \cdot (6x^2 - 30x + 24) = \frac{2}{3} \cdot (x^2 - 5x + 4) = \frac{2}{3} \cdot (x-1) \cdot (x-4)$
  und
  $f''(x) = \frac{2}{3} \cdot (2x - 5)$.

Untersuchung auf Monotonie mit einer Vorzeichentabelle für f':
Zuerst werden die Nullstellen der ersten Ableitung bestimmt:
$f'(x) = 0 \Leftrightarrow x^2 - 5x + 4 = 0 \Leftrightarrow (x-1)(x-4) = 0 \Leftrightarrow x = 1 \vee x = 4$.

Mit einer Vorzeichentabelle kann das Vorzeichen der ersten Ableitung auf den Teilintervallen zwischen und neben deren Nullstellen bestimmt werden. Dazu bestimmt man jeweils das Vorzeichen aller Linearfaktoren von f' auf den Teilintervallen und erhält daraus leicht das Vorzeichen von f'.

Intervall	$(x - 1)$	$(x - 4)$	$f'(x) = \frac{2}{3} \cdot (x-1) \cdot (x-4)$
$x < 1$	−	−	+
$1 < x < 4$	+	−	−
$x > 4$	+	+	+

Also ist f streng monoton wachsend für $x < 1$ und für $x > 4$ und streng monoton fallend für $1 < x < 4$.
Mit dem Vorzeichenwechselkriterium folgt bereits aus dieser Tabelle, dass an der Stelle $x = 1$ ein lokales Maximum und an der Stelle $x = 4$ ein lokales Minimum vorliegt.

Untersuchung auf lokale Extrempunkte mit der zweiten Ableitung:
Notwendige Bedingung: $f'(x) = 0 \Leftrightarrow x^2 - 5x + 4 = 0 \Leftrightarrow (x-1)(x-4) = 0 \Leftrightarrow x = 1 \vee x = 4$
Hinreichende Bedingung: Da $f'(1) = 0 \wedge f''(1) = -2 < 0$, liegt an der Stelle $x = 1$ ein lokales Maximum vor.
Da $f'(4) = 0 \wedge f''(4) = 2 > 0$, liegt an der Stelle $x = 4$ ein lokales Minimum vor.

Mit $f(1) = 4$ und $f(4) = 1$ erhält man den lokalen Hochpunkt $H(1|4)$ und den lokalen Tiefpunkt $T(4|1)$.

Beispiel 2 *Extrempunkte bei Exponentialfunktionen*
Gegeben ist die Funktion f mit $f(x) = x^2 \cdot e^{-x}$.

- *Numerische Bestimmung der Extrempunkte*
  Mithilfe der *Analyse*-Optionen im Grafik-Modus des TR findet man:
  − den Hochpunkt $H(2|0{,}541)$
  − den Tiefpunkt $T(0|0)$.

Dass Koordinaten tatsächlich ganzzahlig sind und somit exakt bestimmt wurden, bestätigt man durch die Punktprobe.

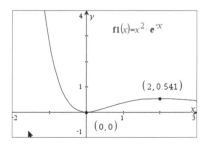

- *Rechnerische Bestimmung der Extrempunkte*
  Die Ableitungen erhält man durch die Anwendung der Produkt- und Kettenregel:
  $f'(x) = 2x \cdot e^{-x} - x^2 \cdot e^{-x} = (2x - x^2) \cdot e^{-x} = x \cdot (2 - x) \cdot e^{-x}$
  $f''(x) = (2 - 2x) \cdot e^{-x} - (2x - x^2) \cdot e^{-x} = (x^2 - 4x + 2) \cdot e^{-x}$

  Durch die Anwendung der notwendigen Bedingung $f'(x) = 0 \Leftrightarrow x = 0 \lor x = 2$ erhält man zwei Kandidaten für lokale Extremstellen, die nun weiter untersucht werden.

  Mit der hinreichenden Bedingung $f'(0) = 0 \land f''(0) = 2 > 0$ ist nachgewiesen, dass an der Stelle $x = 0$ ein lokales Minimum vorliegt. Mit $f'(2) = 0 \land f''(2) = -2 \cdot e^{-2} < 0$ wird gezeigt, dass an der Stelle $x = 2$ ein lokales Maximum vorliegt. Durch Einsetzen der Extremstellen in die Funktionsgleichung erhält man den lokalen Tiefpunkt $T(0|0)$ und den lokalen Hochpunkt $H(2|4 \cdot e^{-2})$.

Beispiel 3 *Randextrema*

Gegeben ist die Funktion f mit $f(x) = \frac{1}{3}x^3 - 2x^2 + 3x$. Gesucht sind das absolute Maximum und das absolute Minimum über dem Intervall $[0; 5]$.

- *Numerische Bestimmung der (lokalen) Extrempunkte*
  Mithilfe der Analyse-Optionen im Grafik-Modus des TR findet man:
  – den Hochpunkt $H(1|1,33)$
  – den Tiefpunkt $T(3|0)$

- *Vergleich mit den Randwerten*
  Die Randpunkte des Funktionsgraphen sind $A(0|0)$ und $B(5|6,67)$. Die Punkte $A(0|0)$ und $T(3|0)$ sind also absolute Minima, der Randpunkt $B(5|6,67)$ ist das absolute Maximum.

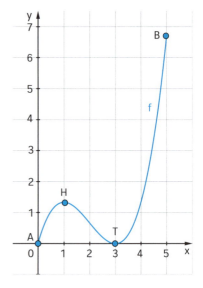

B7 Graphen auf ihr Krümmungsverhalten und auf Wende- und Sattelpunkte untersuchen.

Wir betrachten eine Funktion f und ihre Ableitungen.

Der Graph von f heißt auf I linksgekrümmt [rechtsgekrümmt] genau dann, wenn f' auf I streng monoton steigend [fallend] ist.

- *Kriterium für das Krümmungsverhalten:*
  Wenn $f''(x) > 0$ [$f''(x) < 0$] für alle $x \in I$ gilt, dann ist der Graph von f auf I linksgekrümmt [rechtsgekrümmt].
  Die Umkehrung des Satzes ist nicht richtig. Beispiel: Der Graph von $f(x) = x^4$ ist auf $\mathbb{R}$ linksgekrümmt, aber $f''(0) = 0$.

- *Wendepunkte:*
  Notwendige Bedingung:
  Wenn x_0 eine Wendestelle von f ist, so gilt $f''(x_0) = 0$.

  > Wendestellen sind also Extremstellen der ersten Ableitung.

  Hinreichende Bedingung (mit der dritten Ableitung):
  Falls $f''(x_0) = 0$ und $f'''(x_0) \neq 0$, so liegt an der Stelle x_0 eine Wendestelle vor.

  Hinreichende Bedingung (Vorzeichenwechselkriterium):
  Falls $f''(x_0) = 0$ und f'' einen Vorzeichenwechsel (VZW) hat, so liegt an der Stelle x_0 eine Wendestelle vor.

- *Sattelpunkte:*
  Sattelpunkte sind Wendepunkte mit einer zur x-Achse parallelen Tangente.
  Daher gilt die **hinreichende Bedingung**:
  Falls $f'(x_0) = 0$ und $f''(x_0) = 0$ und $f'''(x_0) \neq 0$, so befindet sich an der Stelle x_0 ein Sattelpunkt.

Bei der Untersuchung von Wendestellen in einem Sachzusammenhang, der mit einer mathematischen Funktion beschrieben wird, können diese als Stellen mit maximaler oder minimaler Änderungsrate im Kontext gedeutet werden.

Beispiel 1 *Bestimmung des Krümmungsverhaltens und von Wendepunkten*

Gegeben ist die Funktion f mit $f(x) = \frac{1}{4}x^4 - x^3 + 4x$

Die Ableitungen sind:
$f'(x) = x^3 - 3x^2 + 4$
$f''(x) = 3x^2 - 6x = 3x(x-2)$
$f'''(x) = 6x - 6 = 6(x-1)$

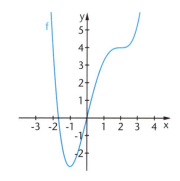

- *Numerische Bestimmung der Wendepunkte*
  Da Wendestellen Extremstellen der 1. Ableitung sind, muss die 1. Ableitungsfunktion, also $f_1(x) = x^3 - 3x^2 + 4$, auf lokale Maxima und Minima untersucht werden. Dabei kann die Ableitungsfunktion auch numerisch ermittelt werden.

  Mithilfe der *Analyse*-Optionen im Grafik-Modus des GTR findet man:
  - das lokale Maximum von f′ (Links-Rechts-Krümmungswechsel) bei $x = 0$;
  - das lokale Minimum von f′ (Rechts-Links-Krümmungswechsel) bei $x = 2$;
    da es sich um eine Nullstelle der Ableitungsfunktion handelt, liegt hier ein Sattelpunkt des Graphen von f vor.

  Dass Koordinaten tatsächlich ganzzahlig sind und somit exakt bestimmt wurden, bestätigt man durch die Punktprobe.
  Die y-Koordinaten der Punkte erhält man durch Einsetzen der Wendestellen in die Funktionsgleichung: W(0|0) und S(2|4).

  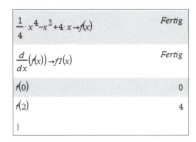 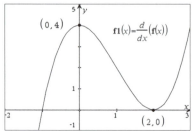

- *Rechnerische Bestimmung der Wendepunkte*
  Untersuchung des Krümmungsverhaltens mit einer Vorzeichentabelle für f″:
  Zuerst werden die Nullstellen der zweiten Ableitung bestimmt:
  $f''(x) = 0 \Leftrightarrow 3x^2 - 6x = 0 \Leftrightarrow 3x(x - 2) = 0 \Leftrightarrow x = 0 \vee x = 2$

  Mit einer Vorzeichentabelle kann das Vorzeichen der zweiten Ableitung auf den Teilintervallen zwischen und neben deren Nullstellen bestimmt werden. Man bestimmt jeweils das Vorzeichen aller Linearfaktoren von f″ auf den Teilintervallen und erhält daraus leicht das Vorzeichen von f″. Hier sind also die Linearfaktoren $3x$ und $(x - 2)$ zu untersuchen:

Intervall	3x	x − 2	f″(x) = 3x · (x − 2)
x < 0	−	−	+
0 < x < 2	+	−	−
x > 2	+	+	+

  Also ist der Graph von f für $x < 0$ sowie für $x > 2$ linksgekrümmt und für $0 < x < 2$ rechtsgekrümmt.
  Mit dem Vorzeichenwechselkriterium folgt bereits aus dieser Tabelle, dass $x = 0$ und $x = 2$ Wendestellen sind.

  Untersuchung auf Wendepunkte mit der dritten Ableitung:
  Notwendige Bedingung: $f''(x) = 0 \Leftrightarrow 3x^2 - 6x = 0 \Leftrightarrow 3x(x - 2) = 0 \Leftrightarrow x = 0 \vee x = 2$
  Hinreichende Bedingung: Da $f''(0) = 0 \wedge f'''(0) = -6 < 0$, ist $x = 0$ eine Wendestelle.
  $f''(2) = 0 \wedge f'''(2) = 6 > 0$, ist $x = 2$ eine Wendestelle,
  da zusätzlich $f'(2) = 0$, liegt hier sogar ein Sattelpunkt vor.

  Mit $f(0) = 0$ und $f(2) = 4$ erhält man den Wendepunkt W(0|0) und den Sattelpunkt S(2|4).

Beispiel 2 *Untersuchung auf Wendestellen in einem Sachzusammenhang*

Der Temperaturverlauf an einem Frühlingstag kann näherungsweise beschrieben werden durch die Funktion f mit f(t) = 0,00067 t⁴ − 0,038 t³ + 0,6 t² − 1,7 t + 15,8. Dabei wird die Zeit t in Stunden und die Temperatur f(t) in °C angegeben.

Zu welchem Zeitpunkt ist der Temperaturanstieg am größten gewesen?

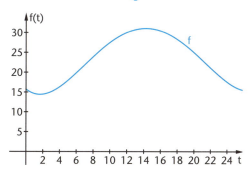

Hier ist nach einer Extremstelle der ersten Ableitung, also nach einer Wendestelle gefragt. Zusätzlich muss die erste Ableitung dort positiv sein, da ein Temperaturanstieg vorliegen soll.

- *Numerische Bestimmung des Wendepunkts mit positiver Steigung*
  Am Graphen der numerischen Ableitung kann man ablesen, dass an der Stelle x ≈ 6,98 ein lokales Maximum mit positiver Steigung vorliegt.

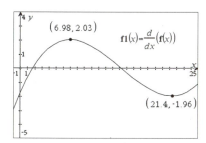

- *Rechnerische Bestimmung des Wendepunkts mit positiver Steigung*

  Ableitungen: f′(t) = 0,00268 t³ − 0,114 t² + 1,2 t − 1,7
  f″(t) = 0,00804 t² − 0,228 t + 1,2
  f‴(t) = 0,01608 t − 0,228

  Notwendige Bedingung: f″(t) = 0 ⇔ 0,00804 t² − 0,228 t + 1,2 = 0 ⇔
  t² − 28,358 t + 149,254 = 0 ⇔
  t ≈ 14,179 ± √51,79 ⇔
  t_1 ≈ 6,98 ∨ t_2 ≈ 21,4

  Hinreichende Bedingung: Da f″(t_1) = 0 ∧ f‴(t_1) = −0,116 < 0 ist t_1 ≈ 6,98 eine Wendestelle.
  Da f″(t_2) = 0 ∧ f‴(t_2) = 0,116 > 0 ist t_2 ≈ 21,4 eine Wendestelle.

Weiterhin ist f′(t_1) ≈ 2,03 und f′(t_2) ≈ −1,96.
Der Temperaturanstieg war also um 7 Uhr mit etwa 2,03 $\frac{°C}{h}$ am größten.

Beispiel 3 *Wendepunkte bei Exponentialfunktionen*

Gegeben ist die Funktion f mit
$f(x) = x^2 \cdot e^{-x}$.

Die Ableitungen erhält man durch die Anwendung der Produkt- und Kettenregel:

$f'(x) = (-x^2 + 2x) \cdot e^{-x}$,
$f''(x) = (x^2 - 4x + 2) \cdot e^{-x}$,
$f'''(x) = (2x - 4) \cdot e^{-x} - (x^2 - 4x + 2) \cdot e^{-x}$
$= (-x^2 + 6x - 6) \cdot e^{-x}$.

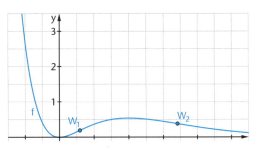

- *Numerische Bestimmung der Wendepunkte*

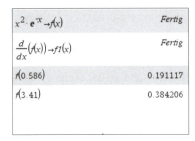 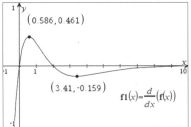

Der Graph von f besitzt einen Wendepunkt $W_1(0{,}586 \mid 0{,}191)$ mit Krümmungswechsel von links nach rechts und einen Wendepunkt $W_2(3{,}41 \mid 0{,}384)$ mit Krümmungswechsel von rechts nach links.

- *Rechnerische Bestimmung der Wendepunkte*

Durch die Anwendung der notwendigen Bedingung

$f''(x) = 0 \Leftrightarrow (x^2 - 4x + 2) = 0 \Leftrightarrow x = 2 - \sqrt{2} \approx 0{,}59 \vee x = 2 + \sqrt{2} \approx 3{,}41$

erhält man zwei Kandidaten für Wendestellen, die nun weiter untersucht werden.

Mit den hinreichenden Bedingungen $f''(2 - \sqrt{2}) = 0 \wedge f'''(2 - \sqrt{2}) \approx -1{,}57 \neq 0$ und $f''(2 - \sqrt{2}) = 0 \wedge f'''(2 - \sqrt{2}) \approx 0{,}09 \neq 0$ ist nachgewiesen, dass die betrachteten Stellen Wendestellen sind.

Durch Einsetzen der Wendestellen in die Funktionsgleichung erhält man die Wendepunkte $W_1(0{,}59 \mid 0{,}19)$ und $W_2(3{,}41 \mid 0{,}38)$.

B Untersuchung von Funktionsgraphen

B8 Den Globalverlauf ganzrationaler Funktionen und das asymptotische Verhalten bei Exponentialfunktionen untersuchen.

- Für eine ganzrationale Funktion f mit $f(x) = a_n x^n + \ldots + a_0$ gilt, wenn $a_n > 0$:
  $\lim\limits_{x \to \infty} f(x) = \infty$
  $\lim\limits_{x \to -\infty} f(x) = -\infty$ (falls n eine ungerade Zahl ist)
  $\lim\limits_{x \to -\infty} f(x) = \infty$ (falls n eine gerade Zahl ist)

- Für die Exponentialfunktion f mit $f(x) = e^x$ gilt:
  $\lim\limits_{x \to -\infty} e^x = 0$ und $\lim\limits_{x \to +\infty} e^x = +\infty$.

  Die Annäherung des Graphen von $f(x) = e^x$ an die x-Achse für $x \to -\infty$ erfolgt so stark, dass auch die Multiplikation mit beliebigen Potenzen von x diesen Grenzwert nicht verändert:
  $\lim\limits_{x \to -\infty} (x^n \cdot e^x) = 0$ für $n \geq 1$.

  Die negative x-Achse ist eine **Asymptote** *) für alle Funktionen vom Typ $x^n \cdot e^x$, $n \in \mathbb{N}$.

  Analog gilt: $\lim\limits_{x \to +\infty} e^{-x} = 0$ und $\lim\limits_{x \to -\infty} e^{-x} = +\infty$

  sowie $\lim\limits_{x \to +\infty} (x^n \cdot e^{-x}) = 0$

  *) Eine Funktion a wird als Asymptotenfunktion einer Funktion f bezeichnet, wenn gilt
  $\lim\limits_{x \to -\infty} (f(x) - a(x)) = 0$ oder $\lim\limits_{x \to +\infty} (f(x) - a(x)) = 0$.

  Dies bedeutet, dass sich der Graph der Funktion f dem Graphen der Asymptotenfunktion a für $x \to +\infty$ oder für $x \to -\infty$ beliebig gut annähert.

Beispiel

Gegeben ist die Funktion f durch
$f(x) = (-x^3 + 2x^2) \cdot e^{-x}$.

Ihr Graph nähert sich für $x \to +\infty$ der x-Achse asymptotisch an.
Es gilt: $\lim\limits_{x \to +\infty} f(x) = 0$.

Für $x \to -\infty$ wachsen die Funktionswerte über alle Grenzen. Es gilt:
$\lim\limits_{x \to -\infty} f(x) = +\infty$.

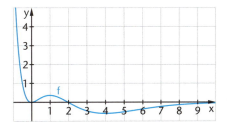

Zur Begründung des Vorzeichens reicht es aus, das Vorzeichen des Summanden mit dem höchsten Exponenten, hier $-x^3$ zu betrachten. Für $x < 0$ ist $-x^3$ positiv.

B9 nur eA: Funktionenscharen auf besondere Punkte untersuchen sowie gemeinsame Punkte der Kurvenschar ermitteln; Ortslinien von Funktionenscharen bestimmen.

Eine Funktionenschar f_k ergibt sich, wenn der Funktionsterm einen Parameter k enthält, für den man verschiedene Zahlen einsetzen kann. Man erhält dann nicht nur einen, sondern abhängig von der Einsetzung für den Parameter, verschiedene Graphen. Bei der Untersuchung der Funktionenschar wird der Parameter k so behandelt, als stehe er für eine zwar beliebige dann aber als konstant angenommene Zahl.

Zur **Untersuchung einer Funktionenschar auf besondere Punkte** wird analog zu den in **B6**, **B7** und **B8** beschriebenen Verfahren vorgegangen. Allerdings können die Ableitungen, die Bedingungen und die Koordinaten der Punkte von dem Parameter k abhängig sein. Weiterhin können auch die Eigenschaften besonderer Punkte z. B. vom Vorzeichen des Parameters abhängen. Dann wird eine Fallunterscheidung erforderlich sein.

Zur **Bestimmung aller gemeinsamen Punkte** der Funktionenschar verwendet man den Ansatz $f_{k_1}(x) = f_{k_2}(x)$ mit der Voraussetzung $k_1 \neq k_2$. Alle Lösungen dieser Gleichung sind die x-Koordinaten der gemeinsamen Punkte.

Ortslinien: Der Graph, auf dem die Extrempunkte [Wendepunkte] aller Funktionen einer Funktionenschar liegen, heißt **Ortslinie** der Extrempunkte [Wendepunkte]. Um die Gleichung einer Ortslinie der Extrempunkte [Wendepunkte] zu ermitteln, bestimmt man zunächst die vom Parameter k abhängigen Koordinaten $E(x_e(k)|y_e(k))$ der Punkte. Dann löst man die Gleichung $x = x_e(k)$ nach k auf und setzt das Ergebnis für k in die Gleichung $y = y_e(k)$ ein.

Beispiel 1 *Parametervariation zur Anpassung an eine vorgegebene Eigenschaft*

Gegeben sind die Graphen der Funktionenschar mit $f_k(x) = x^3 - kx^2$.

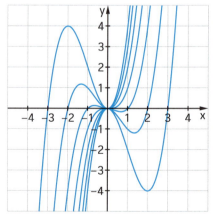

- Welcher der Graphen hat einen Hochpunkt an der Stelle $x = -2$?
  notwendige Bedingung: $f'_k(x) = 3x^2 - 2kx$:
  $f'_k(-2) = 3(-2)^2 - 2k \cdot (-2) = 12 + 4k = 0 \Leftrightarrow k = -3$

  hinreichende Bedingung: $f''_k(x) = 6x - 2k$;
  $f''_{-3}(-2) = 6 \cdot (-2) - 2 \cdot (-3) = -12 + 6 < 0$.

  Unter den Kurven der Funktionenschar hat der Graph mit $f_{-3}(x) = x^3 + 3x^2$ die gewünschte Eigenschaft.

- Welcher der Graphen hat bei $x = 1$ eine Wendestelle?
  notwendige Bedingung: $f''_k(x) = 6x - 2k$: $f''_k(1) = 6 - 2k = 0 \Leftrightarrow k = 3$
  hinreichende Bedingung: $f'''_k(x) = 6 \neq 0$

  Unter den Kurven der Funktionenschar hat der Graph mit $f_3(x) = x^3 - 3x^2$ die gewünschte Eigenschaft.

Beispiel 2 Untersuchung einer Funktionenschar

Gegeben ist die Funktionenschar f_k durch
$f_k(x) = -2x^3 + kx$ mit $k \in \mathbb{R}$.

Die Ableitungen sind: $f_k'(x) = -6x^2 + k$, $f_k''(x) = -12x$ und $f_k'''(x) = -12$.
Die Graphen der Schar sind punktsymmetrisch zum Ursprung, da der Funktionsterm nur ungerade Exponenten von x enthält.

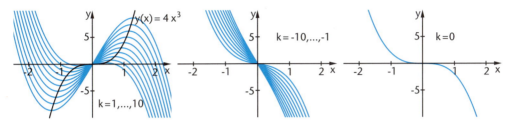

Schnittpunkte mit der x-Achse:
$f_k(x) = 0 \Leftrightarrow -2x^3 + kx = 0 \Leftrightarrow x(-2x^2 + k) = 0 \Leftrightarrow x = 0 \vee x^2 = \frac{k}{2}$.
Falls $k > 0$ hat die Gleichung drei Lösungen: $x = 0 \vee x = -\frac{\sqrt{2k}}{2} \vee x = \frac{\sqrt{2k}}{2}$.
Die Schnittpunkte sind dann $(0|0)$, $\left(-\frac{\sqrt{2k}}{2}\Big|0\right)$ und $\left(\frac{\sqrt{2k}}{2}\Big|0\right)$.
Falls $k \leq 0$, ist nur $(0|0)$ Schnittpunkt mit der x-Achse.

Extrempunkte:
Notwendige Bedingung: $f_k'(x) = 0 \Leftrightarrow -6x^2 + k = 0 \Leftrightarrow x^2 = \frac{k}{6}$.
Falls $k > 0$, hat die Gleichung zwei Lösungen: $x = -\frac{\sqrt{6k}}{6} \vee x = \frac{\sqrt{6k}}{6}$.
In diesem Fall ergibt die hinreichende Bedingung: $f_k'\left(-\frac{\sqrt{6k}}{6}\right) = 0 \wedge f_k''\left(-\frac{\sqrt{6k}}{6}\right) = 2\sqrt{6k} > 0$.
Mit $f_k\left(-\frac{\sqrt{6k}}{6}\right) = -\frac{\sqrt{6k^3}}{9}$ ist daher $T\left(\left(-\frac{\sqrt{6k}}{6}\Big|-\frac{\sqrt{6k^3}}{9}\right)\right)$ ein lokaler Tiefpunkt für $k > 0$.
Aufgrund der Punktsymmetrie zum Ursprung ist $H\left(\frac{\sqrt{6k}}{6}\Big|\frac{\sqrt{6k^3}}{9}\right)$ für $k > 0$ ein lokaler Hochpunkt.
Falls $k = 0$, hat die Gleichung $f_k'(x) = 0$ nur die Lösung $x = 0$. Da auch $f_k''(0) = 0$, ist mit der hinreichenden Bedingung hier noch keine Aussage möglich.
Falls $k < 0$, hat die Gleichung $f_k'(x) = 0$ keine Lösung. In diesem Fall liegen also keine Extrempunkte vor.

Wendepunkte:
Notwendige Bedingung: $f_k''(x) = 0 \Leftrightarrow -12x = 0 \Leftrightarrow x = 0$.
Hinreichende Bedingung: $f_k''(0) = 0 \wedge f_k'''(0) = -12 \neq 0$.
Also ist $W(0|0)$ ein Wendepunkt für alle k. Falls $k = 0$, ist dies sogar ein Sattelpunkt.

Gemeinsame Punkte aller Graphen der Funktionenschar:
Aus dem Ansatz $f_{k_1}(x) = f_{k_2}(x)$ mit $k_1 \neq k_2$ folgt
$-2x^3 + k_1 x = -2x^3 + k_2 x \Leftrightarrow k_1 x = k_2 x \Leftrightarrow (k_1 - k_2) x = 0$.
Da nach Voraussetzung $k_1 \neq k_2$ ist, bedeutet dies, dass $x = 0$.
Daher ist der Punkt $(0|0)$ der einzige gemeinsame Punkt.

Ortslinie der Extrempunkte:

$x = \frac{\sqrt{6k}}{6} \Rightarrow x^2 = \frac{k}{6} \Rightarrow k = 6x^2 \rightarrow y = \frac{\sqrt{6k^3}}{9}$

Durch Einsetzen von k in die letzte Gleichung erhält man die Gleichung der Ortslinie der Hochpunkte:

$y(x) = \frac{\sqrt{6(6x^2)^3}}{9} = 4x^3$ für $x > 0$.

Durch analoges Vorgehen erhält man für $x < 0$ dieselbe Gleichung für die Ortslinie der Tiefpunkte.

Beispiel 3 *Ortslinienbestimmung*

Gesucht ist die Gleichung der Kurve, auf der alle Tiefpunkte der Kurvenschar f_t mit $f_t(x) = x^2 + tx - t$ liegen.

Man findet die Tiefpunkte $T_t\left(-\frac{t}{2}\,\middle|\,-\frac{1}{4}t^2 - t\right)$.

Aus $x = -\frac{t}{2}$ erhält man $t = -2x$ und setzt diesen Wert in $y = -\frac{1}{4}t^2 - t$ ein:

$y = -\frac{1}{4}(-2x)^2 - (-2x)$.

Die gesuchte Ortslinie besitzt die Gleichung $y = -x^2 + 2x$.

Kurvenscharen auf gemeinsame Punkte der Schar untersuchen:

Zeigen Sie, dass alle Kurven zu f_t mit $f_t(x) = x^2 + tx - t$ durch den Punkt $S(1|1)$ gehen. Der Ansatz lautet: $f_{t_1}(x) = f_{t_2}(x)$, $t_1 \neq t_2$, also

$x^2 + t_1 x - t_1 = x^2 + t_2 x - t_2 \Leftrightarrow t_1 x - t_2 x = t_1 - t_2 \Leftrightarrow x = \frac{t_1 - t_2}{t_1 - t_2} \Leftrightarrow x = 1$.

Es ist $f_t(1) = 1$. Also verlaufen alle Kurven durch den Punkt $S(1|1)$.

Beispiel 4 *Kurvenschar mit Exponentialfunktionen*

- Hat die Kurvenschar mit $f_k(x) = (e^x - k)^2$ gemeinsame Punkte?
  Dazu untersuchen wir: Für welche $x \in \mathbb{R}$ gilt: $k_1(x) = k_2(x)$ sofern $k_1 \neq k_2$?

  $(e^x - k_1)^2 = (e^x - k_2)^2 \Leftrightarrow e^{2x} - 2k_1 e^x + k_1^2 = e^{2x} - 2k_2 e^x + k_2^2 \Leftrightarrow 2 \cdot (k_1 - k_2) \cdot e^x = k_1^2 - k_2^2$

  $\Leftrightarrow e^x = \frac{1}{2} \cdot (k_1 + k_2) \Leftrightarrow x = \ln\left(\frac{1}{2} \cdot (k_1 + k_2)\right)$.

  Da der gemeinsame Punkt des Graphen von f_{k_1} und f_{k_2} von den Werten von k_1 und k_2 abhängt, gibt es keinen gemeinsamen Punkt, der gleichzeitig zu allen Graphen der Schar gehört.

- Welche der Kurven der Funktionenschar hat an der Stelle $x = 1$ eine Wendestelle?

  $f_k'(x) = 2 \cdot (e^x - k) \cdot e^x = 2e^{2x} - 2k e^x$ (nach Kettenregel)

  $f_k''(x) = 4e^{2x} - 2k e^x = 2e^x \cdot (2e^x - k)$

  notwendige Bedingung: $f_k''(1) = 2 \cdot e \cdot (2e - k) = 0 \Leftrightarrow k = 2e$

  hinreichende Bedingung: $f_k'''(x) = 8 \cdot e^{2x} - 2k e^x$;
  $f_{2e}'''(1) = 8 \cdot e^2 - 2 \cdot 2e \cdot e^1 = 4e^2 \neq 0$.

  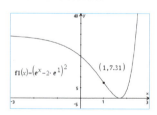

  Der gesuchte Parameter ist also $k = 2e$.

Ortskurve der Wendepunkte:
$f'_k(x) = 2 \cdot (e^x - k) \cdot e^x = 2e^{2x} - 2ke^x$
(nach Kettenregel),
$f''_k(x) = 4e^{2x} - 2ke^x = 2e^x \cdot [2e^x - k]$.
Da $e^x > 0$ für alle $x \in \mathbb{R}$ gilt: $f''_k(x) = 0 \Leftrightarrow 2e^x = k$.
Diese Gleichung hat nur für positive Werte von k eine Lösung, nämlich: $x = \ln\left(\frac{k}{2}\right)$.

Überprüfung der hinreichenden Bedingung für das Vorliegen eines Wendepunkts:
Es ist:
$f'''_k(x) = 8e^{2x} - 2ke^x = 2e^x \cdot [4e^x - k]$
und $f'''_k\left(\ln\left(\frac{k}{2}\right)\right) = k \cdot [2k - k] = k^2 > 0$.

Die Wendepunkte haben die y-Koordinate: $y_w = f_k\left(\ln\left(\frac{k}{2}\right)\right) = \frac{k^2}{4}$

Wir lösen $x_w = \ln\left(\frac{k_1}{2}\right)$ nach k_1 auf: $k_1 = 2 \cdot e^{x_w}$.

Einsetzen in
$y_w = \frac{k_1^2}{4}$: $y_w = \frac{1}{4} \cdot (2 \cdot e^{x_w})^2 = (e^{x_w})^2 = e^{2x_w}$.

Die Wendepunkte liegen auf einer Kurve mit der Gleichung $y = e^{2x}$.

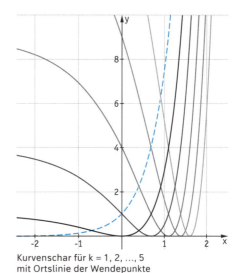

Kurvenschar für k = 1, 2, …, 5
mit Ortslinie der Wendepunkte

Ganzrationale Funktionen mit vorgegebenen Eigenschaften bestimmen (auch in Sachzusammenhängen, z. B. bei Trassierungen).

Zur Bestimmung einer ganzrationalen Funktion f vom Grad n sind (n + 1) Bedingungen an die gesuchte Funktion erforderlich. Diese können in einer Grafik dargestellt, in einem Text verdeutlicht oder auch schon in Form von Gleichungen formuliert sein.

Vorgehensweise:
1. Setzen Sie an mit einem Funktionsterm, der variable Koeffizienten a, b, c, … enthält. Der Grad der Funktion muss dabei um eins niedriger gewählt werden als die Anzahl der bekannten Bedingungen.
   Falls 5 Bedingungen bekannt sind, lautet der Ansatz: $f(x) = ax^4 + bx^3 + cx^2 + dx + e$
2. Stellen Sie die gegebenen Bedingungen als Gleichungen mit den Termen $f(x)$, $f'(x)$, $f''(x)$, … dar.
3. Notieren Sie daraus ein Gleichungssystem mit n + 1 Gleichungen zur Bestimmung der n + 1 unbekannten Koeffizienten a, b, c, … .
4. Lösen Sie das Gleichungssystem und setzen Sie die gefundene Lösung in den Funktionsterm f(x) ein.
5. Prüfen Sie das Ergebnis auch an eventuell vorliegenden hinreichenden Bedingungen z. B. für Hoch-, Tief- oder Wendepunkte.

Falls bekannt ist, dass der Graph der gesuchten Funktion achsensymmetrisch zur y-Achse [punktsymmetrisch zum Ursprung] ist, enthält der Funktionsterm nur Summanden mit geraden [ungeraden] Potenzen von x. Dies sollte bereits beim Ansatz berücksichtigt werden, da sich dadurch das Gleichungssystem deutlich vereinfacht.

Beispiel 1

Die Punkte A(0|3), B(2|5) und C(6|−3) liegen auf einer quadratischen Parabel.

Zur Bestimmung des Funktionsterms der zugehörigen quadratischen Funktion dient der Ansatz $f(x) = ax^2 + bx + c$ mit a, b, c ∈ ℝ. Aus den Bedingungen $f(0) = 3$, $f(2) = 5$ und $f(6) = -3$ folgt das Gleichungssystem:

$$\begin{vmatrix} c = 3 \\ 4a + 2b + c = 5 \\ 36a + 6b + c = -3 \end{vmatrix} \Leftrightarrow \begin{vmatrix} c = 3 \\ 4a + 2b = 2 \\ 36a + 6b = -6 \end{vmatrix} \Leftrightarrow \begin{vmatrix} c = 3 \\ 2a + b = 1 \\ 6a + b = -1 \end{vmatrix} \Leftrightarrow \begin{vmatrix} c = 3 \\ 2a + b = 1 \\ 4a = -2 \end{vmatrix} \Leftrightarrow \begin{vmatrix} c = 3 \\ -1 + b = 1 \\ a = -\tfrac{1}{2} \end{vmatrix} \Leftrightarrow \begin{vmatrix} c = 3 \\ b = 2 \\ a = -\tfrac{1}{2} \end{vmatrix}$$

Also lautet das Ergebnis $f(x) = -\tfrac{1}{2}x^2 + 2x + 3$. Wurde der Funktionsterm wie hier so bestimmt, dass der Graph durch gegebene Punkte verlaufen soll, so bezeichnet man den Term auch als Stützstellenpolynom.

Beispiel 2

Der Graph einer ganzrationalen Funktion 4. Grades soll symmetrisch zur y-Achse sein und diese im Punkt A(0|−2) schneiden. Weiterhin soll H(2|4) ein Hochpunkt sein.
Da sich aus diesen Vorgaben drei Bedingungen ergeben und aufgrund der Symmetrie wird $f(x) = ax^4 + bx^2 + c$ als Ansatz gewählt.
Aus den Bedingungen $f(0) = -2 \land f(2) = 4 \land f'(2) = 0$ ergibt sich mit $f'(x) = 4ax^3 + 2bx$ das Gleichungssystem:

$$\begin{vmatrix} c = -2 \\ 16a + 4b + c = 4 \\ 32a + 4b = 0 \end{vmatrix} \Leftrightarrow \begin{vmatrix} c = -2 \\ 16a + 4b = 6 \\ 32a + 4b = 0 \end{vmatrix} \Leftrightarrow \begin{vmatrix} c = -2 \\ 16a + 4b = 6 \\ 16a = -6 \end{vmatrix} \Leftrightarrow \begin{vmatrix} c = -2 \\ -6 + 4b = 6 \\ a = -\tfrac{3}{8} \end{vmatrix} \Leftrightarrow \begin{vmatrix} c = -2 \\ b = 3 \\ a = -\tfrac{3}{8} \end{vmatrix}$$

Also lautet das Ergebnis $f(x) = -\tfrac{3}{8}x^4 + 3x^2 - 2$.
Da mit $f''(x) = -\tfrac{9}{2}x^2 + 6$ außerdem auch $f''(2) = -12 < 0$, ist H tatsächlich ein Hochpunkt.

Beispiel 3

Die beiden dargestellten Straßenabschnitte sollen so miteinander verbunden werden, dass sich an den Anschlussstellen keine Knicke ergeben.
Zunächst wird ein geeignetes Koordinatensystem festgelegt. Dabei entspricht 1 Längeneinheit 100 m in der Natur. Da sich aus den Vorgaben vier Bedingungen ergeben, kann eine ganzrationale Funktion dritten Grades als Ansatz gewählt werden:
$f(x) = ax^3 + bx^2 + cx + d$.

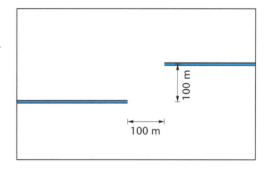

Die Bedingungen $f(0) = 0 \land f(1) = 1 \land f'(0) = 0 \land f'(1) = 0$ führen mit $f'(x) = 3ax^2 + 2bx + c$ zum Gleichungssystem:

$$\begin{vmatrix} d = 0 \\ a+b+c+d = 1 \\ c = 0 \\ 3a+2b+c = 0 \end{vmatrix} \Leftrightarrow \begin{vmatrix} d = 0 \\ a+b = 1 \\ c = 0 \\ 3a+2b = 0 \end{vmatrix} \Leftrightarrow \begin{vmatrix} d = 0 \\ a+b = 1 \\ c = 0 \\ a = -2 \end{vmatrix} \Leftrightarrow \begin{vmatrix} d = 0 \\ b = 3 \\ c = 0 \\ a = -2 \end{vmatrix}$$

Lösung: $a = -2 \land b = 3 \land c = d = 0$

Also kann der neue Straßenabschnitt für $0 \le x \le 1$ mit $f(x) = -2x^3 + 3x^2$ beschrieben werden.

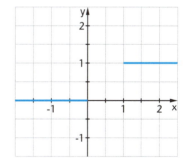

C2 Exponentialfunktionen aus gegebenen Bedingungen bestimmen.

„Einfache" Exponentialfunktionen, mit deren Hilfe beispielsweise Wachstumsprozesse modelliert werden können, sind vom Typ $f(x) = a \cdot e^{bx}$.
Funktionen dieses Typs sind durch die Angabe von zwei Eigenschaften, z. B. von zwei Punkten, eindeutig bestimmt.

Beispiele

(1) Gesucht ist eine Exponentialfunktion f vom Typ $f(x) = a \cdot e^{bx}$, deren Graph durch die Punkte (0|3) und (5|2) verläuft.

Aus den Koordinaten der Punkte ergeben sich die Bedingungen
(I) $3 = a \cdot e^0 = a \cdot 1 = a$ und (II) $2 = a \cdot e^{5b}$.

Einsetzen von $a = 3$ aus (I) in (II) ergibt: $2 = 3 \cdot e^{5b}$,
also $\frac{2}{3} = e^{5b} \Leftrightarrow 5b = \ln\left(\frac{2}{3}\right) \Leftrightarrow b = \frac{1}{5} \cdot \ln\left(\frac{2}{3}\right) \approx -0{,}081$.
Die Funktion f mit $f(x) = 3 \cdot e^{-0{,}081x}$ erfüllt also die geforderten Bedingungen.

(2) Gesucht ist eine Exponentialfunktion f vom Typ $f(x) = a \cdot e^{bx}$, deren Graph im Punkt (2|1) die Steigung 3 hat.

Wegen $f(x) = a \cdot e^{bx}$ und $f'(x) = a \cdot b \cdot e^{bx}$ ergeben sich die Bedingungen:
(I) $1 = a \cdot e^{2b}$ und (II) $3 = a \cdot b \cdot e^{2b}$.

Einsetzen von (I) in (II) ergibt: $3 = a \cdot b \cdot e^{2b} = b \cdot (a \cdot e^{2b}) = b \cdot 1 = b$,
also aus (I): $1 = a \cdot e^6 \Leftrightarrow a = e^{-6}$.

Die Funktion f mit $f(x) = e^{-6} \cdot e^{3x} = 0{,}002479 \cdot e^{3x}$ erfüllt also die geforderten Bedingungen.

Entsprechend benötigt man für die Bestimmung von Funktionen, mit deren Hilfe beschränkte Wachstumsprozesse modelliert werden können, also Funktionen f vom Typ $f(x) = c - a \cdot e^{bx}$, die Vorgabe von drei Eigenschaften, um die Koeffizienten a, b, c zu berechnen.

  In Anwendungen ein passendes Modell für das exponentielle, beschränkte oder (nur eA) logistische Wachstum aufstellen, seine Tragfähigkeit untersuchen und Schlussfolgerungen im Sachzusammenhang interpretieren sowie Verdopplungs- und Halbwertszeiten berechnen.

Wachstums- und Abnahmeprozesse lassen sich durch Exponentialfunktionen beschreiben.

Beim **exponentiellen Wachstum** ist die Wachstumsgeschwindigkeit proportional zum Bestand, d. h., der Bestand ändert sich in gleichen Zeitintervallen immer mit demselben Faktor:

$B(t) = B(0) \cdot e^{k \cdot t}$ ($B(0)$ ist der Bestand zur Zeit $t = 0$)

Bei einem (positiven) exponentiellen Wachstum heißt die Zeitdauer, in der sich der Bestand verdoppelt, **Verdopplungszeit**.
Bei einem exponentiellen Zerfall heißt die Zeitdauer, in der sich der Bestand halbiert, **Halbwertszeit**.
Der Ansatz zur Berechnung lautet bei der

Verdopplungszeit	Halbwertszeit
$B(t) = 2 \cdot B(0)$	$B(t) = \frac{1}{2} \cdot B(0)$

Bei vielen Wachstumsprozessen in der Natur existieren sog. Sättigungsgrenzen, das sind Schranken, die beim Wachstumsprozess nicht über- bzw. unterschritten werden.
Bei einem beschränkten Wachstum ist die Wachstumsgeschwindigkeit proportional zu der Differenz aus der Sättigungsgrenze S und dem aktuellem Bestand. Der Prozess lässt sich beschreiben durch:

$B(t) = S \pm [B(0) - S] \cdot e^{-k \cdot t}$.

Beim beschränkten Wachstum ist die Parallele zur x-Achse mit y = S (Sättigungsgrenze) eine Asymptote für die Wachstumsfunktion.

nur eA: Ein Wachstum heißt **logistisches Wachstum,** wenn die Änderungsrate stets derselbe Anteil von dem Produkt aus B(t) und der Differenz S − B(t) ist. Man kann den augenblicklichen Bestand wie folgt beschreiben

$B(t) = \dfrac{B(0) \cdot S}{B(0) + [S - B(0)] \cdot e^{-S \cdot k \cdot t}}$.

In Formelsammlungen findet man auch die Darstellung

$B(t) = \dfrac{S}{1 + \left[\dfrac{S}{B(0)} - 1\right] \cdot e^{-S \cdot k \cdot t}} = \dfrac{c}{1 + a \cdot e^{-b \cdot t}}$, wobei also $a = \dfrac{S}{B(0)} - 1$ und $c = S$.

Beispiele

(1) Der Luftdruck nimmt mit größer werdendem Abstand zur Erdoberfläche ab, und zwar um 12 % je 1000 m. Zur Zeit ist der Luftdruck auf Meereshöhe 1018 mbar. Welcher Luftdruck herrscht in 6000 m Höhe?

$B(6) = B(0) \cdot 0{,}88^6 = 1018 \cdot 0{,}88^6 \approx 473$ mbar.

Man kann dies auch so notieren: $B(6) = B(0) \cdot e^{6 \cdot \ln(0{,}88)} = 1018 \cdot 0{,}4644 \approx 473$ mbar.

(2) Ein Anfangsbestand B(0) von Bakterien erhöht sich täglich um 10 %. Den Funktionsterm erhält man aus folgenden Bedingungen:

Bakterienbestand nach dem 1. Tag: $B(1) = B(0) \cdot 1{,}1$;
nach dem 2. Tag: $B(2) = B(0) \cdot 1{,}1^2$;
nach dem n-ten Tag: $B(n) = B(0) \cdot 1{,}1^n$;

also: $B(t) = B(0) \cdot 1{,}1^t$ und wegen $k = \ln(1{,}1) \approx 0{,}095$ kann man dies auch wie folgt notieren:
$B(t) = B(0) \cdot e^{\ln(1{,}1) \cdot t} = B(0) \cdot e^{0{,}095 t}$.

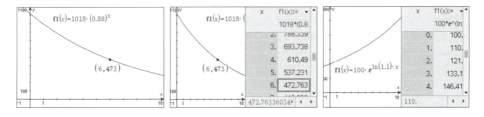

(3) Zu Beginn des Jahres 2000 hatte Indien etwa 1 Milliarde Einwohner. Es wird angenommen, dass das jährliche Bevölkerungswachstum 1,4 % beträgt. In welchem Zeitraum verdoppelt sich die Bevölkerungszahl (sofern die Wachstumsrate gleich bleibt)?

Der Wachstumsprozess kann modelliert werden mithilfe von
$B(t) = 1{,}014^t = e^{\ln(1{,}014) \cdot t} = e^{0{,}0139 \cdot t}$,
wobei t die Zeit in Jahren ab dem Jahr 2000 angibt.
Verdopplungszeit aus $B(t) = 1 \cdot e^{\ln(1{,}014) \cdot t} = 2 \cdot B(0)$.

Lösung der Exponentialgleichung $1{,}014^t = 2$ durch Logarithmieren:
$1{,}014^t = 2 \Leftrightarrow t \cdot \ln(1{,}014) = \ln(2) \Leftrightarrow t = \dfrac{\ln(2)}{\ln(1{,}014)} \approx 49{,}9$, d. h. nach etwa 50 Jahren wird sich die indische Bevölkerung verdoppelt haben (sofern die Wachstumsrate unverändert bleibt).

Hinweis zur numerischen Lösung mithilfe des GTR (Rechnung zur Kontrolle): Der GTR zeigt bei der Angabe des Funktionsterms (Screenshot links) nur zwei Dezimalstellen für die Basis an – intern wird aber mit allen eingegebenen Stellen gearbeitet.

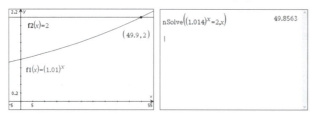

(4) Wann ist ein Auto mit 30 000 € Neuwert bei einem jährlichen Wertverlust von 20 % nur noch die Hälfte wert?

Der Abnahmeprozess wird modelliert mithilfe von
$B(t) = 30\,000 \cdot 0{,}8^t = 30\,000 \cdot e^{\ln(0{,}8) \cdot t} = 30\,000 \cdot e^{-0{,}223 \cdot t}$
(wobei t die Zeit in Jahren nach dem Neukauf angibt).
Ansatz: $B(t) = \dfrac{1}{2} \cdot B(0) \Leftrightarrow 15\,000 = 30\,000 \cdot e^{\ln(0{,}8) \cdot t} \Leftrightarrow \dfrac{1}{2} = e^{\ln(0{,}8) \cdot t} \Leftrightarrow t = \dfrac{\ln\left(\frac{1}{2}\right)}{\ln(0{,}8)} = 3{,}1$.

Nach etwas mehr als 3 Jahren besitzt das Fahrzeug nur noch den halben Wert.

(5) In einer Minute kühlt sich eine warme Flüssigkeit um etwa 20 % der Differenz zur Raumtemperatur ab. Die aktuelle Raumtemperatur beträgt 20°.
Nach welcher Zeit ist ein 90 °C heißer Kaffee auf 50 °C abgekühlt?

Es ist $T(t) = 20 + [90 - 20] \cdot 0{,}8^t$, also wegen $\ln(0{,}8) \approx -0{,}223$:
$T(t) = 20 + 70 \cdot e^{-0{,}223\,t}$.
Aus $50 = 20 + 70 \cdot e^{-0{,}223\,t}$ folgt: $\dfrac{3}{7} = e^{-0{,}223\,t}$, also
$\ln\left(\dfrac{3}{7}\right) = -0{,}223\,t$ und $t = 3{,}8$ (nach ca. 3,8 min ist der Kaffee auf 50 °C abgekühlt).

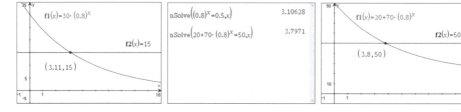

(6) **nur eA:** Ein Apfelbaum einer bestimmten Sorte bringt bis zu 100 kg Obst. Nach dem Pflanzen eines solchen Baumes beträgt die erste Ernte 10 kg (t = 0), nach dem ersten Jahr (t = 1) 20 kg.

Die Gleichung des Wachstums wird durch folgende Bedingungen festgelegt:
B(0) = 10; B(1) = 20; S = 100;

$$B(1) = 20 = \frac{10 \cdot 100}{10 + (100-10) \cdot e^{-100 \cdot k \cdot 1}}.$$

Der Wert von B(1) liefert einen Schätzwert für den Parameter k. Diesen Schätzwert erhalten wir durch Auflösen nach der Variablen k:

$$20 = \frac{1000}{10 + 90 \cdot e^{-100k}} \Rightarrow 200 + 1800\, e^{-100k} = 1000$$

$$\Rightarrow e^{-100k} = \frac{4}{9} \Rightarrow k \approx 0{,}008;$$

$$e^{-100 \cdot k} = \frac{4}{9} \Leftrightarrow -100 \cdot k = \ln\left(\frac{4}{9}\right) \approx -0{,}811,$$

also $B(t) = \dfrac{1000}{10 + 90 \cdot e^{-0{,}811t}}$.

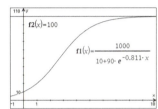

C4 nur eA: Den Zusammenhang zwischen einer Wachstumsfunktion und ihrer Ableitungsfunktion mithilfe einer Differenzialgleichung beschreiben und einfache Differenzialgleichungen für Wachstumsprozesse lösen.

Wie in C3 beschrieben, können Wachstumsprozesse unterschiedlich verlaufen. Zwischen der Funktion, durch die der Wachstumsprozess modelliert wird und der Geschwindigkeit eines Wachstumsprozesses zum Zeitpunkt t (also der 1. Ableitung der Modellierungsfunktion) gelten folgende Beziehungen (k Wachstumsfaktor, S Sättigungsgrenze):

Modellierung des Wachstumsprozesses durch eine Funktion	Zusamenhang zwischen Funktionsterm und Term der Ableitungsfunktion
exponentielles Wachstum: $f(t) = f(0) \cdot e^{kt}$	$f'(t) = k \cdot f(t)$
beschränktes Wachstum: $f(t) = S + (f(0) - S) \cdot e^{-kt}$	$f'(t) = k \cdot (S - f(t))$
logistisches Wachstum: $f(t) = \dfrac{f(0) \cdot S}{f(0) + [S - f(0)] \cdot e^{-k \cdot S \cdot t}}$	$f'(t) = k \cdot f(t) \cdot (S - f(t))$

Die in der rechten Spalte der Übersichtstabelle stehenden Beziehungen werden als **Differenzialgleichungen der Wachstumsprozesse** bezeichnet.

Beispiel 1 *Exponentielles Wachstum*

Beim radioaktiven Zerfall ist die Zerfallsgeschwindigkeit $f'(t)$ zum Zeitpunkt t proportional zu der zu diesem Zeitpunkt noch vorhandenen Masse $f(t)$, d. h. $f'(t) = k \cdot f(t)$.

Das Isotop Cäsium ^{137}Cs hat eine Halbwertszeit von 30 Jahren, d. h. $f(30) = f(0) \cdot 0{,}5$.

Es gilt also: $e^{k \cdot 30} = 0{,}5$ oder $k = \frac{1}{30} \cdot \ln(0{,}5) \approx -0{,}0231$.

Der radioaktive Zerfall von Cäsium kann demnach mithilfe der Funktionsgleichung $f(t) = f(0) \cdot e^{-0{,}0231 \cdot t}$ sowie mithilfe der Differenzialgleichung $f'(t) = -0{,}0231 \cdot f(t)$ beschrieben werden.

Beispiel 2 *Beschränktes Wachstum*

Eine Flüssigkeit hat zum Zeitpunkt t = 0 eine Temperatur von 50°, der umgebende Raum von 20°. Die Abkühlung der Flüssigkeit erfolgt so, dass die Abkühlungsgeschwindigkeit $f'(t)$ proportional ist zur Temperaturdifferenz von Raum- und Flüssigkeitstemperatur: $f'(t) = k \cdot (20 - f(t))$.

Nimmt die Temperatur in jedem Moment um 15 % der zum Zeitpunkt t vorhandenen Temperaturdifferenz ab, dann gilt $k = -0{,}15$.

Der Abkühlungsprozess lässt sich beschreiben mithilfe der Funktionsgleichung $f(t) = 20 + 30 \cdot e^{-0{,}15 \cdot t}$ sowie mithilfe der Differenzialgleichung $f'(t) = 0{,}15 \cdot (20 - f(t))$.

Man beachte den Unterschied in den Formulierungen: In **C3** Beispiel (5) ist angegeben, dass die Temperatur *pro Minute* um 20 % der Temperaturdifferenz abnimmt. Diese Angabe lässt sich als Temperaturmessung im Minutentakt interpretieren – der Abkühlungsvorgang ist jedoch kontinuierlich; deshalb ergibt sich im Beispiel oben ein Wachstumsfaktor von $k \approx -0{,}2231$ (wegen $0{,}8^t = e^{\ln(0{,}8) \cdot t} \approx e^{-0{,}2231 \cdot t}$).

Im hier stehenden Beispiel ist (für eine andere Flüssigkeit) angegeben, dass die Temperatur in *jedem Moment* um 15 % der Temperaturdifferenz abnimmt, d. h. hier ist der Wachstumsfaktor $k = -0{,}15$ direkt angegeben und muss nicht erst berechnet werden.

Beispiel 3 *Logistisches Wachstum*

Das Wachstum einer bestimmten Baumart lässt sich mithilfe der Funktionsgleichung $f(t) = \frac{50}{1 + 49 \cdot e^{-0{,}1t}}$ beschreiben. Die Funktionsgleichung lässt sich dahingehend interpretieren, dass $f(0) = 1$ und $S = 50$ ist und aus dem Vergleich der Exponenten, dass $0{,}1 = k \cdot S$, also $k = 0{,}002$. Daher kann der Wachstumsvorgang auch mithilfe der Differenzialgleichung $f'(t) = 0{,}002 \cdot f(t) \cdot (S - f(t))$ beschrieben werden.

Mathematische Modellierungen mithilfe der Differenzialrechnung

  Extremwertaufgaben mit Nebenbedingungen innermathematisch und in Sachzusammenhängen lösen.

Folgende Schritte sind zu beachten:

– Alle wichtigen Größen sind zu benennen. Für die Größe, für die ein Extremum (Maximum oder Minimum) zu bestimmen ist (sogenannte Extremalgröße), muss eine Gleichung aufgestellt werden. Die durch die Gleichung bestimmte Zielfunktion enthält i. A. noch mehrere Variablen.

– Eine Nebenbedingung wird aufgestellt; diese gibt an, wie die auftretenden Variablen voneinander abhängen. Diese Nebenbedingung wird so in den Funktionsterm der Zielfunktion eingesetzt, dass im Funktionsterm nur noch die eine Variable vorkommt, deren Extremum gesucht wird.

– Von dieser Zielfunktion werden die lokalen Extremstellen und die zugehörigen Funktionswerte bestimmt

– Ist der Definitionsbereich eingeschränkt, müssen auch die Funktionswerte an den Rändern berechnet und mit den Funktionswerten der lokalen Extremstellen verglichen werden.

– Wenn so der Extremwert für die betrachtete Extremalgröße gefunden ist, müssen noch alle im ersten Ansatz aufgetretenen Größen berechnet werden.

Beispiel 1

$P(x|y)$ sei ein beliebiger Punkt des Graphen der Funktion f mit $f(x) = -\frac{1}{2}x^2 + 2$, der oberhalb der x-Achse liegt.
Die Parallele zur y-Achse durch den Punkt P, die x-Achse und die Gerade, die durch $A(-2|0)$ und P verläuft, bestimmen ein Dreieck. Für welche Lage des Punktes P ist der Flächeninhalt des Dreiecks maximal?

Gesucht ist der maximale Flächeninhalt, deshalb wird ein Funktionsterm zur Berechnung des Flächeninhalts aufgestellt:

$A(x, y) = \frac{1}{2} \cdot (x - (-2)) \cdot y = \frac{1}{2} \cdot (x + 2) \cdot y$.

Die Nebenbedingung „P ist Punkt des Graphen" liefert $y = -\frac{1}{2}x^2 + 2$.

Diese Bedingung für y wird in den Term der Zielfunktion eingesetzt:

$A(x) = \frac{1}{2} \cdot (x + 2) \cdot (-\frac{1}{2}x^2 + 2) = -\frac{1}{4}x^3 - \frac{1}{2}x^2 + x + 2$.

Definitionsbereich der Zielfunktion: $-2 \leq x \leq 2$ (der Einfachheit halber werden die beiden Randstellen mit hinzugenommen).

Von dieser Funktion wird das lokale Extremum bestimmt:

$A'(x) = -\frac{3}{4}x^2 - x + 1$; $A'(x) = 0 \Leftrightarrow x = \frac{2}{3} \vee x = -2$

Für $x = -2$ liegt der Punkt P auf der x-Achse.

$A''(x) = -\frac{3}{2}x - 1$; $A''\left(\frac{2}{3}\right) = -2 < 0$;

an der Stelle $x = \frac{2}{3}$ hat die Zielfunktion also ein lokales Maximum. An den Rändern der Definitionsmenge (= Nullstellen der Funktion f) ist der Flächeninhalt des Dreiecks gleich null. Daher ist das Dreieck mit dem größten Flächeninhalt gegeben, wenn $x = \frac{2}{3}$ und $y = f\left(\frac{2}{3}\right) = \frac{16}{9}$.

Der maximale Flächeninhalt ist: $A\left(\frac{2}{3}\right) = \frac{64}{27}$ FE. $\approx 2{,}37$ FE.

Beispiel 2

Aus einem DIN-A 4-Blatt soll eine offene Schachtel mit möglichst großem Volumen gebastelt werden. (Die Klebefalze können vernachlässigt werden.)

Bezeichnen wir die Länge der offenen Schachtel mit a, die Breite mit b und die Höhe mit h, dann ergibt sich das Volumen gemäß der Formel:
$V(a, b, h) = a \cdot b \cdot h$.

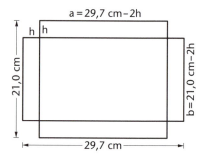

Die Schachtel entsteht durch das Aufklappen von rechteckigen Streifen der Höhe h. Aus dem Sachzusammenhang ergibt sich, dass diese Höhe h größer sein muss als null, aber kleiner als die halbe Breite des DIN-A 4-Blattes, d. h. 0 cm < h < 10,5 cm.

Durch die Länge des DIN-A 4-Blattes (29,7 cm) wird auch die Länge der Schachtel begrenzt; daher gilt die erste Nebenbedingung: $a = 29{,}7 - 2h$.

Durch die Breite des DIN-A 4-Blattes (21,0 cm) wird auch die Breite der Schachtel begrenzt; daher gilt die zweite Nebenbedingung: $b = 21{,}0 - 2h$.

Wenn wir diese beiden Bedingungen in den o. a. Term V(a, b, h) einsetzen, erhalten wir die Zielfunktion

$V(h) = (29{,}7 - 2h) \cdot (21{,}0 - 2h) \cdot h = 4h^3 - 101{,}4h^2 + 623{,}7h$, wobei $0 \leq h \leq 10{,}5$ (der Einfachheit halber werden die beiden Randstellen mit hinzugenommen).

Um das Maximum dieser Funktion zu bestimmen, bilden wir die 1. Ableitung:

$V'(h) = 12h^2 - 202{,}8h + 623{,}7$.

Die quadratische Gleichung $V'(h) = 0$ hat zwei Lösungen:

$h_1 \approx 4{,}04$ und $h_2 \approx 12{,}86$.

Die zweite Lösung entfällt im Sachzusammenhang, stellt sich aber auch als Tiefpunkt heraus, wenn man die hinreichenden Kriterien untersucht oder den Graphen insgesamt betrachtet.

Das maximal erreichbare Volumen der offenen Schachtel beträgt

$V(h_{max}) = V(4{,}04) \approx 1128{,}5$ cm³.

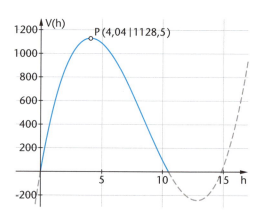

D1 Stammfunktionen zu Grundtypen von Funktionen bestimmen und den Hauptsatz der Differenzial- und Integralrechnung (HDI) zur Berechnung bestimmter Integrale anwenden.

Jede differenzierbare Funktion F mit F'(x) = f(x) für alle $x \in D_f$ heißt **Stammfunktion** von f.

Der Nachweis hierfür erfolgt, indem man die angegebene Stammfunktion ableitet. Das Bilden von Stammfunktionen ist nicht eindeutig, da die Konstante beim Ableiten wegfällt (vgl. Beispiel). In der folgenden Tabelle kann daher zu jeder angegebenen Stammfunktion auch eine beliebige Konstante addiert werden.

f(x)	c	x^n für $n \neq -1$	$\frac{1}{x}$ $D_f = \mathbb{R} \setminus \{0\}$	$\sqrt{x}$ $D_f = \mathbb{R}^+$	e^x	ln(x)	sin(x)	cos(x)
F(x) = ∫f(x)dx	cx	$\frac{1}{n+1}x^{n+1}$	ln(|x|)	$\frac{2}{3}x^{\frac{3}{2}}$	e^x	x · ln(x) − x	−cos(x)	sin(x)

Integralfunktion:
Gegeben sei eine Funktion f in einem Intervall J und $a \in J$.
Dann heißt die Funktion I_a mit

$$I_a(x) = \int_a^x f(t)\,dt$$

Integralfunktion von f mit unterer Grenze a. Die Funktion f wird hier auch als *Integrandenfunktion* bezeichnet.

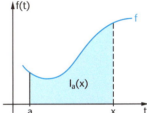

Hauptsatz der Differenzial- und Integralrechnung:
Wenn die Integrandenfunktion f stetig auf dem Intervall J ist, dann ist die Integralfunktion I_a sogar differenzierbar, und es gilt: $I_a'(x) = f(x)$
In Worten: Die Ableitung der Integralfunktion ergibt die Integrandenfunktion.

Man kann also zu jeder stetigen Funktion f eine Stammfunktion angeben – ggf. in der Form als Integralfunktion.

Folgerung aus dem Hauptsatz:
Ist die Funktion f auf einem Intervall J stetig und F eine beliebige Stammfunktion von f, so gilt für alle $a, b \in J$:

$$\int_a^b f(x)\,dx = F(b) - F(a).$$

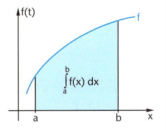

Beispiel 1 *Nachweis einer Stammfunktion*

Zum Nachweis, dass $F(x) = (x-1) \cdot e^x$ eine Stammfunktion für $f(x) = x \cdot e^x$ ist, wird die Ableitung von F gemäß Produktregel gebildet:
$F'(x) = 1 \cdot e^x + (x-1) \cdot e^x = e^x + x \cdot e^x - e^x = x \cdot e^x = f(x)$.

Beispiele 2 *Bestimmung von Stammfunktionen*

- Zu $f(x) = 5x^4 - 8x^3 + 3x^2 - 6x + 3$ erhält man eine Stammfunktion mit $F(x) = x^5 - 2x^4 + x^3 - 3x^2 + 3x$. Dabei wird der Exponent von x um eins erhöht und der entsprechende Summand mit dem Kehrwert des neuen Exponenten multipliziert.

- Zu $f(x) = 4 \cdot e^{2x+1}$ erhält man eine Stammfunktion mit $F(x) = 4 \cdot \frac{1}{2} \cdot e^{2x+1} = 2 \cdot e^{2x+1}$. Da beim Ableiten von F mit der inneren Ableitung multipliziert wird, muss hier im Funktionsterm der Stammfunktion der Faktor $\frac{1}{2}$ ergänzt werden.
- Eine Stammfunktion zu $f(x) = \sin\left(\frac{1}{2}x + \pi\right)$ ist $F(x) = -2 \cdot \cos\left(\frac{1}{2}x + \pi\right)$.

Allgemein gilt die folgende Regel für geschachtelte Funktionen (sog. **lineare Substitution**): Ist F eine Stammfunktion für eine Funktion f, dann ist $\frac{1}{a} \cdot F(ax + b)$ eine Stammfunktion für $f(ax + b)$.

Beispiele 3 *Berechnung bestimmter Integrale*

Zur Berechnung bestimmter Integrale muss zunächst eine Stammfunktion zur Integrandenfunktion bestimmt werden. In diese wird dann zuerst die obere Integrationsgrenze und dann die untere Integrationsgrenze eingesetzt. Der Wert des bestimmten Integrals ist dann die Differenz der beiden Einsetzungen.

(1) $\int_{1}^{2} (3x^2 - 1)\,dx = \left[x^3 - x\right]_{1}^{2} = (2^3 - 2) - (1^3 - 1) = 6$

(2) $\int_{-1}^{3} (2x - 1)^2\,dx = \left[\frac{1}{6}(2x - 1)^3\right]_{-1}^{3} = 25\frac{1}{3}$

(3) $\int_{0}^{1} (2 - e^{-x})\,dx = \left[2x + e^{-x}\right]_{0}^{1} = (2 + e^{-1}) - (0 + e^{0}) = 1 + \frac{1}{e}$

Hinweis: Die Stammfunktionen zu Beispiel (2) und (3) wurden durch Ausprobieren gefunden: Dabei überlegt man, wie der Funktionsterm entstanden sein könnte, wenn man die betreffende Ableitungsregel (hier: die Kettenregel) anwendet.

D2 Flächeninhalte zwischen einem Funktionsgraphen und der x-Achse und Flächeninhalte zwischen mehreren Funktionsgraphen berechnen.

Ist f in [a;b] stetig und $f(x) \neq 0$ für alle $x \in\,]a; b[$, dann gilt für den Inhalt der Fläche zwischen dem Graphen von f und der x-Achse über dem Intervall [a; b]:

$A = \left|\int_{a}^{b} f(x)\,dx\right|$.

Hat f in [a; b] die Nullstellen $x_1, x_2, \ldots, x_k$ mit $x_1 < x_2 < \ldots < x_k$, dann gilt für den Inhalt der Fläche, welche der Graph von f mit der x-Achse einschließt:

$A = \left|\int_{x_1}^{x_2} f(x)\,dx\right| + \left|\int_{x_2}^{x_3} f(x)\,dx\right| + \ldots + \left|\int_{x_{k-1}}^{x_k} f(x)\,dx\right|$.

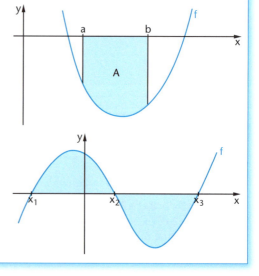

Haben die in [a;b] stetigen Funktionen f und g die Schnittstellen $x_1, x_2, ..., x_k$ mit $x_1 < x_2 < ... < x_k$, dann gilt für den Inhalt der von den Graphen eingeschlossenen Fläche:

$$A = \left| \int_{x_1}^{x_2} (f(x) - g(x))\,dx \right| + \left| \int_{x_2}^{x_3} (f(x) - g(x))\,dx \right| + ... + \left| \int_{x_{k-1}}^{x_k} (f(x) - g(x))\,dx \right|.$$

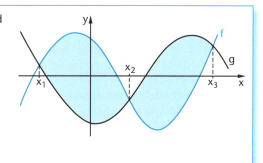

Beispiel 1 *Berechnung des Flächeninhalts in einer Anwendung*

Das abgebildete Grundstück steht zum Verkauf. Es wird an einer Seite durch einen Fluss begrenzt. Zur Ermittlung des Verkaufspreises soll der Flächeninhalt des Grundstücks bestimmt werden.

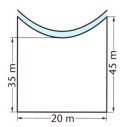

In dem gemäß nebenstehender Abbildung gewählten Koordinatensystem kann das südliche Ufer des Flusses durch eine quadratische Funktion f mit $f(x) = ax^2 + 35$ beschrieben werden. Dabei ist die Konstante a durch die Bedingung $f(10) = 45$ zu $a = 0{,}1$ festgelegt.
Für den Flächeninhalt des Grundstücks in m² folgt:

$$A = 2 \cdot \int_0^{10} (0{,}1x^2 + 35)\,dx = 2 \cdot \left[\tfrac{1}{30}x^3 + 35x \right]_0^{10} = 766\tfrac{2}{3}.$$

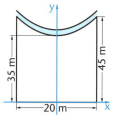

Beispiel 2 *Berechnung des Flächeninhalts eines Flächenstücks, das von einem Graphen und der x-Achse eingeschlossen ist*

Wie groß ist der Flächeninhalt des Flächenstücks, das vom Graphen von f mit $f(x) = (x - 1) \cdot (x - 3) \cdot (x - 6)$ und der x-Achse eingeschlossen wird?
Da der Funktionsterm von f in faktorisierter Form gegeben ist, können die Nullstellen sofort abgelesen werden:
$x_{01} = 1, \quad x_{02} = 3, \quad x_{03} = 6.$

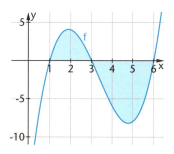

Um den gesuchten Flächeninhalt zu bestimmen, sind hier zwei Integrale zu berechnen. Da Flächeninhalte stets positiv sind, müssen die Beträge der berechneten Integrale addiert werden.

$$A = \left| \int_1^3 (x^3 - 10x^2 + 27x - 18)\,dx \right| + \left| \int_3^6 (x^3 - 10x^2 + 27x - 18)\,dx \right| = \left| 5\tfrac{1}{3} \right| + \left| -15\tfrac{3}{4} \right| = 21\tfrac{1}{12}.$$

Beispiel 3 *Berechnung des Flächeninhalts eines Flächenstücks, das von zwei Graphen eingeschlossen ist*

Wie groß ist der Flächeninhalt des Flächenstücks, das von den Graphen von f und g mit $f(x) = -x^2 + 2x + 2$ und $g(x) = x^2 - 2$ eingeschlossen wird?
Man berechnet die Schnittstellen der Graphen durch Lösen der Gleichung $f(x) = g(x)$: $x_{S1} = -1$, $x_{S2} = 2$.
Für den Flächeninhalt erhält man:

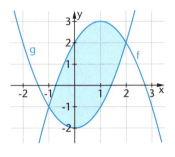

$$A = \left| \int_{-1}^{2} ((-x^2 + 2x + 2) - (x^2 - 2))\, dx \right| = \left| \int_{-1}^{2} (-2x^2 + 2x + 4)\, dx \right|$$
$$= \left| \left[-\frac{2}{3}x^3 + x^2 + 4x \right]_{-1}^{2} \right| = |9| = 9.$$

Beispiel 4 *Berechnung eines Flächenstücks, das vom Graphen einer Funktion und einer Tangente an den Graphen eingeschlossen ist*

Welche Fläche wird vom Graphen der ganzrationalen Funktion mit $f(x) = x^3 - 4x^2 + x + 6$ und der Tangente an den Graphen im Punkt $(3 \mid f(3))$ eingeschlossen?

Aufstellen der Tangentengleichung:
$f(3) = 0$; $f'(x) = 3x^2 - 8x + 1$; $f'(3) = 27 - 24 + 1 = 4$
$t(x) = 4 \cdot (x - 3) + 0$

Bestimmen der Schnittstellen von Tangente und Graph, also den Nullstellen der Differenzfunktion $d(x) = f(x) - t(x) = (x^3 - 4x^2 + x + 6) - (4x - 12) = x^3 - 4x^2 - 3x + 18$:

Mithilfe des GTR kann man – neben der Berührstelle bei $x = 3$, also einer doppelten Schnittstelle – die Schnittstelle bei $x = -2$ finden.

Der Nachweis, dass dies tatsächlich eine Schnittstelle ist, erfolgt durch Einsetzen von $x = -2$ in die Funktionsgleichung der Differenzfunktion:

$d(-2) = -8 - 16 + 6 + 18 = 0$

Bestimmen des Flächeninhalts:

$$\int_{-2}^{3} d(x)\, dx = \left[\frac{1}{4}x^4 - \frac{4}{3}x^3 - \frac{3}{2}x^2 + 18x \right]_{-2}^{3} = \left(\frac{81}{4} - 36 - \frac{27}{2} + 54 \right) - \left(4 + \frac{32}{3} - 6 - 36 \right) \approx 52{,}1$$

Kontrolle der Rechnung durch numerische Integration: vgl. Screenshot links.

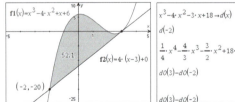

D3 Gesamtänderungen aus gegebenen Änderungsraten exakt mit bestimmten Integralen berechnen.

Ist eine stetige Funktion v für die momentane Änderungsrate (z. B. Zuflussgeschwindigkeit, Bewegungsgeschwindigkeit,...) einer Größe in Abhängigkeit von der Zeit t gegeben, so wird die Gesamtänderung (z. B. Füllmenge, zurückgelegte Wegstrecke, ...) im Zeitintervall $[t_a;t_e]$ mit dem Integral $\int_{t_a}^{t_e} v(t)\,dt$ berechnet.

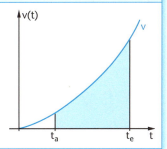

Beispiel 1 *Gegeben ist die Bewegungsgeschwindigkeit*

Die Geschwindigkeit v eines aus der Ruhe von einem Turm fallenden Steins ist gegeben durch $v(t) = 9{,}81 \cdot t$. Dabei wird die Zeit t in Sekunden und die Geschwindigkeit v in Meter pro Sekunde angegeben.

- Beobachtet man, dass der Stein nach einer Falldauer von 3,2 Sekunden auf dem Boden aufschlägt, kann man die Höhe des Turms berechnen, indem man die als momentane Änderungsrate gegebene Geschwindigkeit v(t) über dem Zeitintervall [0; 3,2] integriert:

$$h = \int_0^{3,2} 9{,}81 \cdot t\,dt = \left[\frac{9{,}81}{2}t^2\right]_0^{3,2} \approx 50{,}23.$$

Der Turm hat eine Höhe von etwa 50,23 m.

- Ist andererseits die Fallhöhe mit h = 100 m gegeben, so kann man auch die entsprechende Falldauer berechnen. Diesmal ist der Wert des Integrals bekannt. Zu bestimmen ist die obere Integrationsgrenze t_e:

$$\int_0^{t_e} 9{,}81 \cdot t\,dt = 100 \Leftrightarrow \left[\frac{9{,}81}{2}t^2\right]_0^{t_e} = 100 \Leftrightarrow \frac{9{,}81}{2}t_e^2 = 100 \Leftrightarrow t_e = \sqrt{\frac{200}{9{,}81}} \approx 4{,}5 \vee t_e \approx -4{,}5$$

Hinweis: Die negative Lösung der quadratischen Gleichung entfällt hier im Sachzusammenhang.

Der Stein trifft nach etwa 4,5 Sekunden auf dem Boden auf.

Beispiel 2 *Gegeben ist die Zulaufgeschwindigkeit*

Ein zunächst leeres Getreidesilo wird mit Weizen gefüllt. Die Zulaufgeschwindigkeit ist in den ersten 15 Minuten konstant und beträgt 45 Zentner/min. Dann nimmt sie entsprechend dem Graphen ab, bis nach insgesamt 30 Minuten der Zufluss stoppt.

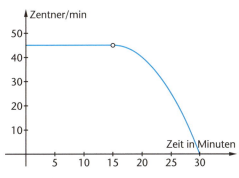

Die Funktion f mit $f(x) = -\frac{1}{5}x^2 + 6x$ beschreibt den Zulauf in der Zeit zwischen der 15. und der 30. Minute, denn der Scheitelpunkt der Parabel liegt im Punkt S(15|45) und eine Nullstelle bei x = 30.

Um die gesamte Füllmenge des Silos zu bestimmen, bestimmt man den Flächeninhalt des Flächenstücks zwischen Graph und Zeitachse im Intervall [0; 30].
Im Zeitintervall [0; 15] ist dies ein Rechteck; für das Zeitintervall [15; 30] muss die Integralrechnung angewendet werden:

$$15 \cdot 45 + \int_{15}^{30}\left(-\frac{1}{5}x^2 + 6x\right)dx = 675 + \left[-\frac{1}{15}x^3 + 3x^2\right]_{15}^{30} = 675 + 450 = 1125.$$

Insgesamt wurden 1125 Zentner Weizen in das Silo gefüllt.

D4 Mittelwerte von kontinuierlich veränderten Größen mithilfe der Integralrechnung berechnen.

Unter dem Mittelwert $\bar{f}$ der Funktionswerte einer stetigen Funktion f über dem Intervall [a;b] versteht man die reelle Zahl

$$\bar{f} = \frac{1}{b-a} \cdot \int_a^b f(x)\,dx.$$

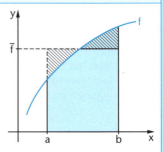

Ist F eine Stammfunktion für f, dann ist der Mittelwert der Funktionswerte gegeben durch den Quotienten

$$\bar{f} = \frac{F(b) - F(a)}{b - a}.$$

Beispiel

Die Geschwindigkeit eines ICE bei der Ausfahrt aus einem Bahnhof lässt sich in den ersten 6 Minuten mithilfe der Funktion v mit $v(t) = -0{,}0005 \cdot t^2 + 0{,}4 \cdot t$ beschreiben. Dabei wird die Zeit t in Sekunden und die Geschwindigkeit v in Meter pro Sekunde angegeben.
Wie groß ist die mittlere Geschwindigkeit des Zuges in den ersten 6 Minuten der Fahrt?

$$\bar{v} = \frac{1}{360 - 0} \cdot \int_0^{360} (-0{,}0005 \cdot t^2 + 0{,}4 \cdot t)\,dt = \frac{1}{360} \cdot \left[-\frac{1}{6000}t^3 + \frac{1}{5}t^2\right]_0^{360}$$

$$= \frac{1}{360} \cdot 18144 = 50{,}4.$$

Die mittlere Geschwindigkeit des Zuges beträgt $50{,}4\,\frac{m}{s}\,\left(\approx 181{,}44\,\frac{km}{h}\right)$.

D5 nur eA: **Flächeninhalte von Flächen, die ins Unendliche reichen, mit uneigentlichen Integralen und den dabei erforderlichen Grenzwertbetrachtungen ermitteln.**

- **Integration über unbeschränkte Intervalle:**
  Falls die Funktion f auf dem Intervall $[a; +\infty[$ stetig ist
  und der Grenzwert $\lim\limits_{b \to +\infty} \int_a^b f(x)\,dx$ existiert, so heißt
  dieser Grenzwert das **uneigentliche Integral** von f über dem Intervall $[a; +\infty[$.
  Man notiert dann auch $\int_a^{+\infty} f(x)\,dx$.
  (Entsprechend wird $\int_{-\infty}^b f(x)\,dx$ definiert.)

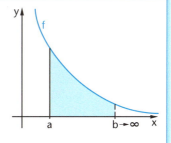

- **Integration über unbeschränkte Funktionen:**
  Falls die Funktion f auf dem Intervall $]a; b]$ stetig ist
  und der Grenzwert $\lim\limits_{z \to a} \int_z^b f(x)\,dx$ existiert, so heißt
  dieser Grenzwert das uneigentliche Integral von f über dem Intervall $]a; b]$.
  Man notiert dann auch $\int_a^b f(x)\,dx$.
  (Entsprechend wird $\lim\limits_{z \to b} \int_a^z f(x)\,dx$ über dem Intervall $[a; b[$ definiert.)

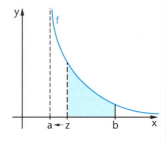

Beispiele *Uneigentliche Integrale*

- Der Graph der Funktion f mit $f(x) = \frac{4}{x^2}$ schließt über dem Intervall $[1; +\infty[$ eine Fläche mit dem Flächeninhalt 4 FE ein:
  Es gilt: $\int_1^b \frac{4}{x^2}\,dx = \left[-\frac{4}{x}\right]_1^b = 4 - \frac{4}{b}$.
  Damit existiert der Grenzwert: $\lim\limits_{b \to +\infty} \int_1^b \frac{4}{x^2}\,dx = \lim\limits_{b \to +\infty}\left(4 - \frac{4}{b}\right) = 4$.

- Dagegen ist der Flächeninhalt der Fläche zwischen x-Achse und Graph der Funktion f mit $f(x) = \frac{1}{(x-2)^2}$ über dem Intervall $]2; 4]$ nicht endlich:
  Es gilt: $\int_a^4 \frac{1}{(x-2)^2}\,dx = \left[-\frac{1}{(x-2)}\right]_a^4 = \frac{1}{a-2} - \frac{1}{2}$.

  Da der erste Summand für $a \to 2$ über alle Grenzen wächst, existiert das uneigentliche Integral nicht.

- Der Graph der Funktion f mit f(x) = x · e⁻ˣ schließt mit der positiven x-Achse einen endlichen Flächeninhalt ein:

$$\int_0^a x \cdot e^{-x}\,dx = [-(x+1)\cdot e^{-x}]_0^a$$
$$= (-(a+1)\cdot e^{-a}) - (-(0+1)\cdot e^{-0})$$
$$= (-(a+1)\cdot e^{-a}) + 1.$$

Da die Werte mit der Funktion e(x) = e⁻ˣ für x → ∞ schneller gegen null gehen als die Werte einer beliebigen ganzrationalen Funktion p(x) wachsen, gilt allgemein: $\lim_{x \to \infty} p(x) \cdot e^{-x} = 0$.

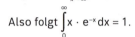

Also folgt $\int_0^{\infty} x \cdot e^{-x}\,dx = 1$.

D6 nur eA: Das Volumen von Rotationskörpern berechnen und die erforderlichen Berandungsfunktionen für reale rotationssymmetrische Körper modellieren.

Rotiert der Graph einer stetigen Berandungsfunktion f mit nicht negativen Funktionswerten über dem Intervall [a;b] um die x-Achse, so entsteht ein Rotationskörper mit dem Volumen $V = \pi \cdot \int_a^b (f(x))^2\,dx$.

Beispiele

(1) Das abgebildete Fass hat eine Höhe von 22 cm. Die Dicke der Fasswandung soll vernachlässigt werden. Der Radius beträgt am oberen und unteren Rand 8,1 cm, an der bauchigsten Stelle 8,8 cm. Zur Berechnung des Fassinhaltes legen wir das Fass auf die Seite. Das Koordinatensystem wird so gewählt, dass die x-Achse die Symmetrieachse des Fasses bildet, und dass der Graph der Berandungsfunktion symmetrisch zur y-Achse verläuft.

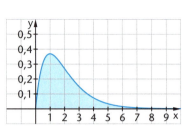

Aus dem Ansatz f(x) = ax² + b mit f(0) = 8,8 und f(11) = 8,1 folgt b = 8,8 und a · 11² + 8,8 = 8,1.

Die Koeffizienten werden berechnet zu $a = -\frac{7}{1210}$ und $b = \frac{44}{5}$.

Für die Berandungsfunktion gilt damit $f(x) = -\frac{7}{1210}x^2 + \frac{44}{5}$.

Das Volumen des Fasses kann nun unter Ausnutzung der Symmetrie berechnet werden:

$$V = 2\pi \cdot \int_0^{11} \left(-\frac{7}{1210}x^2 + \frac{44}{5}\right)^2 dx \approx 5075.$$

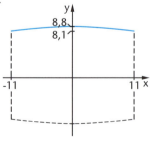

Also beträgt das Volumen des Fasses 5075 ml ≈ 5 ℓ.

(2) Ein Blumenkübel entsteht durch Rotation des Graphen einer Funktion f mit

$f(x) = 0{,}1x^3 - x^2 + 2{,}5x + 2$

über dem Intervall [0; 6] (1 Einheit = 1 dm). Bestimmen Sie das Volumen des Gefäßes.

$V = 2\pi \int_0^6 f^2(x)\,dx$

$= \pi \cdot \int_0^6 (0{,}1x^3 - x^2 + 2{,}5x + 2)^2\,dx \approx 167\,\ell$

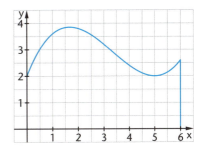

E1 Punkte im Raum durch Ortsvektoren sowie Verschiebungen im Raum durch Vektoren beschreiben.

Vektoren im Raum sind geordnete Zahlentripel, die in Spaltenform notiert werden.

Der Vektor $\vec{u} = \begin{pmatrix} u_1 \\ u_2 \\ u_3 \end{pmatrix}$ kann interpretiert werden ...

(1) ... als der **Ortsvektor** $\overrightarrow{OU}$ vom Ursprung $O(0|0|0)$ zum Punkt $U(u_1|u_2|u_3)$. Dargestellt wird der Vektor durch einen **Pfeil**.

(2) ... als **Verschiebungsvektor** $\vec{u}$ parallel zum Pfeil von $\overrightarrow{OU}$.

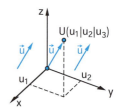

Beispiele

Gegeben ist der Punkt $P(2|3|-1)$.

(1) Der zugehörige Ortsvektor, also der Verbindungsvektor vom Ursprung zum Punkt P, lautet $\overrightarrow{OP} = \begin{pmatrix} 2 \\ 3 \\ -1 \end{pmatrix}$.

(2) $\vec{p} = \begin{pmatrix} 2 \\ 3 \\ -1 \end{pmatrix}$ kann auch als Verschiebungsvektor aufgefasst werden, durch den der Punkt $A(4|-5|8)$ auf $A'(6|-2|7)$ verschoben wird.

$A(4|-5|8)$
$\quad\downarrow +2 \downarrow +3 \downarrow +(-1)$
$A'(6|-2|7)$

  E2 Vektoren auf Kollinearität untersuchen.

Zwei Vektoren $\vec{u}, \vec{v}$ bezeichnet man als **kollinear**, wenn sie Vielfache voneinander sind. Kollineare Vektoren sind **parallel** zueinander, können sich aber in ihrer Länge unterscheiden.

Um die Kollinearität zweier Vektoren $\vec{u}$ und $\vec{v}$ zu zeigen, prüft man, ob es eine Zahl $k \in \mathbb{R}$ derart gibt, dass $\vec{u} = k \cdot \vec{v}$.

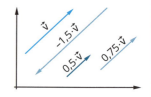

Beispiele

(1) Die Vektoren $\vec{u} = \begin{pmatrix} 2 \\ 3 \\ 8 \end{pmatrix}$ und $\vec{v} = \begin{pmatrix} 1 \\ 1,5 \\ 4 \end{pmatrix}$ sind offensichtlich kollinear zueinander, denn:

$\begin{pmatrix} 2 \\ 3 \\ 8 \end{pmatrix} = 2 \cdot \begin{pmatrix} 1 \\ 1,5 \\ 4 \end{pmatrix}$.

(2) Untersuchen Sie auf Kollinearität:

a) die Vektoren $\vec{a} = \begin{pmatrix} 18 \\ -6 \\ 13,5 \end{pmatrix}$ und $\vec{b} = \begin{pmatrix} 12 \\ -4 \\ 9 \end{pmatrix}$, b) die Vektoren $\vec{a} = \begin{pmatrix} 18 \\ -6 \\ 13,5 \end{pmatrix}$ und $\vec{c} = \begin{pmatrix} 7,2 \\ -2,4 \\ 3,6 \end{pmatrix}$.

Lösung zu a): Da die Vektoren drei Komponenten haben, muss ein lineares Gleichungssystem gelöst werden:

$\begin{pmatrix} 18 \\ -6 \\ 13,5 \end{pmatrix} = k \cdot \begin{pmatrix} 12 \\ -4 \\ 9 \end{pmatrix} \Leftrightarrow \begin{vmatrix} 18 = 12 \cdot k \\ -6 = -4 \cdot k \\ 13,5 = 9 \cdot k \end{vmatrix} \Leftrightarrow \begin{vmatrix} k = 1,5 \\ k = 1,5 \\ k = 1,5 \end{vmatrix} \Leftrightarrow k = 1,5$

$\vec{a}$ und $\vec{b}$ sind kollinear, denn $\begin{pmatrix} 18 \\ -6 \\ 13,5 \end{pmatrix} = 1,5 \cdot \begin{pmatrix} 12 \\ -4 \\ 9 \end{pmatrix}$.

Lösung zu b): $\begin{pmatrix} 18 \\ -6 \\ 13,5 \end{pmatrix} = k \cdot \begin{pmatrix} 7,2 \\ -2,4 \\ 3,6 \end{pmatrix} \Leftrightarrow \begin{vmatrix} 18 = 7,2 \cdot k \\ -6 = -2,4 \cdot k \\ 13,5 = 3,6 \cdot k \end{vmatrix} \Leftrightarrow \begin{vmatrix} k = 2,5 \\ k = 2,5 \\ k = 3,75 \end{vmatrix}$

$\vec{a}$ und $\vec{c}$ sind nicht kollinear, denn es gibt kein $k \in \mathbb{R}$, welches das Gleichungssystem löst.

E3 Vektoren addieren und subtrahieren sowie den Mittelpunkt einer Strecke berechnen.

Bei der Addition zweier Vektoren werden zugehörige Pfeile aneinandergesetzt.

Es gilt die sogenannte **Dreiecksregel**: $\overrightarrow{XY} + \overrightarrow{YZ} = \overrightarrow{XZ}$.

Merkregel für Verbindungsvektoren: „Ende minus Anfang"

Bei der Subtraktion wird der Gegenvektor addiert:

Der **Verbindungsvektor** $\overrightarrow{PQ}$ lässt sich als Differenzvektor der beiden Ortsvektoren schreiben:

$\overrightarrow{PQ} = \overrightarrow{PO} + \overrightarrow{OQ} = -\overrightarrow{OP} + \overrightarrow{OQ} = \overrightarrow{OQ} + (-\overrightarrow{OP}) = \overrightarrow{OQ} - \overrightarrow{OP}$.

Addiert man einen Vektor zu seinem Gegenvektor, so ergibt sich der **Nullvektor** $\vec{o} = \begin{pmatrix} 0 \\ 0 \\ 0 \end{pmatrix}$.

Der Ortsvektor $\overrightarrow{OM}$ des Mittelpunkts M einer Strecke AB wird dargestellt in der Form:

$\overrightarrow{OM} = \overrightarrow{OA} + \frac{1}{2} \cdot \overrightarrow{AB} = \overrightarrow{OA} + \frac{1}{2} \cdot (\overrightarrow{OB} - \overrightarrow{OA}) = \frac{1}{2} \cdot (\overrightarrow{OA} + \overrightarrow{OB})$.

Merkregel: Die Koordinaten des Mittelpunkts einer Strecke sind die Mittelwerte der Koordinaten der Endpunkte der Strecke.

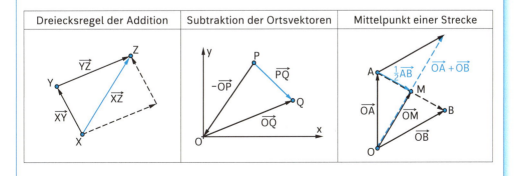

Beispiele

(1) Der Verbindungsvektor der Punkte P(2|−3|5) und Q(4|1|−2) ist: $\vec{PQ} = \begin{pmatrix} 4 \\ 1 \\ -2 \end{pmatrix} - \begin{pmatrix} 2 \\ -3 \\ 5 \end{pmatrix} = \begin{pmatrix} 2 \\ 4 \\ -7 \end{pmatrix}$.

Ortsvektor zum Mittelpunkt M der Strecke PQ ist $\vec{OM} = \frac{1}{2} \cdot \left(\begin{pmatrix} 2 \\ -3 \\ 5 \end{pmatrix} + \begin{pmatrix} 4 \\ 1 \\ -2 \end{pmatrix} \right) = \begin{pmatrix} 3 \\ -1 \\ 1,5 \end{pmatrix}$

Der Mittelpunkt hat damit die Koordinaten M(3|−1|1,5).

(2) Ein Spat ABCDEFGH ist gegeben durch die Eckpunkte A(1|−2|3), B(3|−1|3), D(4|0|3) und E(2|−3|5).

Beispielsweise lassen sich die Vektoren $\vec{AB}$, $\vec{AD}$ und $\vec{AE}$ direkt berechnen (siehe Markierung).

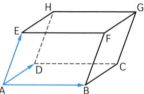

a) Die Koordinaten des Eckpunkts C lassen sich wie folgt ermitteln:

$\vec{OC} = \vec{OA} + \vec{AD} + \vec{DC} = \vec{OA} + \vec{AD} + \vec{AB}$,

denn $\vec{AB} = \vec{DC}$ sind parallele Pfeile.

Mit $\vec{AD} = \begin{pmatrix} 4 \\ 0 \\ 3 \end{pmatrix} - \begin{pmatrix} 1 \\ -2 \\ 3 \end{pmatrix} = \begin{pmatrix} 3 \\ 2 \\ 0 \end{pmatrix}$ und $\vec{AB} = \begin{pmatrix} 3 \\ -1 \\ 3 \end{pmatrix} - \begin{pmatrix} 1 \\ -2 \\ 3 \end{pmatrix} = \begin{pmatrix} 2 \\ 1 \\ 0 \end{pmatrix}$ ergibt sich:

$\vec{OC} = \begin{pmatrix} 1 \\ -2 \\ 3 \end{pmatrix} + \begin{pmatrix} 3 \\ 2 \\ 0 \end{pmatrix} + \begin{pmatrix} 2 \\ 1 \\ 0 \end{pmatrix} = \begin{pmatrix} 6 \\ 1 \\ 3 \end{pmatrix}$. Der Eckpunkt C hat also die Koordinaten C(6|1|3).

b) Der Vektor $\vec{AG}$, der die Raumdiagonale von Eckpunkt A zu Eckpunkt G beschreibt, berechnet sich folgendermaßen:

$\vec{AG} = \vec{AD} + \vec{AE} + \vec{AB}$, da $\vec{AE} = \vec{DH}$ und $\vec{AB} = \vec{HG}$ gilt (Parallelverschiebungen).

Mit $\vec{AE} = \begin{pmatrix} 2 \\ -3 \\ 5 \end{pmatrix} - \begin{pmatrix} 1 \\ -2 \\ 3 \end{pmatrix} = \begin{pmatrix} 1 \\ -1 \\ 2 \end{pmatrix}$ ergibt sich: $\vec{AG} = \begin{pmatrix} 3 \\ 2 \\ 0 \end{pmatrix} + \begin{pmatrix} 1 \\ -1 \\ 2 \end{pmatrix} + \begin{pmatrix} 2 \\ 1 \\ 0 \end{pmatrix} = \begin{pmatrix} 6 \\ 2 \\ 2 \end{pmatrix}$

c) Die Koordinaten des Eckpunkts G erhält man aus:

$\vec{OG} = \vec{OA} + \vec{AG} = \begin{pmatrix} 1 \\ -2 \\ 3 \end{pmatrix} + \begin{pmatrix} 6 \\ 2 \\ 2 \end{pmatrix} = \begin{pmatrix} 7 \\ 0 \\ 5 \end{pmatrix}$, also G(7|0|5).

(3) **Spiegelung eines Punktes an einem Punkt**

Der Punkt P(1|−2|2) soll an einem Punkt Q(3|1|−1) gespiegelt werden.

Wie aus der Zeichnung ablesbar ist, muss dazu der Vektor $\vec{PQ}$ in Q abgetragen werden, also vom Punkt P aus das Zweifache dieses Vektors:

Da $\vec{PQ} = \begin{pmatrix} 3-1 \\ 1-(-2) \\ -1-2 \end{pmatrix} = \begin{pmatrix} 2 \\ 3 \\ -3 \end{pmatrix}$, folgt $\vec{OP'} = \vec{OQ} + \vec{QP'} = \vec{OP} + 2 \cdot \vec{PQ} = \begin{pmatrix} 1 \\ -2 \\ 2 \end{pmatrix} + 2 \cdot \begin{pmatrix} 2 \\ 3 \\ -3 \end{pmatrix} = \begin{pmatrix} 5 \\ 4 \\ -4 \end{pmatrix}$.

Vektorrechnung

  Das Skalarprodukt zweier Vektoren berechnen und damit entscheiden, ob die Vektoren zueinander orthogonal sind.

Das Skalarprodukt zweier Vektoren $\vec{u} = \begin{pmatrix} u_1 \\ u_2 \\ u_3 \end{pmatrix}$ und $\vec{v} = \begin{pmatrix} v_1 \\ v_2 \\ v_3 \end{pmatrix}$ ist definiert als die Summe der Produkte der Komponenten der beiden Vektoren, also durch

$$\vec{u} * \vec{v} = \begin{pmatrix} u_1 \\ u_2 \\ u_3 \end{pmatrix} * \begin{pmatrix} v_1 \\ v_2 \\ v_3 \end{pmatrix} = u_1 \cdot v_1 + u_2 \cdot v_2 + u_3 \cdot v_3$$

Die beiden Vektoren spannen einen Winkel φ auf.
Für diesen gilt: $\vec{u} * \vec{v} = |\vec{u}| \cdot |\vec{v}| \cdot \cos(\varphi)$.

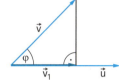

In Worten: Das Skalarprodukt zweier Vektoren ist gleich dem Produkt aus der Länge des einen Vektors mit der Länge der orthogonalen Projektion des anderen Vektors auf diesen Vektor.

Im rechtwinkligen Dreieck gilt:
$\cos(\varphi) = \dfrac{|\vec{v}_1|}{|\vec{v}|} \Leftrightarrow |\vec{v}_1| = |\vec{v}| \cdot \cos(\varphi)$

Orthogonalität:
Das Skalarprodukt zweier Vektoren ist genau dann gleich null, wenn diese zueinander orthogonal sind.
Es gilt: $\vec{u}$ und $\vec{v}$ sind orthogonal $\Leftrightarrow \vec{u} * \vec{v} = 0$

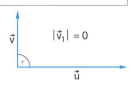

$|\vec{v}_1| = 0$

Hinweis: Das Skalarprodukt zweier Vektoren $\vec{u} * \vec{v}$ (dies ist eine reelle Zahl!) darf nicht verwechselt werden mit dem Vervielfachen eines Vektors mit einer Zahl $s \in \mathbb{R}$, also $s \cdot \vec{v}$ (dies ist ein Vektor). In diesem Buch verwenden wir konsequent die Zeichen ∗ bzw. ·, um den Unterschied zwischen den beiden Vektoroperationen hervorzuheben, auch wenn es oft üblich ist, für beide Operationen dasselbe Zeichen zu verwenden.

Beispiele

(1) Die Vektoren $\vec{u} = \begin{pmatrix} 3 \\ -1 \\ 2 \end{pmatrix}$ und $\vec{v} = \begin{pmatrix} -1 \\ -1 \\ 1 \end{pmatrix}$ sind orthogonal zueinander, denn

$\begin{pmatrix} 3 \\ -1 \\ 2 \end{pmatrix} * \begin{pmatrix} -1 \\ -1 \\ 1 \end{pmatrix} = 3 \cdot (-1) + (-1) \cdot (-1) + 2 \cdot 1 = -3 + 1 + 2 = 0.$

(2) Jeder Vektor der Form $\vec{n} = \begin{pmatrix} 2a \\ b \\ -a \end{pmatrix}$ ist orthogonal zu $\vec{u} = \begin{pmatrix} 1 \\ 0 \\ 2 \end{pmatrix}$, denn $2a + 0 \cdot b - 2a = 0$.

(3) Manchmal kann man durch eine einfache Überlegung sogar einen Vektor angeben, der orthogonal zu zwei gegebenen Vektoren ist:

Der Vektor $\vec{u} = \begin{pmatrix} 2 \\ 6 \\ 1 \end{pmatrix}$ ist orthogonal sowohl zum Vektor $\vec{v} = \begin{pmatrix} 1 \\ 0 \\ -2 \end{pmatrix}$ als auch zum Vektor $\vec{w} = \begin{pmatrix} 3 \\ -1 \\ 0 \end{pmatrix}$, also zu der Ebene, die von den Vektoren $\vec{v}$ und $\vec{w}$ aufgespannt wird, vgl. **F3**.

E5 Längen von Strecken im Raum und den Betrag von Vektoren berechnen.

Der **Betrag eines Vektors** $\vec{u} = \begin{pmatrix} x \\ y \\ z \end{pmatrix}$ ist gleich der Länge des zugehörigen Pfeils. Der Betrag berechnet sich nach dem Satz des PYTHAGORAS mithilfe von $|\vec{u}| = \sqrt{x^2 + y^2 + z^2}$.

Einen Vektor mit dem Betrag 1 nennt man **Einheitsvektor**. Zu einem Vektor $\vec{v}$ erhält man den zugehörigen Einheitsvektor $\vec{v}_0$, indem man den Vektor durch seinen Betrag dividiert: $\vec{v}_0 = \frac{\vec{v}}{|\vec{v}|} = \frac{1}{|\vec{v}|} \cdot \vec{v}$.

Hinweis: Negative Vorzeichen von Komponenten kann man bei der Berechnung des Betrags weglassen, da sie durch das Quadrieren unter der Wurzel wegfallen.

Beispiele

(1) Der Betrag des Vektors $\vec{u} = \begin{pmatrix} -2 \\ 0 \\ 3 \end{pmatrix}$ ist $|\vec{u}| = \sqrt{(-2)^2 + 0^2 + 3^2} = \sqrt{4 + 0 + 9} = \sqrt{13}$.

(2) Zeigen Sie, dass das Dreieck ABC mit A(4|2|−5), B(6|−2|−1), C(3|1|−1) ein rechtwinklig-gleichschenkliges Dreieck ist.

$\vec{AB} = \begin{pmatrix} 6-4 \\ -2-2 \\ -1-(-5) \end{pmatrix} = \begin{pmatrix} 2 \\ -4 \\ 4 \end{pmatrix}$; $\vec{AC} = \begin{pmatrix} 3-4 \\ 1-2 \\ -1-(-5) \end{pmatrix} = \begin{pmatrix} -1 \\ -1 \\ 4 \end{pmatrix}$; $\vec{BC} = \begin{pmatrix} 3-6 \\ 1-(-2) \\ -1-(-1) \end{pmatrix} = \begin{pmatrix} -3 \\ 3 \\ 0 \end{pmatrix}$.

Es gilt: $|\vec{AB}| = \sqrt{2^2 + (-4)^2 + 4^2} = \sqrt{36} = 6$; $|\vec{AC}| = \sqrt{(-1)^2 + (-1)^2 + 4^2} = \sqrt{18}$; $|\vec{BC}| = \sqrt{(-3)^2 + 3^2 + 0^2} = \sqrt{18}$. Die beiden Seiten AC und BC sind gleich lang.

Wenn überhaupt, können nur diese beiden Seiten einen rechten Winkel einschließen. Tatsächlich gilt: $\vec{AC} * \vec{BC} = \begin{pmatrix} -1 \\ -1 \\ 4 \end{pmatrix} * \begin{pmatrix} -3 \\ 3 \\ 0 \end{pmatrix} = 3 - 3 + 0 = 0$, d. h., das Dreieck ABC ist rechtwinklig-gleichschenklig mit einem rechten Winkel bei C.

(3) Der Vektor $\vec{u} = \begin{pmatrix} 3 \\ 0 \\ -4 \end{pmatrix}$ besitzt einen Betrag von $|\vec{u}| = \sqrt{3^2 + 0^2 + (-4)^2} = \sqrt{25} = 5$.

Der zugehörige Einheitsvektor $\vec{u}_0 = \frac{1}{5} \cdot \begin{pmatrix} 3 \\ 0 \\ -4 \end{pmatrix} = \begin{pmatrix} \frac{3}{5} \\ 0 \\ -\frac{4}{5} \end{pmatrix}$ besitzt die Länge $|\vec{u}_0| = 1$.

Probe: $|\vec{u}_0| = \sqrt{\left(\frac{3}{5}\right)^2 + 0^2 + \left(-\frac{4}{5}\right)^2} = \sqrt{\frac{9}{25} + \frac{16}{25}} = \sqrt{\frac{25}{25}} = \sqrt{1} = 1$

Geraden und Ebenen im Raum

F1 Parameterdarstellungen für Geraden ermitteln sowie überprüfen, ob und ggf. wo ein Punkt auf einer gegebenen Gerade liegt (Punktprobe).

Auch im Raum ist eine Gerade g durch zwei Punkte A, B festgelegt.
Zu einem **beliebigen Punkt X der Geraden** gelangt man so: Vom Ursprung O geht man zu einem der beiden Punkte der Geraden, dann trägt man ein Vielfaches des Verbindungsvektors $\vec{AB}$ ab:

$$g: \vec{x} = \vec{OX} = \vec{OA} + r \cdot \vec{AB} \quad \text{mit} \quad r \in \mathbb{R}.$$

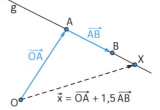

Den Ortsvektor (hier: $\vec{OA}$), der vom Ursprung auf die Gerade führt, bezeichnet man als **Stützvektor** der Geraden.
Der Vektor, der die Richtung der Geraden beschreibt, wird als **Richtungsvektor** (hier: $\vec{AB}$) der Geraden bezeichnet. Hieraus folgt, dass man die Gerade auch durch Angabe eines Punktes und eines Vektors als Richtungsvektor festlegen kann.

Punktprobe: Zur Prüfung, ob ein Punkt P auf der Geraden g liegt, setzt man die Komponenten von $\vec{OP}$ auf der linken Seite der Geradengleichung für $\vec{x}$ ein. Nur dann, wenn jede Zeile des entstehenden linearen Gleichungssystems denselben Wert für $r \in \mathbb{R}$ liefert, liegt P auf g, ansonsten nicht.

Lage eines Punktes auf der Geraden: Ist $\vec{AB}$ Richtungsvektor der Geraden, so liegt ein Punkt P (a) „links" von A, wenn $r < 0$; (b) „rechts" von B, wenn $r > 1$; (c) auf der Strecke AB, wenn $0 \leq r \leq 1$.

Beispiele

(1) Gegeben sind die Punkte A(2|3|−1) und B(4|−2|2). Die Gerade durch A und B wird beschrieben durch:

$$g: \vec{x} = \vec{OX} = \begin{pmatrix} 2 \\ 3 \\ -1 \end{pmatrix} + r \cdot \begin{pmatrix} 4-2 \\ -2-3 \\ 2-(-1) \end{pmatrix} = \begin{pmatrix} 2 \\ 3 \\ -1 \end{pmatrix} + r \cdot \begin{pmatrix} 2 \\ -5 \\ 3 \end{pmatrix} \quad \text{oder} \quad g: \vec{x} = \vec{OX} = \begin{pmatrix} 4 \\ -2 \\ 2 \end{pmatrix} + s \cdot \begin{pmatrix} -2 \\ 5 \\ -3 \end{pmatrix}.$$

Jeder Punkt X von g lässt sich z. B. darstellen durch $\vec{OX} = \begin{pmatrix} 2+2r \\ 3-5r \\ -1+3r \end{pmatrix}$ oder $\vec{OX} = \begin{pmatrix} 4-2s \\ -2+5s \\ 2-3s \end{pmatrix}$.

(2) Liegt der Punkt P(0|8|−4) liegt auf der Geraden g aus (1)? Einsetzen des Ortsvektors von P liefert ein lineares Gleichungssystem:

$$\begin{pmatrix} 0 \\ 8 \\ -4 \end{pmatrix} = \begin{pmatrix} 2 \\ 3 \\ -1 \end{pmatrix} + r \cdot \begin{pmatrix} 2 \\ -5 \\ 3 \end{pmatrix} \Leftrightarrow \begin{vmatrix} 0 = 2 + 2r \\ 8 = 3 - 5r \\ -4 = -1 + 3r \end{vmatrix} \Leftrightarrow \begin{vmatrix} r = -1 \\ r = -1 \\ r = -1 \end{vmatrix}.$$

Der Punkt P liegt auf der Geraden g, aber nicht auf der Strecke AB. Da $r < 0$ gilt, liegt P „links" von Punkt A.

(3) Der Punkt Q(4|−2|5) liegt nicht auf der Geraden g, weil das lineare Gleichungssystem keine Lösung besitzt:

$$\begin{vmatrix} 2+2r = 4 \\ 3-5r = -2 \\ -1+3r = 5 \end{vmatrix} \Leftrightarrow \begin{vmatrix} 2r = 2 \\ -5r = -5 \\ 3r = 6 \end{vmatrix} \Leftrightarrow \begin{vmatrix} r = 1 \\ r = 1 \\ r = 2 \end{vmatrix}.$$

Mit dem Taschenrechner-Befehl linSolve:

$$\text{linSolve}\left(\begin{cases} 2+2\cdot r = 4 \\ 3-5\cdot r = -2 \\ -1+3\cdot r = 5 \end{cases}, \{r\}\right)$$

"Keine Lösung gefunden"

(4) Spiegelung einer Geraden an einem Punkt

Die Gerade g mit der Parameterdarstellung $g: \vec{x} = \begin{pmatrix} 1 \\ 1 \\ -2 \end{pmatrix} + r \cdot \begin{pmatrix} 2 \\ -1 \\ -1 \end{pmatrix}$

soll an einem Punkt P(1|3|1) gespiegelt werden. Wie die Zeichnung zeigt, muss dazu der Auf(hänge)punkt A(1|1|−2) der

Geraden g an P gespiegelt werden (vgl.). Der Richtungsvektor $\vec{v} = \begin{pmatrix} 2 \\ -1 \\ -1 \end{pmatrix}$ der Geraden g geht bei dieser Spiegelung in seinen Gegenvektor über.

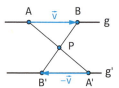

Spiegelung des Punktes A an P: $\overrightarrow{OA'} = \overrightarrow{OP} + \overrightarrow{PA'} = \overrightarrow{OA} + 2 \cdot \overrightarrow{AP} = \begin{pmatrix} 1 \\ 1 \\ -2 \end{pmatrix} + 2 \cdot \begin{pmatrix} 0 \\ 2 \\ 3 \end{pmatrix} = \begin{pmatrix} 1 \\ 5 \\ 4 \end{pmatrix}$.

Eine mögliche Parameterdarstellung der Spiegelgeraden g' ist daher $g': x = \begin{pmatrix} 1 \\ 5 \\ 4 \end{pmatrix} + s \cdot \begin{pmatrix} -2 \\ 1 \\ 1 \end{pmatrix}$.

F2 Geraden auf ihre gegenseitige Lage untersuchen.

Zwei Geraden g und h im Raum sind entweder (1) identisch, (2) liegen zueinander echt parallel, (3) verlaufen zueinander windschief oder (4) schneiden sich in genau einem gemeinsamen Punkt.
In der Grafik rechts …
- … sind die Geraden h und i echt parallel zueinander,
- … besitzen die Geraden g und h genau einen Schnittpunkt,
- … sind die Geraden g und i windschief zueinander, d. h. sie sind weder parallel noch schneiden sie sich.

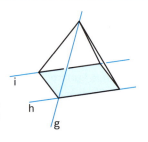

Identische Geraden liegen „übereinander" (hier nicht dargestellt).

Vorgehensweise zur Bestimmung der gegenseitigen Lagebeziehung zweier Geraden im Raum mithilfe von entsprechenden linearen Gleichungssystemen:

Geraden und Ebenen im Raum

Beispiel

Für die Geraden $g_1: \vec{x} = \begin{pmatrix} 1 \\ -2 \\ 2 \end{pmatrix} + r \cdot \begin{pmatrix} 2 \\ 1 \\ -1 \end{pmatrix}$, $g_2: \vec{x} = \begin{pmatrix} 2 \\ -1 \\ 2 \end{pmatrix} + s \cdot \begin{pmatrix} -4 \\ -2 \\ 2 \end{pmatrix}$, $g_3: \vec{x} = \begin{pmatrix} 1 \\ 3 \\ -3 \end{pmatrix} + t \cdot \begin{pmatrix} -1 \\ 2 \\ -2 \end{pmatrix}$,

$g_4: \vec{x} = \begin{pmatrix} 5 \\ 0 \\ 0 \end{pmatrix} + u \cdot \begin{pmatrix} 4 \\ 2 \\ -2 \end{pmatrix}$ gelten folgende Lagebeziehungen:

(1) Die Geraden $g_1: \vec{x} = \begin{pmatrix} 1 \\ -2 \\ 2 \end{pmatrix} + r \cdot \begin{pmatrix} 2 \\ 1 \\ -1 \end{pmatrix}$ und $g_4: \vec{x} = \begin{pmatrix} 5 \\ 0 \\ 0 \end{pmatrix} + u \cdot \begin{pmatrix} 4 \\ 2 \\ -2 \end{pmatrix}$ sind identisch, denn die

Richtungsvektoren sind Vielfache voneinander und die Stützvektoren der Geraden lassen sich durch die jeweils andere Parameterdarstellung beschreiben:

$\begin{pmatrix} 5 \\ 0 \\ 0 \end{pmatrix} = \begin{pmatrix} 1 \\ -2 \\ 2 \end{pmatrix} + 2 \cdot \begin{pmatrix} 2 \\ 1 \\ -1 \end{pmatrix}$ bzw. $\begin{pmatrix} 1 \\ -2 \\ 2 \end{pmatrix} = \begin{pmatrix} 5 \\ 0 \\ 0 \end{pmatrix} + (-1) \cdot \begin{pmatrix} 4 \\ 2 \\ -2 \end{pmatrix}$.

(2) g_1 ist echt parallel zu g_2,

denn die beiden Richtungsvektoren sind Vielfache voneinander: $\begin{pmatrix} -4 \\ -2 \\ 2 \end{pmatrix} = (-2) \cdot \begin{pmatrix} 2 \\ 1 \\ -1 \end{pmatrix}$,

und der Stützvektor von g_1 führt nicht auf g_2, d. h., das Gleichungssystem

$\begin{pmatrix} 1 \\ -2 \\ 2 \end{pmatrix} = \begin{pmatrix} 2 \\ -1 \\ 2 \end{pmatrix} + s \cdot \begin{pmatrix} -4 \\ -2 \\ 2 \end{pmatrix}$ hat keine Lösung: $\begin{vmatrix} 1 = 2 - 4s \\ -2 = -1 - 2s \\ 2 = 2 + 2s \end{vmatrix} \Leftrightarrow \begin{vmatrix} -1 = -4s \\ -1 = -2s \\ 0 = s \end{vmatrix} \Leftrightarrow \begin{vmatrix} s = \frac{1}{4} \\ s = \frac{1}{2} \\ s = 0 \end{vmatrix}$

(umgekehrt könnte man auch prüfen, ob der Stützvektor von g_2 auf g_1 führt).

(3) g_2 und g_3 sind nicht parallel zueinander und haben keinen gemeinsamen Punkt, sind also windschief zueinander, denn die Richtungsvektoren sind keine Vielfachen voneinander und das lineare Gleichungssystem mit drei Gleichungen und zwei Variablen hat keine Lösung:

$\begin{pmatrix} 2 \\ -1 \\ 2 \end{pmatrix} + s \cdot \begin{pmatrix} -4 \\ -2 \\ 2 \end{pmatrix} = \begin{pmatrix} 1 \\ 3 \\ -3 \end{pmatrix} + t \cdot \begin{pmatrix} -1 \\ 2 \\ -2 \end{pmatrix} \Leftrightarrow \begin{vmatrix} 2 - 4s = 1 - t \\ -1 - 2s = 3 + 2t \\ 2 + 2s = -3 - 2t \end{vmatrix} \Leftrightarrow \begin{vmatrix} -4s + t = -1 \\ 2s + 2t = -4 \\ 2s + 2t = -5 \end{vmatrix}$.

An der zweiten und dritten Zeile des umgeformten Gleichungssystem liest man ab, dass das Gleichungssystem keine Lösung hat, denn die Summe $2s + 2t$ kann nicht gleichzeitig gleich −4 und gleich −5 sein.

(4) g_1 und g_3 sind nicht parallel zueinander und haben (genau) einen Schnittpunkt
Das Gleichungssystem mit drei Gleichungen und zwei Variablen ist eindeutig lösbar:

$\begin{pmatrix} 1 \\ -2 \\ 2 \end{pmatrix} + r \cdot \begin{pmatrix} 2 \\ 1 \\ -1 \end{pmatrix} = \begin{pmatrix} 1 \\ 3 \\ -3 \end{pmatrix} + t \cdot \begin{pmatrix} -1 \\ 2 \\ -2 \end{pmatrix} \Leftrightarrow \begin{vmatrix} 1 + 2r = 1 - t \\ -2 + r = 3 + 2t \\ 2 - r = -3 - 2t \end{vmatrix} \Leftrightarrow \begin{vmatrix} 2r + t = 0 \\ r - 2t = 5 \\ -r + 2t = -5 \end{vmatrix} \Leftrightarrow \begin{vmatrix} 2r + t = 0 \\ r - 2t = 5 \\ 0 = 0 \end{vmatrix}$

$\Leftrightarrow \begin{vmatrix} 4r + 2t = 0 \\ r - 2t = 5 \end{vmatrix} \Leftrightarrow \begin{vmatrix} 4r + 2t = 0 \\ 5r = 5 \end{vmatrix} \Leftrightarrow \begin{vmatrix} t = -2 \\ r = 1 \end{vmatrix}$.

Der Schnittpunkt $S(3|-1|1)$ wird bestimmt, indem man die erhaltenen Parameterwerte für t oder für r in die jeweilige Parameterdarstellung der Geraden g_1 und g_3 einsetzt:

$\vec{x} = \begin{pmatrix} 1 \\ -2 \\ 2 \end{pmatrix} + 1 \cdot \begin{pmatrix} 2 \\ 1 \\ -1 \end{pmatrix} = \begin{pmatrix} 3 \\ -1 \\ 1 \end{pmatrix}$ und $\vec{x} = \begin{pmatrix} 1 \\ 3 \\ -3 \end{pmatrix} + (-2) \cdot \begin{pmatrix} -1 \\ 2 \\ -2 \end{pmatrix} = \begin{pmatrix} 3 \\ -1 \\ 1 \end{pmatrix}$.

Die Gleichungssysteme kann man alternativ auch mit dem eingeführten Taschenrechner auf zwei verschiedenen Wegen lösen:

Lösung über eine erweiterte Koeffizienten-matrix am Beispiel von (1)	Lösungsbefehl für Gleichungssysteme am Beispiel von (2)
$\begin{vmatrix} 1+2r=5+4u \\ -2+1r=0+2u \\ 2-1r=0-2u \end{vmatrix} \Leftrightarrow \begin{vmatrix} 2r-4u=4 \\ 1r-2u=2 \\ -1r+2u=-2 \end{vmatrix}$ $\text{rref}\begin{pmatrix} 2 & -4 & 4 \\ 1 & -2 & 2 \\ -1 & 2 & -2 \end{pmatrix} \quad \begin{bmatrix} 1 & -2 & 2 \\ 0 & 0 & 0 \\ 0 & 0 & 0 \end{bmatrix}$	Der Vorteil des linSolve-Befehls ist, dass man das lineare Gleichungssystem nicht umformen muss: $\text{linSolve}\begin{pmatrix} 1+2\cdot r=2-4\cdot s \\ -2+r=-1-2\cdot s \\ 2-r=2+2\cdot s \end{pmatrix}, \{r,s\}$ "Keine Lösung gefunden"
Die letzten Zeilen der Diagonalmatrix zeigen wahre Aussagen; die erste Zeile liefert: $1 \cdot r - 2 \cdot s = 2$. Diese Gleichung besitzt unendlich viele Lösungen. Die Geraden sind identisch.	Das Gleichungssystem besitzt keine Lösungen. Die Geraden besitzen also keine gemeinsamen Punkte. Um Windschiefe auszuschließen, prüft man die Richtungsvektoren auf Kollinearität (siehe Bsp. (2)).
Lösung über eine erweiterte Koeffizienten-matrix am Beispiel von (3)	Lösungsbefehl für Gleichungssysteme am Beispiel von (4)
$\text{rref}\begin{pmatrix} -4 & 1 & -1 \\ 2 & 2 & -4 \\ 2 & 2 & -5 \end{pmatrix} \quad \begin{bmatrix} 1 & 0 & 0 \\ 0 & 1 & 0 \\ 0 & 0 & 1 \end{bmatrix}$	$\text{linSolve}\begin{pmatrix} 1+2\cdot r=1-t \\ -2+r=3+2\cdot t \\ 2-r=-3-2\cdot t \end{pmatrix}, \{r,t\}$ $\quad \{1,-2\}$
Die letzte Zeile der Diagonalmatrix zeigt einen Widerspruch: $0 = 1$. Es gibt also keine Lösung des Gleichungssystems. Die Geraden sind windschief, da die Richtungsvektoren zusätzlich nicht kollinear sind (siehe Beispiel (3)).	Das Gleichungssystem besitzt genau eine eindeutige Lösung. Man erhält die Werte $r = 1$ und $t = -2$ (siehe (4)). Die Geraden schneiden sich in einem Punkt, den man durch Einsetzen der Parameter in die jeweilige Geradengleichung erhält.

Geraden und Ebenen im Raum

F3 Parameterdarstellungen für Ebenen ermitteln sowie überprüfen, ob ein Punkt auf einer gegebenen Ebene liegt (Punktprobe).

(1) Drei Punkte $A(a_1|a_2|a_3)$, $B(b_1|b_2|b_3)$, $C(c_1|c_2|c_3)$, die nicht auf einer Geraden liegen, bestimmen eindeutig eine Ebene E. Ein Punkt X der Ebene kann beispielsweise dadurch dargestellt werden, dass man irgendeinen der drei Punkte als Auf(hänge)punkt der Ebene wählt und die Verbindungsvektoren zu den beiden anderen Punkten als Richtungsvektoren der Ebene (man sagt: Diese spannen die Ebene auf).

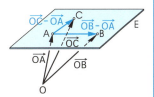

Man erhält eine **Parameterdarstellung** der Ebene E: $\vec{x} = \overrightarrow{OA} + r \cdot \overrightarrow{AB} + s \cdot \overrightarrow{AC}$.

Eine Ebene kann auch durch folgende Angaben festgelegt werden:

(2)	(3)	(4)
eine Gerade und ein Punkt, der nicht auf der Gerade liegt	zwei zueinander parallele Geraden	zwei sich schneidende Geraden

Hinweis: Zwei windschiefe Geraden spannen keine Ebene auf.
Punktprobe: Einsetzen der Koordinaten des zu prüfenden Punkts und Lösung des linearen Gleichungssystems.

Lage von Punkten innerhalb von geometrischen Figuren:
Ein Punkt P liegt genau dann **innerhalb eines Parallelogramms**, das durch die Eckpunkte A, B, C bestimmt ist, wenn für die Parameter r und s (der Parameterdarstellung E: $\vec{x} = \overrightarrow{OA} + r \cdot \overrightarrow{AB} + s \cdot \overrightarrow{AC}$) gilt: $0 \leq r \leq 1$ und $0 \leq s \leq 1$.
Ein Punkt P liegt genau dann **innerhalb eines Dreiecks** ABC, wenn für die Parameter r und s (der Parameterdarstellung E: $\vec{x} = \overrightarrow{OA} + r \cdot \overrightarrow{AB} + s \cdot \overrightarrow{AC}$) gilt:
$0 \leq r \leq 1$ und $0 \leq s \leq 1$ und *zusätzlich* $0 \leq r + s \leq 1$.

Beispiele

(1) Aus den Koordinaten der Punkte $A(2|2|4)$, $B(-1|5|2)$, $C(1|-2|-4)$ kann man beispielsweise die folgende Parameterdarstellung gewinnen:

$$E: \vec{x} = \begin{pmatrix} 2 \\ 2 \\ 4 \end{pmatrix} + r \cdot \begin{pmatrix} -1-2 \\ 5-2 \\ 2-4 \end{pmatrix} + s \cdot \begin{pmatrix} 1-2 \\ -2-2 \\ -4-4 \end{pmatrix} = \begin{pmatrix} 2 \\ 2 \\ 4 \end{pmatrix} + r \cdot \begin{pmatrix} -3 \\ 3 \\ -2 \end{pmatrix} + s \cdot \begin{pmatrix} -1 \\ -4 \\ -8 \end{pmatrix}.$$

Der Punkt $P(3|1|-2)$ liegt nicht in der Ebene E, da das Gleichungssystem keine Lösung hat:

$$\begin{pmatrix} 3 \\ 1 \\ -2 \end{pmatrix} = \begin{pmatrix} 2 \\ 2 \\ 4 \end{pmatrix} + r \cdot \begin{pmatrix} -3 \\ 3 \\ -2 \end{pmatrix} + s \cdot \begin{pmatrix} -1 \\ -4 \\ -8 \end{pmatrix} \Leftrightarrow \begin{vmatrix} 3r + s = -1 \\ 3r - 4s = -1 \\ 2r + 8s = 6 \end{vmatrix} \Leftrightarrow \begin{vmatrix} r = -\frac{1}{3} \\ s = 0 \\ r + 4s = 3 \end{vmatrix}$$

Hinweis: Aus den ersten beiden Gleichungen wurde die Lösung $r = -\frac{1}{3}$ und $s = 0$ gewonnen, die aber nicht die dritte Gleichung erfüllen.

Lösung mithilfe des TR: siehe rechts.

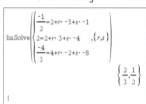

(2) Punktprobe für $P\left(-\frac{1}{2} \mid 2 \mid -\frac{4}{3}\right)$:

$$\begin{vmatrix} -\frac{1}{2} = 2 - 3r - s \\ 2 = 2 + 3r - 4s \\ \frac{4}{3} = 4 - 2r - 8s \end{vmatrix} \Leftrightarrow \begin{vmatrix} -3r - s = -\frac{5}{2} \\ 3r - 4s = 0 \\ 2r + 8s = \frac{8}{3} \end{vmatrix}$$

Addiert man die ersten beiden Gleichungen dieses Gleichungssystems, so ergibt sich $-5s = -\frac{5}{2}$, also $s = \frac{1}{2}$. Aus der zweiten Gleichung folgt dann $3r - 2 = 0$, also $r = \frac{2}{3}$.

Lösung mithilfe des TR: siehe rechts.

Untersuchung der Lage des Punktes P bzgl. der Punkte A, B, C:

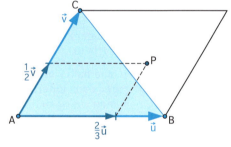

Die Richtungsvektoren $\vec{AB} = \begin{pmatrix} -3 \\ 3 \\ -2 \end{pmatrix}$ und $\vec{AC} = \begin{pmatrix} -1 \\ -4 \\ -8 \end{pmatrix}$ bestimmen ein Parallelogramm.

Der Punkt $P\left(-\frac{1}{2} \mid 2 \mid -\frac{4}{3}\right)$ liegt in dem Parallelogramm, das durch die Eckpunkte A, B, C bestimmt ist, aber nicht innerhalb des Dreiecks ABC:
Die Lösung des linearen Gleichungssystems ergibt nämlich die Parameterwerte $r = \frac{2}{3}$ und $s = \frac{1}{2}$, also $0 \leq r, s \leq 1$, aber $r + s > 1$.

(3) Die Koordinatenebenen sind spezielle Ebenen. Sie lassen sich mithilfe folgender Parameterdarstellungen beschreiben:

x-y-Ebene: $\vec{x} = \begin{pmatrix} 0 \\ 0 \\ 0 \end{pmatrix} + r \cdot \begin{pmatrix} 1 \\ 0 \\ 0 \end{pmatrix} + s \cdot \begin{pmatrix} 0 \\ 1 \\ 0 \end{pmatrix}$; x-z-Ebene: $\vec{x} = \begin{pmatrix} 0 \\ 0 \\ 0 \end{pmatrix} + r \cdot \begin{pmatrix} 1 \\ 0 \\ 0 \end{pmatrix} + s \cdot \begin{pmatrix} 0 \\ 0 \\ 1 \end{pmatrix}$;

y-z-Ebene: $\vec{x} = \begin{pmatrix} 0 \\ 0 \\ 0 \end{pmatrix} + r \cdot \begin{pmatrix} 0 \\ 1 \\ 0 \end{pmatrix} + s \cdot \begin{pmatrix} 0 \\ 0 \\ 1 \end{pmatrix}$.

In Anwendungssituationen ist es oft einfacher, eine Bedingung für die Koordinaten zu beachten:
Punkte in der x-y-Ebene: Die z-Koordinate ist gleich null.
Punkte in der x-z-Ebene: Die y-Koordinate ist gleich null.
Punkte in der y-z-Ebene: Die x-Koordinate ist gleich null.

Geraden und Ebenen im Raum | 67

  Spurpunkte von Geraden sowie Spurpunkte und Spurgeraden von Ebenen bestimmen.

(1) Schnittpunkte einer Geraden g mit den Koordinatenebenen werden als **Spurpunkte der Geraden** bezeichnet. Spurpunkte in der x-y-Ebene besitzen die Koordinaten $S_{xy}(x|y|0)$, in der x-z-Ebene $S_{xz}(x|0|z)$ und in der y-z-Ebene $S_{yz}(0|y|z)$.

(2) Schnittpunkte einer Ebene E mit den Koordinatenachsen werden als **Spurpunkte der Ebene** bezeichnet. Spurpunkte auf den Koordinatenachsen besitzen die folgenden Koordinaten: auf der x-Achse $S_x(x|0|0)$, auf der y-Achse $S_y(0|y|0)$ und auf der z-Achse $S_z(0|0|z)$.

(3) Schnittgeraden einer Ebene E mit den Koordinatenebenen werden als **Spurgeraden der Ebene** bezeichnet. Spurgeraden sind daher Geraden durch jeweils zwei Spurpunkte einer Ebene.

Zur Ermittlung der Spurpunkte verwendet man die Methode der Punktprobe und löst die entstehenden linearen Gleichungssysteme.

Spurpunkte und Spurgeraden können dazu dienen, die zugehörigen Geraden und Ebenen in ein Schrägbild einzutragen.

Beispiele

(1) Die Gerade g hat die Parameterdarstellung $g: \vec{x} = \begin{pmatrix} 1 \\ 2 \\ 2 \end{pmatrix} + r \cdot \begin{pmatrix} 1 \\ -1 \\ -2 \end{pmatrix}$

Für eine Skizze sollen die Spurpunkte bestimmt werden.

Der Ortsvektor zu einem Spurpunkt in der x-y-Ebene lautet $\vec{OS}_{xy} = \begin{pmatrix} x \\ y \\ 0 \end{pmatrix}$

Die Punktprobe liefert ein lineares Gleichungssystem:

$\begin{pmatrix} x \\ y \\ 0 \end{pmatrix} = \begin{pmatrix} 1 \\ 2 \\ 2 \end{pmatrix} + r \cdot \begin{pmatrix} 1 \\ -1 \\ -2 \end{pmatrix} \Leftrightarrow \begin{vmatrix} x = 1 + 1\,r \\ y = 2 - 1\,r \\ 0 = 2 - 2\,r \end{vmatrix}$

In der letzten Zeile des LGS ist nur eine Variable enthalten, d. h. diese Gleichung ist eindeutig lösbar. Hier ergibt sich r = 1. Diesen Wert r = 1 setzt man die in Gleichungen in der ersten und zweiten Zeile des Gleichungssystems ein und berechnet so die Werte von x und y. Es ergibt sich $x = 1 + 1 \cdot 1 = 2$ und $y = 2 - 1 \cdot 1 = 1$. Der Spurpunkt von g in der x-y-Ebene hat also die Koordinaten $S_{xy}(2|1|0)$.

Die weiteren Spurpunkte ermittelt man analog. Man erhält: $S_{xz}(3|0|-2)$ und $P_{yz}(0|3|4)$.

(2) Die Ebene E ist durch $E: \vec{x} = \begin{pmatrix} 3 \\ 0 \\ 1 \end{pmatrix} + r \cdot \begin{pmatrix} 1 \\ 2 \\ 1 \end{pmatrix} + s \cdot \begin{pmatrix} -1 \\ 1 \\ 2 \end{pmatrix}$ gegeben.

Zur Bestimmung der Spurpunkte setzt man die jeweiligen Komponenten gleich null und löst das zugehörige lineare Gleichungssystem.

Spurpunkt auf der x-Achse, also y = z = 0:

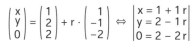

$\begin{pmatrix} x \\ 0 \\ 0 \end{pmatrix} = \begin{pmatrix} 3 \\ 0 \\ 1 \end{pmatrix} + r \cdot \begin{pmatrix} 1 \\ 2 \\ 1 \end{pmatrix} + s \cdot \begin{pmatrix} -1 \\ 1 \\ 2 \end{pmatrix} \Leftrightarrow \begin{vmatrix} x = 3 + 1\,r - 1\,s \\ 0 = 0 + 2\,r + 1\,s \\ 0 = 1 + 1\,r + 2\,s \end{vmatrix}$

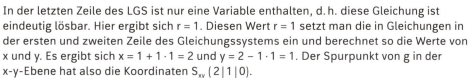

Aus den letzten beiden Zeilen erhält man $r = \frac{1}{3}$ und $s = -\frac{2}{3}$.

Einsetzen dieser Parameterwerte ergibt für die x-Koordinate des Punkts auf der x-Achse:

$x = 3 + \frac{1}{3} \cdot 1 - \frac{2}{3} \cdot (-1) = 4$; d. h. der Spurpunkt der Ebene auf der x-Achse ist $S_x(4|0|0)$.

Analog bestimmt man die Spurpunkte $S_y(0|-4|0)$ und $S_z(0|0|4)$.

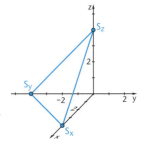

Die Geraden durch je zwei dieser Spurpunkte sind Spurgeraden der Koordinatenebenen; sie lassen sich mithilfe folgender Parameterdarstellungen beschreiben:

$g_{xy}: \vec{x} = \begin{pmatrix} 4 \\ 0 \\ 0 \end{pmatrix} + r \cdot \begin{pmatrix} -4 \\ -4 \\ 0 \end{pmatrix}$; $g_{xz}: \vec{x} = \begin{pmatrix} 4 \\ 0 \\ 0 \end{pmatrix} + r \cdot \begin{pmatrix} -4 \\ 0 \\ 4 \end{pmatrix}$; $g_{yz}: \vec{x} = \begin{pmatrix} 0 \\ -4 \\ 0 \end{pmatrix} + r \cdot \begin{pmatrix} 0 \\ 4 \\ 4 \end{pmatrix}$.

(3) Verläuft eine Gerade parallel zu einer Koordinatenebene, dann besitzt sie i. A. zwei Spurpunkte; ist sie parallel zu einer Koordinatenachse, gibt es nur einen Spurpunkt.

Verläuft eine Ebene parallel zu einer Koordinatenebene, dann besitzt sie nur einen Spurpunkt; verläuft sie parallel zu einer Koordinatenachse, hat sie i. A. zwei Spurpunkte.

F5 Nur eA: Einen Normalenvektor und den Einheitsnormalenvektor einer Ebene bestimmen.

Ein Vektor $\vec{n}$ ist **Normalenvektor** einer Ebene E, wenn er in jedem Punkt orthogonal zur Ebene steht; er steht also auch orthogonal zu den beiden bekannten Richtungsvektoren $\vec{u}$ und $\vec{v}$ der Ebene E.

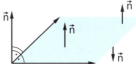

Da die einzige Bedingung an einen solchen Vektor die Orthogonalität ist, gibt es unendlich viele, zueinander kollineare Normalenvektoren unterschiedlicher Länge zu einer gegebenen Ebene E.

Man kann einen Normalenvektor einer Ebene E auf zwei Arten berechnen:

(1) über das **Orthogonalitätskriterium** (vgl. E4):
Für das Skalarprodukt aus Normalenvektor und den Richtungsvektoren der Ebene E gilt:
$\vec{u} * \vec{n} = 0$ und $\vec{v} * \vec{n} = 0$. Man erhält ein unterbestimmtes LGS mit zwei Gleichungen und drei Variablen ($n_1, n_2, n_3 \in \mathbb{R}$):
$u_1 n_1 + u_2 n_2 + u_3 n_3 = 0$ und $v_1 n_1 + v_2 n_2 + v_3 n_3 = 0$.
Da die Länge des Normalenvektors für die Orthogonalität unerheblich ist, kann man für eine der Variablen eine beliebige reelle Zahl einsetzen. Die beiden anderen Variablen hängen dann von dieser gewählten Zahl ab.

(2) über das **Kreuzprodukt (Vektorprodukt)**:

$\vec{n} = \vec{u} \times \vec{v} = \begin{pmatrix} u_1 \\ u_2 \\ u_3 \end{pmatrix} \times \begin{pmatrix} v_1 \\ v_2 \\ v_3 \end{pmatrix} = \begin{pmatrix} u_2 v_3 - u_3 v_2 \\ u_3 v_1 - u_1 v_3 \\ u_1 v_2 - u_2 v_1 \end{pmatrix}$.

(Auf den Beweis dieser allgemeinen Berechnungsformel wird hier verzichtet.)

Ein **Einheitsnormalenvektor** $\vec{n}_0$ ist ein Normalenvektor der Länge 1. Man erhält diesen, indem man den Normalenvektor $\vec{n}$ mit dem Kehrwert seiner Länge $|\vec{n}|$ multipliziert: $\vec{n}_0 = \frac{1}{|\vec{n}|} \cdot \vec{n}$.

Einheitsnormalenvektoren werden verwendet, um Abstände im Raum zu messen.

Geraden und Ebenen im Raum 69

Beispiele

(1) Für $\vec{a} = \begin{pmatrix} 1 \\ -2 \\ 1 \end{pmatrix}$, $\vec{b} = \begin{pmatrix} 3 \\ 1 \\ -2 \end{pmatrix}$ ist: $\vec{a} \times \vec{b} = \begin{pmatrix} (-2) \cdot (-2) - 1 \cdot 1 \\ 1 \cdot 3 - 1 \cdot (-2) \\ 1 \cdot 1 - (-2) \cdot 3 \end{pmatrix} = \begin{pmatrix} 3 \\ 5 \\ 7 \end{pmatrix}$.

Berechnung des Vektorprodukts mithilfe eines TR:

(2) Ein Normalenvektor für E: $\vec{x} = \begin{pmatrix} 1 \\ 1 \\ 2 \end{pmatrix} + r \cdot \begin{pmatrix} 3 \\ 1 \\ 0 \end{pmatrix} + s \cdot \begin{pmatrix} 2 \\ -1 \\ 4 \end{pmatrix}$ ist

$\vec{n} = \vec{u} \times \vec{v} = \begin{pmatrix} 3 \\ 1 \\ 0 \end{pmatrix} \times \begin{pmatrix} 2 \\ -1 \\ 4 \end{pmatrix} = \begin{pmatrix} 4 \\ -12 \\ -5 \end{pmatrix}$. Der zugehörige

Einheitsnormalenvektor lautet $\vec{n}_0 = \dfrac{\begin{pmatrix} 4 \\ -12 \\ -5 \end{pmatrix}}{\left\| \begin{pmatrix} 4 \\ -12 \\ -5 \end{pmatrix} \right\|} = \dfrac{1}{\sqrt{185}} \cdot \begin{pmatrix} 4 \\ -12 \\ -5 \end{pmatrix}$.

(3) Einen Normalenvektor der Ebene E aus (2) kann man auch mithilfe des Orthogonalitäts-kriteriums bestimmen. Es gilt: $\vec{n} * \begin{pmatrix} 3 \\ 1 \\ 0 \end{pmatrix} = 0$ und $\vec{n} * \begin{pmatrix} 2 \\ -1 \\ 4 \end{pmatrix} = 0$.

Daraus ergeben sich zwei lineare Gleichungen mit drei Unbekannten, also ein unterbestimmtes Gleichungssystem: $\left| \begin{matrix} 3n_1 + n_2 = 0 \\ 2n_1 - n_2 + 4n_3 = 0 \end{matrix} \right|$.

Aus Zeile 1 erhält man den Zusammenhang: $n_2 = -3n_1$, setzt diesen in Zeile 2 ein und löst nach einer Variable auf: $2n_1 - (-3n_1) + 4n_3 = 0 \Leftrightarrow 5n_1 + 4n_3 = 0 \Leftrightarrow n_1 = -\frac{4}{5} n_3$.

Da das Gleichungssystem unterbestimmt ist und die Länge des Normalenvektors unerheblich ist, wählt man geschickt einen Wert für n_3 möglichst so, dass man ganzzahlige Lösungen erhält. Wählt man z. B. $n_3 = 5$, dann ergibt sich $n_1 = -\frac{4}{5} \cdot 5 = -4$ und $n_2 = -3 \cdot (-4) = 12$.

Man erhält den Normalenvektor $\vec{n} = \begin{pmatrix} -4 \\ 12 \\ -5 \end{pmatrix}$. Dies ist der Gegenvektor zum Normalenvektor aus (2).

Das ist aber unerheblich, da auch dieser orthogonal zu E verläuft.

(4) Da eine der Komponenten des ersten Richtungsvektors gleich null ist, kann man einen Normalenvektor der Ebene auch wie folgt erhalten:

Beispielsweise ist ein Vektor $\vec{n} = \begin{pmatrix} 1 \\ -3 \\ z \end{pmatrix}$ geeignet, denn das Skalarprodukt mit dem ersten Richtungsvektor ist gleich null. Damit auch das Skalarprodukt mit dem zweiten Richtungsvektor null wird, muss als dritte Komponente des Normalenvektors der

Wert $z = 1{,}25$ gewählt werden: $\begin{pmatrix} 1 \\ -3 \\ z \end{pmatrix} * \begin{pmatrix} 2 \\ -1 \\ 4 \end{pmatrix} = -2 - 3 + 4z = 0 \Leftrightarrow 4z = 5 \Leftrightarrow z = 1{,}25$.

Der Normalenvektor aus (2) ist gleich dem 5-Fachen des durch *geschicktes Probieren* gefundenen Normalenvektors $\vec{n} = \begin{pmatrix} 1 \\ -3 \\ 1{,}25 \end{pmatrix}$.

Nur eA: Ebenen mithilfe von Koordinatengleichungen beschreiben – auch in Normalenform oder HESSE'scher Normalenform angeben.

Eine Ebene im Raum kann auch mithilfe einer **Koordinatengleichung** beschrieben werden:
E: $a \cdot x + b \cdot y + c \cdot z = d$ mit Koeffizienten $a, b, c, d \in \mathbb{R}$.
Eine **Punktprobe** für einen Punkt P erfolgt hier durch Einsetzen der Koordinaten des Punkts in die Koordinatengleichung.
Die Spurpunkte einer Ebene lassen sich bei dieser Darstellungsform unmittelbar ablesen, da je zwei der Koordinaten der Spurpunkte gleich null sind.
Aus einer Koordinatengleichung E: $a \cdot x + b \cdot y + c \cdot z = d$ kann man unmittelbar den Normalenvektor der Ebene ablesen: $\vec{n} = \begin{pmatrix} a \\ b \\ c \end{pmatrix}$ und die **Normalenform** der Ebenengleichung entwickeln:
E: $\vec{n} * \vec{x} = \vec{n} * \vec{p}$ oder auch E: $\vec{n} * (\vec{x} - \vec{p}) = 0$,
wobei $\vec{p}$ der Ortsvektor eines beliebigen Punkts der Ebene ist.

Die **HESSE'sche Normalenform** ist eine besondere Form einer Koordinatengleichung der Ebene. Formt man die Gleichung $ax + by + cz = d$ um zu $ax + by + cz - d = 0$ und dividiert beide Seiten der Gleichung durch die Länge (den Betrag) des Normalenvektors $\vec{n} = \begin{pmatrix} a \\ b \\ c \end{pmatrix}$, dann erhält man die nach dem Mathematiker L. O. HESSE benannte Form:

$$\frac{ax + by + cz - d}{\sqrt{a^2 + b^2 + c^2}} = 0.$$

Diese Form der Ebenengleichung ist nützlich bei der Bestimmung des Abstands eines Punktes von einer Ebene (vgl. Basiswissen G5).

Beispiele

(1) Aus der Ebenengleichung $3x + 2y - z = 4$ kann man einen Normalenvektor $\vec{n} = \begin{pmatrix} 3 \\ 2 \\ -1 \end{pmatrix}$ direkt ablesen und erhält man nach Umformen die HESSE'sche Normalenform:
$$\frac{3x + 2y - z - 4}{\sqrt{14}} = 0$$

(2) Man erhält Punkte, die in der Ebene E mit $3x + 2y - z = 4$ liegen, indem man zwei Koordinaten festlegt, in die Ebenengleichung einsetzt und die dritte Koordinate berechnet.

Punkt $S(1|2|z)$: $3 \cdot 1 + 2 \cdot 2 - z = 4 \Leftrightarrow 7 - z = 4 \Leftrightarrow z = 3$
Damit ist $S(1|2|3)$ ein Punkt der Ebene E.

Punkt $T(x|5|-10)$: $3 \cdot x + 2 \cdot 5 - (-10) = 4 \Leftrightarrow 3 \cdot x + 20 = 4 \Leftrightarrow x = -\frac{16}{3}$.
Damit ist $T(-\frac{16}{3}|5|-10)$ ein Punkt der Ebene E.

(3) Gegeben ist die Ebene E: $2x - 4y + 1z = 8$.
   a) Punktprobe für den Punkt P(−3|−4|−2) durch Einsetzen liefert:
      $2 \cdot (-3) - 4 \cdot (-4) + 1 \cdot (-2) = 8$, also eine wahre Aussage: P liegt in E.

   b) Bestimmung der Spurpunkte:
      Aus $y = 0$ und $z = 0$ folgt: $2x - 4 \cdot 0 + 1 \cdot 0 = 8$ und damit $S_x(4|0|0)$.
      Aus $x = 0$ und $z = 0$ folgt: $2 \cdot 0 - 4y + 1 \cdot 0 = 8$ und damit $S_y(0|-2|0)$.
      Aus $x = 0$ und $y = 0$ folgt: $2 \cdot 0 - 4 \cdot 0 + 1z = 8$ und damit $S_z(0|0|8)$.

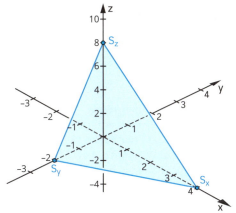

(Hinweis: Da die y-Koordinate des Spurpunkts S_y negativ ist, wurde das Koordinatensystem anders als sonst üblich gezeichnet.)

   c) Um die Ebene in Normalenform darzustellen, benötigt man irgendeinen Punkt der Ebene, beispielsweise $S_x(4|0|0)$, und einen Normalenvektor.

   Aus $\vec{n} = \begin{pmatrix} 2 \\ -4 \\ 1 \end{pmatrix}$ ergibt sich: $E: \begin{pmatrix} 2 \\ -4 \\ 1 \end{pmatrix} * \left[\vec{x} - \begin{pmatrix} 4 \\ 0 \\ 0 \end{pmatrix} \right] = 0$.

(4) Aus der Koordinatenform einer Ebene E mit $4x - 5y + 2z = 10$ liest man direkt einen Normalenvektor $\vec{n} = \begin{pmatrix} 4 \\ -5 \\ 2 \end{pmatrix}$ ab und berechnet einen Punkt der Ebene, z.B. $S_z(0|0|5)$ (siehe obiges Beispiel). Nun setzt man in die Normalenform ein:

$\begin{pmatrix} 4 \\ -5 \\ 2 \end{pmatrix} * \vec{x} = \underbrace{\begin{pmatrix} 4 \\ -5 \\ 2 \end{pmatrix} * \begin{pmatrix} 0 \\ 0 \\ 5 \end{pmatrix}}_{d\,=\,10}$ bzw. $\begin{pmatrix} 4 \\ -5 \\ 2 \end{pmatrix} * \left[\vec{x} - \begin{pmatrix} 0 \\ 0 \\ 5 \end{pmatrix} \right] = 0$.

(5) Die Ebene mit der Koordinatengleichung $E: 2x + 3y = 6$ verläuft parallel zur z-Achse (hat also keinen Punkt mit dieser Achse gemeinsam). Sie hat die Spurpunkte $S_x(3|0|0)$ und $S_y(0|2|0)$.

F7 Nur eA: Darstellungsformen von Ebenen ineinander überführen.

Eine Koordinatengleichung einer Ebene in eine Parameterdarstellung überführen:
Ist eine Ebene durch eine Koordinatengleichung gegeben, dann findet man eine Parameterdarstellung für diese Ebene, indem man drei beliebige Punkte der Ebene wählt und hieraus eine Parameterdarstellung der Ebene bestimmt (vgl. Basiswissen **F3**).

Eine Parameterdarstellung in eine Koordinatengleichung überführen:
Ist eine Ebene durch eine Parameterdarstellung gegeben, dann findet man eine Koordinatengleichung für diese Ebene, indem man einen Normalenvektor für die Ebene sucht (vgl. Basiswissen **F5**) und hiermit den Koeffizienten d der Koordinatengleichung bestimmt, wobei gilt: $d = \vec{n} * \overrightarrow{OA}$ mit $\overrightarrow{OA}$ als Stützvektor der Ebene.

Beispiele

(1) *Eine Koordinatengleichung in eine Parameterdarstellung überführen*
Aus der Koordinatenform einer Ebene E mit $4x - 5y + 2z = 10$ ermittelt man drei Punkte der Ebene. Am einfachsten ermittelt man die Spurpunkte der Ebene (Basiswissen **F6**, Beispiel (3b)): $S_x(2,5|0|0)$; $S_y(0|-2|0)$ und $S_z(0|0|5)$. Man nutzt den Ortsvektor von einem der Spurpunkte als Stützvektor und berechnet dann die beiden Richtungsvektoren.
Eine Parameterform der Ebene E lautet dann:

$$E: \vec{x} = \overrightarrow{OS_x} + r \cdot (\overrightarrow{S_x S_y}) + s \cdot (\overrightarrow{S_x S_z}) = \begin{pmatrix} 2,5 \\ 0 \\ 0 \end{pmatrix} + r \cdot \begin{pmatrix} -2,5 \\ -2 \\ 0 \end{pmatrix} + s \cdot \begin{pmatrix} -2,5 \\ 0 \\ 5 \end{pmatrix}.$$

Alternative Möglichkeit:
Man wählt einen beliebigen Punkt der Ebene und zwei beliebige (nicht zueinander kollineare) Vektoren, die orthogonal zum Normalenvektor der Ebene sind.
Aus $4x - 5y + 2z = 10$ ermittelt man einen Punkt, z. B. $S_z(0|0|5)$,
und den Normalenvektor $\vec{n} = \begin{pmatrix} 4 \\ -5 \\ 2 \end{pmatrix}$. Offensichtlich sind die Vektoren $\vec{u} = \begin{pmatrix} 1 \\ 0 \\ -2 \end{pmatrix}$ und $\vec{v} = \begin{pmatrix} 5 \\ 4 \\ 0 \end{pmatrix}$ orthogonal zu $\vec{n}$ und nicht zueinander kollinear.
Daher ist $E: \vec{x} = \begin{pmatrix} 0 \\ 0 \\ 5 \end{pmatrix} + r \cdot \begin{pmatrix} 1 \\ 0 \\ -2 \end{pmatrix} + s \cdot \begin{pmatrix} 5 \\ 4 \\ 0 \end{pmatrix}$ eine Parameterdarstellung der Ebene.

(2) *Eine Parameterdarstellung in eine Koordinatengleichung überführen*:
Aus der Parameterdarstellung $E: \vec{x} = \begin{pmatrix} 3 \\ 2 \\ -1 \end{pmatrix} + r \cdot \begin{pmatrix} 2 \\ 1 \\ 0 \end{pmatrix} + s \cdot \begin{pmatrix} 3 \\ 0 \\ 5 \end{pmatrix}$ ermittelt man mithilfe des Kreuzprodukts (vgl. Basiswissen **F5**) einen Normalenvektor der Ebene:

$\begin{pmatrix} 2 \\ 1 \\ 0 \end{pmatrix} \times \begin{pmatrix} 3 \\ 0 \\ 5 \end{pmatrix} = \begin{pmatrix} 5 \\ -10 \\ -3 \end{pmatrix}$. Nun bildet man das Skalarprodukt aus diesem Normalenvektor und

dem Stützvektor aus der Parameterdarstellung und erhält den Wert für d in der

Koordinatenform: $d = \begin{pmatrix} 5 \\ -10 \\ -3 \end{pmatrix} * \begin{pmatrix} 3 \\ 2 \\ -1 \end{pmatrix} = -2$.

Die Ebenengleichung in Koordinatenform lautet also: $5x - 10y - 3z = -2$.
Hinweis: Da die beiden Richtungsvektoren der Ebene jeweils eine Komponente mit Wert 0 haben, kann man einen Normalenvektor durch folgende Überlegung gewinnen:

Es gilt: $\begin{pmatrix}1\\-2\\n_3\end{pmatrix} * \begin{pmatrix}2\\1\\0\end{pmatrix} = 0$ und $\begin{pmatrix}5\\n_2\\-3\end{pmatrix} * \begin{pmatrix}3\\0\\5\end{pmatrix} = 0$. Wählt man das 5-Fache des ersten Vektors,

also $\begin{pmatrix}5\\-10\\n_3\end{pmatrix}$, dann gilt auch $\begin{pmatrix}5\\-10\\n_3\end{pmatrix} * \begin{pmatrix}2\\1\\0\end{pmatrix} = 0$. Daher ist $\begin{pmatrix}5\\-10\\-3\end{pmatrix}$ ein möglicher Normalenvektor.

Alternative zu (2):

Gegeben ist eine Parameterdarstellung einer Ebene E: $\vec{x} = \begin{pmatrix}3\\0\\1\end{pmatrix} + r \cdot \begin{pmatrix}1\\2\\1\end{pmatrix} + s \cdot \begin{pmatrix}-1\\1\\2\end{pmatrix}$.

Um eine Koordinatenform der Ebenengleichung zu bestimmen, sucht man einen Normalenvektor der Ebene (vgl. Basiswissen). Beispielsweise ist der Vektor $\vec{n} = \begin{pmatrix}1\\-1\\1\end{pmatrix}$ ein Normalenvektor der Ebene E.

Bildet man das Skalarprodukt dieses Normalenvektors mit den beiden Seiten der Parameterdarstellung, dann entfallen rechts zwei Summanden:

E: $\begin{pmatrix}1\\-1\\1\end{pmatrix} * \vec{x} = \begin{pmatrix}1\\-1\\1\end{pmatrix} * \begin{pmatrix}3\\0\\1\end{pmatrix} + r \cdot \underbrace{\begin{pmatrix}1\\-1\\1\end{pmatrix} * \begin{pmatrix}1\\2\\1\end{pmatrix}}_{=0} + s \cdot \underbrace{\begin{pmatrix}1\\-1\\1\end{pmatrix} * \begin{pmatrix}-1\\1\\2\end{pmatrix}}_{=0}$.

und dies führt auf eine Normalenform der Ebenengleichung:

E: $\begin{pmatrix}1\\-1\\1\end{pmatrix} * \vec{x} = \begin{pmatrix}1\\-1\\1\end{pmatrix} * \begin{pmatrix}3\\0\\1\end{pmatrix}$ bzw. $\begin{pmatrix}1\\-1\\1\end{pmatrix} * \left[\vec{x} - \begin{pmatrix}3\\0\\1\end{pmatrix}\right] = 0$.

Aus $\begin{pmatrix}1\\-1\\1\end{pmatrix} * \begin{pmatrix}3\\0\\1\end{pmatrix} = 4$ ergibt sich dann die Koordinatengleichung: $1 \cdot x - 1 \cdot y + 1 \cdot z = 4$.

 Nur eA: Schnittprobleme zwischen Geraden und Ebenen in Sachzusammenhängen untersuchen.

Zwischen einer Geraden g und einer Ebene E können folgende Lagebeziehungen bestehen:
(1) die Gerade g verläuft parallel zu E oder
(2) die Gerade g verläuft innerhalb der Ebene E oder
(3) die Gerade g durchstößt die Ebene E in genau einem Punkt.

Interpretiert man diese Fragestellung als Lösen eines linearen Gleichungssystems, dann bedeuten die drei Fälle: (1) das LGS hat keine Lösung, (2) das LGS hat unendlich viele Lösungen, (3) das LGS hat genau eine Lösung.

Will man nur die Frage klären, welche Lage vorliegt, und ist an dem konkreten Schnittpunkt im Fall (3) nicht interessiert, kann man zunächst prüfen, ob der Normalenvektor der Ebene orthogonal ist zum Richtungsvektor der Geraden. Wenn dies der Fall ist, kommen nur die Fälle (1) und (2) in Frage. Um zu entscheiden, welcher dieser beiden Fälle vorliegt, prüft man noch, ob der Auf(hänge)punkt der Geraden die Koordinatengleichung der Ebene erfüllt (Punktprobe).

Basiswissen | Analytische Geometrie

Beispiele

(1) Gegeben ist die Gerade $g: \vec{x} = \begin{pmatrix} 1 \\ 2 \\ 3 \end{pmatrix} + r \cdot \begin{pmatrix} 1 \\ -1 \\ 1 \end{pmatrix}$ und die Ebene $E: \vec{x} = \begin{pmatrix} 2 \\ 0 \\ 1 \end{pmatrix} + s \cdot \begin{pmatrix} 1 \\ 1 \\ 5 \end{pmatrix} + t \cdot \begin{pmatrix} 0 \\ 1 \\ 1 \end{pmatrix}$.

Gemeinsame Punkte müssen das lineare Gleichungssystem erfüllen, d.h. es muss gelten:

$\begin{vmatrix} 1+r=2+s \\ 2-r=s+t \\ 3+r=1+5s+t \end{vmatrix} \Leftrightarrow \begin{vmatrix} r-s=1 \\ r+s+t=2 \\ r-5s-t=-2 \end{vmatrix} \Leftrightarrow \begin{vmatrix} r-s=1 \\ 2s+t=1 \\ -4s-t=-3 \end{vmatrix} \Leftrightarrow \begin{vmatrix} r-s=1 \\ 2s+t=1 \\ -2s=-2 \end{vmatrix} \Leftrightarrow \begin{vmatrix} r=2 \\ t=-1 \\ s=1 \end{vmatrix}$

Einsetzen der Parameterwerte in die beiden Parameterdarstellungen ergibt die Koordinaten des Schnittpunkts:

$\vec{x} = \begin{pmatrix} 1 \\ 2 \\ 3 \end{pmatrix} + 2 \cdot \begin{pmatrix} 1 \\ -1 \\ 1 \end{pmatrix} = \begin{pmatrix} 3 \\ 0 \\ 5 \end{pmatrix}$ und (zur Kontrolle): $\vec{x} = \begin{pmatrix} 2 \\ 0 \\ 1 \end{pmatrix} + 1 \cdot \begin{pmatrix} 1 \\ 1 \\ 5 \end{pmatrix} + (-1) \cdot \begin{pmatrix} 0 \\ 1 \\ 1 \end{pmatrix} = \begin{pmatrix} 3 \\ 0 \\ 5 \end{pmatrix}$.

```
linSolve( {1+r=2+s           {2,1,-1}
           2-r=s+t   ,{r,s,t})
           3+r=1+5·s+t}
```

(2) Gegeben ist die Gerade $g: \vec{x} = \begin{pmatrix} 1 \\ -1 \\ -2 \end{pmatrix} + r \cdot \begin{pmatrix} 4 \\ -1 \\ 5 \end{pmatrix}$ und die Ebene $E: 4x + y - 3z = 9$.

Einsetzen der Koordinatengleichungen aus der Parameterdarstellung der Geraden in die Koordinatengleichung der Ebene ergibt:

$4 \cdot (1 + 4r) + (-1 - r) - 3 \cdot (-2 + 5r) = 9 \Leftrightarrow 4 + 16r - 1 - r + 6 - 15r = 9 \Leftrightarrow 9 = 9$.

Da sich eine wahre Aussage ergibt, gibt es unendlich viele Lösungen, d.h., die Gerade verläuft innerhalb der Ebene.

Alternativ hätte man das folgende Gleichungssystem mit (eigentlich) vier Gleichungen und vier Variablen lösen können:

```
linSolve( {4·x+y-3·z=9
           x=1+4·r     ,{x,y,z,r})
           y=-1-r
           z=-2+5·r}
                    {4·c1+1,-c1-1,5·c1-2,c1}
```

Löst man das lineare Gleichungssystem mit 4 Gleichungen und 4 Variablen mit dem TR, dann gibt dieser unendlich viele Lösungen an, die wir wie folgt notieren können:

$\vec{x} = \begin{pmatrix} 4c1 + 1 \\ -c1 - 1 \\ 5c1 - 2 \end{pmatrix} = \begin{pmatrix} 1 \\ -1 \\ -2 \end{pmatrix} + c1 \cdot \begin{pmatrix} 4 \\ -1 \\ 5 \end{pmatrix}$.

Dies ist genau eine Parameterdarstellung der Geraden, d.h., die gemeinsamen Punkte von Gerade und Ebene sind genau die Punkte der Geraden.

(3) Die Bodenplatte eines Hauses ist in einem lokalen Koordinatensystem bestimmt durch die Eckpunkte A(3|1|0), B(11|−1|0), C(14|11|0), D(6|13|0). Die Seitenwände sind 6 m hoch; der Dachfirst hat die Eckpunkte E(7|0|10) und F(10|12|10) – Angaben in Metern. Ein Kamin ist im Punkt K(10|2|0) auf die Bodenplatte gesetzt. An welcher Stelle durchstößt der Kamin das Dach?

Die beiden Dachflächen werden aufgespannt durch den Firstvektor $\overrightarrow{EF} = \begin{pmatrix} 3 \\ 12 \\ 0 \end{pmatrix}$ und

durch $\overrightarrow{EA_1} = \begin{pmatrix} 3 \\ 1 \\ 6 \end{pmatrix} - \begin{pmatrix} 7 \\ 0 \\ 10 \end{pmatrix} = \begin{pmatrix} -4 \\ 1 \\ -4 \end{pmatrix}$ bzw. $\overrightarrow{EB_1} = \begin{pmatrix} 11 \\ -1 \\ 6 \end{pmatrix} - \begin{pmatrix} 7 \\ 0 \\ 10 \end{pmatrix} = \begin{pmatrix} 4 \\ -1 \\ -4 \end{pmatrix}$,

vgl. Abbildung im Beispiel zu **F9**.

Ein Normalenvektor der einen Dachfläche ist $\vec{x} = \begin{pmatrix} 16 \\ -4 \\ -17 \end{pmatrix}$,

ein Normalenvektor der anderen Dachfläche ist $\vec{x} = \begin{pmatrix} 16 \\ -4 \\ 17 \end{pmatrix}$.

Eine Koordinatengleichung der beiden Dachflächen ist (E lässt sich als Auf(hänge)punkt wählen): $E_1: 16x_1 - 4x_2 - 17x_3 = \begin{pmatrix} 16 \\ -4 \\ -17 \end{pmatrix} * \begin{pmatrix} 7 \\ 0 \\ 10 \end{pmatrix} = -58$

bzw. $E_2: 16x_1 - 4x_2 + 17x_3 = \begin{pmatrix} 16 \\ -4 \\ 17 \end{pmatrix} * \begin{pmatrix} 7 \\ 0 \\ 10 \end{pmatrix} = 282$.

Der Kamin kann durch die Gerade $\vec{x} = \begin{pmatrix} 10 \\ 2 \\ 0 \end{pmatrix} + r \cdot \begin{pmatrix} 0 \\ 0 \\ 1 \end{pmatrix} = \begin{pmatrix} 10 \\ 2 \\ r \end{pmatrix}$ beschrieben werden.

Nach Lage im Grundriss wird der Kamin aus der „rechten" Dachhälfte heraustreten; man bestimmt also den Schnittpunkt mit der Ebene E_2: $16 \cdot 10 - 4 \cdot 2 + 17 \cdot r = 282$,
d. h. $17r = 130$, also $r = 130/17 \approx 7{,}65$.
Der Kamin tritt „im Punkt" K'(10|2|7,65) aus der Dachfläche heraus.

  Nur eA: Projektionen im Raum in eine Koordinatenebene mithilfe von speziellen Matrizen beschreiben und die (Schatten-)Bilder berechnen.

Ist $\vec{v} = \begin{pmatrix} v_1 \\ v_2 \\ v_3 \end{pmatrix}$ der Projektionsvektor, dann ergibt sich der Bildpunkt des Punkts $P(p_1|p_2|p_3)$ in

der x-y-Ebene durch das (Matrizen-)Produkt

$\begin{pmatrix} 1 & 0 & -\frac{v_1}{v_3} \\ 0 & 1 & -\frac{v_2}{v_3} \end{pmatrix} * \begin{pmatrix} p_1 \\ p_2 \\ p_3 \end{pmatrix} = \begin{pmatrix} 1 \cdot p_1 + 0 \cdot p_2 - \frac{v_1}{v_3} \cdot p_3 \\ 0 \cdot p_1 + 1 \cdot p_2 - \frac{v_2}{v_3} \cdot p_3 \end{pmatrix}$, also $P'(p_1 - \frac{v_1}{v_3} \cdot p_3 \mid p_2 - \frac{v_2}{v_3} \cdot p_3 \mid 0)$.

Beispiel

Die Bodenplatte eines Hauses ist in einem lokalen Koordinatensystem bestimmt durch die Eckpunkte A(3|1|0), B(11|–1|0), C(14|11|0), D(6|13|0). Die Seitenwände sind 6 m hoch; der Dachfirst hat die Eckpunkte E(7|0|10) und F(10|12|10) – Angaben in Metern.

Die Richtung der Sonnenstrahlen wird durch den Vektor $\vec{v} = \begin{pmatrix} 13 \\ -20 \\ -10 \end{pmatrix}$ beschrieben.

Die (Schatten-)Bilder der einzelnen Punkte des Hausdachs sind Lösung des folgenden Problems:

- In welchem Punkt schneidet die Gerade durch den Punkt A_1 (E, F, C_1) mit Richtungsvektor $\vec{v}$ die x-y-Ebene?

Gerade durch den Punkt A_1 (3|1|6) in Richtung $\vec{v}$: $\vec{x} = \begin{pmatrix} 3 \\ 1 \\ 6 \end{pmatrix} + r \cdot \begin{pmatrix} 13 \\ -20 \\ -10 \end{pmatrix}$. Punkte der x-y-Ebene

haben die Eigenschaft, dass die dritte Koordinate des Bildpunktes A_1' gleich null ist, d. h. es gilt $6 + r \cdot (-10) = 0$. Dies ist der Fall, wenn r = 0,6.

Einsetzen dieses Parameterwerts ergibt dann A_1' (3 + 0,6 · 13 | 1 + 0,6 · (–20) | 0) = (10,8 | –11 | 0).

Abgekürzt lässt sich die Rechnung mithilfe des Skalarprodukts der Zeilen der Projektionsmatrix mit dem Ortsvektor des abzubildenden Punktes durchführen:

$$\begin{pmatrix} 1 & 0 & -\frac{v_1}{v_3} \\ 0 & 1 & -\frac{v_2}{v_3} \end{pmatrix} * \begin{pmatrix} 3 \\ 1 \\ 6 \end{pmatrix} = \begin{pmatrix} 1 \cdot 3 + 0 \cdot 1 - \frac{13}{-10} \cdot 6 \\ 0 \cdot 3 + 1 \cdot 1 - \frac{-20}{-10} \cdot 6 \end{pmatrix} = \begin{pmatrix} 10,8 \\ -11 \end{pmatrix}$$, also $A_1' = (10,8 | -11 | 0)$.

Analog ergibt sich für die Projektion von E: $\begin{pmatrix} 1 & 0 & -\frac{13}{-10} \\ 0 & 1 & -\frac{-20}{-10} \end{pmatrix} * \begin{pmatrix} 7 \\ 0 \\ 10 \end{pmatrix} = \begin{pmatrix} 20 \\ -20 \end{pmatrix}$, also E'(20|–20|0),

für die Projektion von F: $\begin{pmatrix} 1 & 0 & -\frac{13}{-10} \\ 0 & 1 & -\frac{-20}{-10} \end{pmatrix} * \begin{pmatrix} 10 \\ 12 \\ 10 \end{pmatrix} = \begin{pmatrix} 23 \\ -8 \end{pmatrix}$, also F'(23|–8|0),

für die Projektion von C_1: $\begin{pmatrix} 1 & 0 & -\frac{13}{-10} \\ 0 & 1 & -\frac{-20}{-10} \end{pmatrix} * \begin{pmatrix} 14 \\ 11 \\ 6 \end{pmatrix}$, also C_1'(21,8|–1|0),

für die Projektion von B_1: $\begin{pmatrix} 1 & 0 & -\frac{13}{-10} \\ 0 & 1 & -\frac{-20}{-10} \end{pmatrix} * \begin{pmatrix} 11 \\ -1 \\ 6 \end{pmatrix}$, also B_1'(18,8|–13|0).

In der Zeichnung erkennt man, dass der Punkt B_1' im Schattenbereich des Hauses liegt.

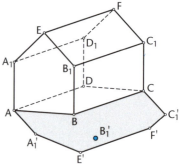

Nur eA: Ebenen auf ihre gegenseitige Lage untersuchen und möglicherweise vorhandene Schnittgeraden bestimmen.

Zwei Ebenen E_1 und E_2 im Raum können ...

(1) identisch sein	(2) echt parallel zueinander liegen	(3) sich in einer Gerade schneiden

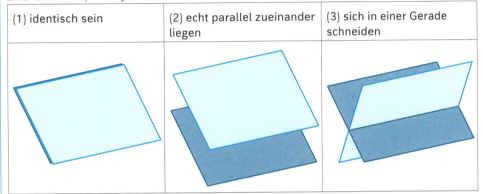

Prüfung nur auf Parallelität oder Identität
Wenn die Normalenvektoren der beiden Ebenen Vielfache voneinander sind, liegt Fall (1) oder Fall (2) vor; dann wählt man einen beliebigen Punkt der einen Ebene aus und prüft, ob dieser in der anderen Ebene liegt. Falls dies der Fall ist, sind die Ebenen identisch, sonst zueinander parallel.

Prüfung auf Parallelität, Identität, Schnitt
Aufgabentyp 1: Die beiden Ebenen sind durch Koordinatengleichungen gegeben:
$\begin{vmatrix} a_1 x + b_1 x + c_1 x = d_1 \\ a_2 x + b_2 x + c_2 x = d_2 \end{vmatrix}$ ist ein Gleichungssystem mit zwei Gleichungen und drei Variablen (x, y, z), das entweder keine Lösung hat (Ebenen parallel) oder nach Umformung zu zwei identischen Gleichungen führt (beide Ebenen sind identisch) oder als Lösungsmenge eine Parameterdarstellung mit einem Parameter hat, also die Darstellung einer Geraden.

Aufgabentyp 2: Die Ebene E_1 ist durch eine Koordinatengleichung gegeben und die Ebene E_2 durch eine Parameterdarstellung:
Die Parameterdarstellung von E_2 besteht aus drei Gleichungen für die Komponenten x, y und z. Die zugehörigen Terme für x, y, z setzt man in die Koordinatengleichung E_1: $ax + by + cz = d$ ein. Nach Ausmultiplizieren und Zusammenfassen ergibt sich entweder eine falsche Aussage (Parallelität) oder eine wahre Aussage (Identität) oder eine Beziehung zwischen r und s.
Ersetzt man dann in der Parameterdarstellung der Ebene E_2 beispielsweise den Parameter s durch einen Term, der die Variable r enthält, dann ist r der einzige Parameter in der Gleichung. Ausmultiplizieren und Zusammenfassen liefert dann eine Parameterdarstellung der Schnittgeraden.

Beispiele

(1) Die beiden Ebenen sind durch Koordinatengleichungen gegeben; sie sind offensichtlich weder identisch noch zueinander parallel:

$$\begin{vmatrix} x+y-z=1 \\ 4x-y-z=3 \end{vmatrix} \Leftrightarrow \begin{vmatrix} x+y-z=1 \\ 5x-2z=4 \end{vmatrix} \Leftrightarrow \begin{vmatrix} -2x-2y+2z=-2 \\ 5x-2z=4 \end{vmatrix}$$

$$\Leftrightarrow \begin{vmatrix} 3x-2y=2 \\ 5x-2z=4 \end{vmatrix} \Leftrightarrow \begin{vmatrix} y=1{,}5x-1 \\ z=2{,}5x-2 \end{vmatrix}.$$

Mit $x = r$ ergibt sich die Schnittgerade: $\vec{x} = \begin{pmatrix} x \\ y \\ z \end{pmatrix} = \begin{pmatrix} r \\ 1{,}5r-1 \\ 2{,}5r-2 \end{pmatrix} = \begin{pmatrix} 0 \\ -1 \\ -2 \end{pmatrix} + r \cdot \begin{pmatrix} 1 \\ 1{,}5 \\ 2{,}5 \end{pmatrix}$

Lösung mit dem TR: Der Lösungsvektor $\vec{x} = \begin{pmatrix} 4/5 \\ 1/5 \\ 0 \end{pmatrix} + c2 \cdot \begin{pmatrix} 2/5 \\ 3/5 \\ 1 \end{pmatrix}$ beschreibt dieselbe Gerade wie oben. Der Richtungsvektor ergibt sich aus dem oben angegebenen durch Multiplikation mit 0,4; setzt man in der o. a. Parameterdarstellung den Parameterwert $r = 0{,}8$ ein, dann erhält man den Auf(hänge)punkt $(0 \mid -1 \mid -2)$.

```
linSolve({x+y-z=1 , {x,y,z}})
       {4·x-y-z=3}
              { 2·c2  4   3·c2  1     }
              { ──── + ─, ──── + ─, c2 }
              {  5    5    5    5     }
|
```

(2) Die eine Ebene ist durch eine Koordinatengleichung gegeben und die andere durch eine Parameterdarstellung: $E_1: x+y+z=5$ und $E_2: \vec{x} = \begin{pmatrix} 1 \\ 3 \\ 1 \end{pmatrix} + r \cdot \begin{pmatrix} 2 \\ 1 \\ 0 \end{pmatrix} + s \cdot \begin{pmatrix} 1 \\ -1 \\ 1 \end{pmatrix} = \begin{pmatrix} 1+2r+s \\ 3+r-s \\ 1+s \end{pmatrix}$.

Der Normalenvektor von E_1 ist nicht orthogonal zu den beiden Richtungsvektoren von

E_2: $\begin{pmatrix} 1 \\ 1 \\ 1 \end{pmatrix} * \begin{pmatrix} 2 \\ 1 \\ 0 \end{pmatrix} = 3 \quad \wedge \quad \begin{pmatrix} 1 \\ 1 \\ 1 \end{pmatrix} * \begin{pmatrix} 1 \\ -1 \\ 1 \end{pmatrix} = 1$,

daher muss eine Schnittgerade vorliegen.

Einsetzen der drei Komponentengleichungen für x, y, z aus der Parameterdarstellung von E_2 in die Koordinatengleichung von E_1 ergibt:

$(1+2r+s) + (3+r-s) + (1+s) = 5 \Leftrightarrow 5+3r+s = 5 \Leftrightarrow s = -3r$,

und Rückeinsetzen in die Parameterdarstellung von E_2 ergibt eine Parameterdarstellung für die Schnittgerade:

$$\vec{x} = \begin{pmatrix} 1 \\ 3 \\ 1 \end{pmatrix} + r \cdot \begin{pmatrix} 2 \\ 1 \\ 0 \end{pmatrix} + (-3r) \cdot \begin{pmatrix} 1 \\ -1 \\ 1 \end{pmatrix} = \begin{pmatrix} 1+2r-3r \\ 3+r+3r \\ 1-3r \end{pmatrix} = \begin{pmatrix} 1 \\ 3 \\ 1 \end{pmatrix} + r \cdot \begin{pmatrix} -1 \\ 4 \\ -3 \end{pmatrix}$$

Nur eA: Geraden- und Ebenenscharen innermathematisch und in Sachzusammenhängen untersuchen.

Unter einer Geraden- bzw. Ebenenschar versteht man eine Menge verschiedener Geraden bzw. Ebenen, deren Gleichungen sich in mindestens einem Parameter, dem sogenannten Scharparameter, unterscheiden.

Aufgabenstellungen im Zusammenhang mit Scharen bestehen meist darin, die gemeinsamen Eigenschaften der Geraden bzw. Ebenen zu untersuchen.

Die Geraden einer Schar können z. B. alle einen gemeinsamen Punkt besitzen (Geradenbündel) oder in einer gemeinsamen Ebene liegen. Bei einer Parallelenschar haben alle Geraden dieselbe Richtung.

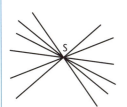 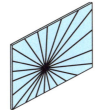 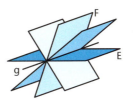 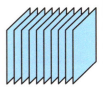

Die Ebenen einer Schar können beispielsweise alle durch einen bestimmten Punkt verlaufen (Ebenenbündel), eine gemeinsame Schnittgerade, auch Trägergerade genannt, haben (Ebenenbüschel), oder parallel zueinander liegen (Parallelenschar).

Beispiel 1 *Geradenschar*

Gegeben sei die Geradenschar g_a: $\vec{x} = \begin{pmatrix} 0 \\ 2 \\ 0 \end{pmatrix} + r \cdot \begin{pmatrix} -1 \\ 4-a \\ a \end{pmatrix}$ mit $a, r \in \mathbb{R}$;

alle Geraden verlaufen durch den Punkt $S(0|2|0)$.

Alle Geraden liegen in einer Ebene, wie man erkennt, wenn man die Parameterdarstellung umformt:

$$\vec{x} = \begin{pmatrix} 0 \\ 2 \\ 0 \end{pmatrix} + r \cdot \begin{pmatrix} -1 \\ 4 \\ 0 \end{pmatrix} + (r \cdot a) \cdot \begin{pmatrix} 0 \\ -1 \\ 1 \end{pmatrix} = \begin{pmatrix} 0 \\ 2 \\ 0 \end{pmatrix} + r \cdot \begin{pmatrix} -1 \\ 4 \\ 0 \end{pmatrix} + s \cdot \begin{pmatrix} 0 \\ -1 \\ 1 \end{pmatrix}.$$

Gesucht ist diejenige Gerade g_a aus der Schar, welche durch den Punkt $Q(1|3|-5)$ verläuft.
Die Punktprobe liefert das folgende Gleichungssystem:

$$\begin{vmatrix} -r = 1 \\ 2 + (4-a) \cdot r = 3 \\ a \cdot r = -5 \end{vmatrix} \Leftrightarrow \begin{vmatrix} r = -1 \\ 2 + (4-a) \cdot r = 3 \\ a \cdot r = -5 \end{vmatrix}$$

Aus der 1. Zeile des Gleichungssystems ergibt sich $r = -1$. Setzt man dies in die 3. Zeile des Gleichungssystems ein, so erhält man $a = 5$. Durch Einsetzen überprüft man, ob auch die Gleichung in der 2. Zeile des Gleichungssystems für $r = -1$ und $a = 5$ erfüllt ist. Es ergibt sich eine wahre Aussage, d. h., die Gerade g_5 mit der Parameterdarstellung

g_5: $\vec{x} = \begin{pmatrix} 0 \\ 2 \\ 0 \end{pmatrix} + r \cdot \begin{pmatrix} -1 \\ -1 \\ 5 \end{pmatrix}$ mit $r \in \mathbb{R}$ verläuft durch den Punkt $Q(1|3|-5)$.

Beispiel 2 *Ebenenschar*

Wenn eine Ebenenschar durch eine Parameterdarstellung gegeben ist, dann lassen sich gemeinsame Eigenschaften leicht ablesen:
Tritt der Scharparameter nur in einem der Richtungsvektoren auf, dann liegt ein Ebenenbüschel vor, z. B. hat die Ebenenschar

$E_a: \vec{x} = \begin{pmatrix} 2 \\ 1 \\ -1 \end{pmatrix} + r \cdot \begin{pmatrix} 1 \\ -1 \\ 2 \end{pmatrix} + s \cdot \begin{pmatrix} a \\ 1 \\ 0 \end{pmatrix}$ die Gerade $g: \begin{pmatrix} 2 \\ 1 \\ -1 \end{pmatrix} + r \cdot \begin{pmatrix} 1 \\ -1 \\ 2 \end{pmatrix}$ als gemeinsame Gerade.

Tritt der Scharparameter in beiden Richtungsvektoren auf, dann liegt ein Ebenenbündel vor, z. B. hat die Ebenenschar

$E_{a,b}: \vec{x} = \begin{pmatrix} 1 \\ 3 \\ 1 \end{pmatrix} + r \cdot \begin{pmatrix} a \\ 0 \\ -1 \end{pmatrix} + s \cdot \begin{pmatrix} 2 \\ b \\ 1 \end{pmatrix}$ den Punkt P (1 | 3 | 1) gemeinsam.

F12 Lineare Gleichungssysteme systematisch lösen.

Lineare Gleichungssysteme (LGS) **mit n Variablen** bestehen aus zwei oder mehreren linearen Gleichungen, die gleichzeitig erfüllt sein sollen. Sofern eine Lösung existiert oder unendlich viele Lösungen existieren, lassen sich diese wie Punkte ($x_1, x_2, ..., x_n$) im n-dimensionalen Raum notieren.
Ein lineares Gleichungssystem kann man durch **elementare Zeilenumformungen** (EZU) vereinfachen (GAUSS'sches Lösungsverfahren). Bei den Umformungen darf man nur dann eine Gleichung weglassen, wenn zwei identische Gleichungen auftreten, oder wenn in einer Zeile eine wahre Aussage (wie beispielsweise 0 = 0) entsteht.
Durch folgende elementare Zeilenumformungen wird die Lösungsmenge eines Gleichungssystems nicht verändert:
– Multiplikation einer Zeile mit einem Faktor (ungleich null)
– Addition des Vielfachen einer Zeile zu einer anderen Zeile
– Vertauschen von Zeilen
Am übersichtlichsten ist es, wenn man die Gleichungen des Systems in Form einer Tabelle (als **erweiterte Koeffizientenmatrix**) notiert. Ziel der elementaren Zeilenumformungen ist es, im linken Teil der erweiterten Koeffizientenmatrix
– eine **Dreiecksform** (ref = Row Echelon Form) zu erzeugen, so dass man die Lösungen von unten nach oben ablesen bzw. berechnen kann, oder
– eine **Diagonalform** (rref = Reduced Row Echelon Form) herzustellen, aus der sich die Lösungen unmittelbar ergeben.

(Forts. nächste Seite)

(Forts.)

Beim Lösen von Gleichungssystemen können folgende Fälle auftreten:
(1) Es existiert eine eindeutige Lösung, die man schließlich aus den Zeilen des umgeformten Gleichungssystems ablesen kann; die Anzahl der Zeilen entspricht der Anzahl der Variablen.
(2) Treten im Verlauf des Lösungsverfahrens nicht erfüllbare Bedingungen auf, z. B. 0 = 1 in einer Zeile, dann besitzt das Gleichungssystem keine Lösung.
(3) Bleiben im Verlauf des Lösungsverfahrens weniger Gleichungen als Variablen übrig und liegt nicht der Fall (2) vor, dann hat das Gleichungssystem unendlich viele Lösungen; die nach Umformungen übrig bleibenden Gleichungen zeigen die Abhängigkeit der Parameter voneinander an.

Gleichungssysteme mit weniger Gleichungen als Variablen nennt man **unterbestimmt**; hier sind nur die Fälle (2) und (3) möglich. Gleichungssysteme mit mehr Gleichungen als Variablen nennt man **überbestimmt**; hier sind alle drei Fälle möglich.

Beispiele zu (1)

(a) Das lineare Gleichungssystem $\begin{vmatrix} 2x - 3y = 1 \\ 4x + 1y = 9 \end{vmatrix}$ kann in der Matrix-Vektor-Schreibweise notiert werden als: $\begin{pmatrix} 2 & -3 \\ 4 & 1 \end{pmatrix} \begin{pmatrix} x \\ y \end{pmatrix} = \begin{pmatrix} 1 \\ 9 \end{pmatrix}$ oder als erweiterte Koeffizientenmatrix in der Form $\begin{vmatrix} 2 & -3 & | & 1 \\ 4 & 1 & | & 9 \end{vmatrix}$.

EZU: Multipliziert man die 1. Zeile mit 0,5, dann entsteht in der Diagonale eine Eins (Normierung der 1. Zeile); multipliziert man die 1. Zeile mit (– 2) und addiert sie zur 2. Zeile, dann entsteht in der 1. Spalte eine Null.

$\begin{vmatrix} 2 & -3 & | & 1 \\ 4 & 1 & | & 9 \end{vmatrix}$ $\cdot 0{,}5$ $\cdot (-2) \oplus$ $\Leftrightarrow$ $\begin{vmatrix} 1 & -1{,}5 & | & 0{,}5 \\ 0 & 7 & | & 7 \end{vmatrix}$

Da die Matrix links Dreiecksgestalt hat, kann man in der unteren Zeile ablesen
$7y = 7$, also $y = 1$. Setzt man dies in die 1. Zeile ein, dann ergibt sich:
$1 \cdot x - 1{,}5 \cdot 1 = 0{,}5 \Leftrightarrow x = 2$. Die Lösung ist also das Paar $(2\,|\,1)$.

Man kann aber auch die EZU fortsetzen und erhält:

$\begin{vmatrix} 1 & -1{,}5 & | & 0{,}5 \\ 0 & 7 & | & 7 \end{vmatrix}$ $\cdot \frac{1}{7}$ $\cdot \frac{3}{14} \oplus$ $\Leftrightarrow$ $\begin{vmatrix} 1 & 0 & | & 2 \\ 0 & 1 & | & 1 \end{vmatrix}$

Aus diesem LGS, bei dem die Matrix links Diagonalgestalt hat, kann man unmittelbar das Lösungspaar $(2\,|\,1)$ ablesen.

Hinweis (geometrische Interpretation):

Die beiden Gleichungen bestimmen zwei Geraden im 2-dimensionalen Koordinatensystem mit den Gleichungen
g_1: $y = \frac{2}{3}x - \frac{1}{3}$ und g_2: $y = -4x + 9$.

(b) $\begin{vmatrix} 1x - 2y + z & 0 \\ 3x - 1y + 2z & = 7 \\ 1x + 2y - z & 2 \end{vmatrix}$

Das LGS mit drei Gleichungen und drei Variablen notiert man als erweiterte Koeffizientenmatrix in der Form

$\begin{vmatrix} 1 & -2 & 1 & | & 0 \\ 3 & -1 & 2 & | & 7 \\ 1 & 2 & -1 & | & 2 \end{vmatrix}$ $\overset{\cdot(-3)}{\underset{\oplus}{\longrightarrow}}$ $\overset{\cdot(-1)}{\underset{\oplus}{\longrightarrow}}$ $\Leftrightarrow$ $\begin{vmatrix} 1 & -2 & 1 & | & 0 \\ 0 & 5 & -1 & | & 7 \\ 0 & 4 & -2 & | & 2 \end{vmatrix}$ $\overset{\cdot\frac{1}{5}}{\longrightarrow}$ $\overset{\cdot\frac{2}{5}}{\underset{\oplus}{\longrightarrow}}$ $\overset{\cdot(-\frac{4}{5})}{\underset{\oplus}{\longrightarrow}}$

$\begin{vmatrix} 1 & 0 & 0{,}6 & | & 2{,}8 \\ 0 & 1 & -0{,}2 & | & 1{,}4 \\ 0 & 0 & -1{,}2 & | & -3{,}6 \end{vmatrix}$ $\overset{\cdot(-\frac{5}{6})}{\longrightarrow}$ $\overset{\cdot\frac{1}{2}}{\underset{\oplus}{\longrightarrow}}$ $\overset{\cdot(-\frac{1}{6})}{\underset{\oplus}{\longrightarrow}}$ $\Leftrightarrow$ $\begin{vmatrix} 1 & 0 & 0 & | & 1 \\ 0 & 1 & 0 & | & 2 \\ 0 & 0 & 1 & | & 3 \end{vmatrix}$

Aus der umgeformten erweiterten Koeffizientenmatrix in Diagonalform liest man das eindeutig bestimmte Lösungstripel ab: (1|2|3).

Hinweis (geometrische Interpretation):

Die drei Gleichungen beschreiben drei Ebenen im 3-dimensionalen Raum; sie haben den Punkt (1|2|3) gemeinsam.

Beispiele zu (3)

(c) $\begin{vmatrix} 1x - 2y & = -8 \\ 2x + 1y & = -1 \\ -1x + 3y & = 11 \end{vmatrix}$

Aus dem überbestimmten Gleichungssystem mit drei Gleichungen und zwei Variablen ergibt sich nach EZU

$\begin{vmatrix} 1 & -2 & | & -8 \\ 2 & 1 & | & -1 \\ -1 & 3 & | & 11 \end{vmatrix}$ $\overset{\cdot(-2)}{\underset{\oplus}{\longrightarrow}}$ $\Leftrightarrow$ $\begin{vmatrix} 1 & -2 & | & -8 \\ 0 & 5 & | & 15 \\ 0 & 1 & | & 3 \end{vmatrix}$ $\overset{\cdot\frac{1}{5}}{\longrightarrow}$ $\overset{\cdot\frac{2}{5}}{\underset{\oplus}{\longrightarrow}}$ $\overset{\cdot(-\frac{1}{5})}{\underset{\oplus}{\longrightarrow}}$ $\Leftrightarrow$ $\begin{vmatrix} 1 & 0 & | & -2 \\ 0 & 1 & | & 3 \\ 0 & 0 & | & 0 \end{vmatrix}$

Nach drei Schritten erhält man eine Matrix in Diagonalgestalt, aus der sich das Lösungspaar (−2|3) ablesen lässt, sowie eine Zeile, in der die wahre Aussage 0 = 0 steht.

Hinweis (geometrische Interpretation):
Die drei Gleichungen bestimmen drei Geraden im 2-dimensionalen Koordinatensystem, die durch denselben Punkt verlaufen:

g_1: $y = \frac{1}{2}x + 4$,

g_2: $y = -2x - 1$ und

g_3: $y = \frac{1}{3}x + \frac{11}{3}$.

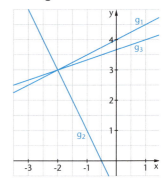

(d) $\begin{vmatrix} 1x - 3y + 1z = 1 \\ 2x + 0y - 2z = 3 \end{vmatrix}$

Das LGS mit zwei Gleichungen und drei Variablen notiert man als erweiterte Koeffizientenmatrix in der Form

$\begin{vmatrix} 1 & -3 & 1 & | & 1 \\ 2 & 0 & -2 & | & 3 \end{vmatrix} \xrightarrow{\cdot(-2) \oplus} \Leftrightarrow \begin{vmatrix} 1 & -3 & 1 & | & 1 \\ 0 & 6 & -4 & | & 1 \end{vmatrix} \xrightarrow{\cdot\frac{1}{6} \quad \cdot\frac{1}{2} \oplus} \Leftrightarrow \begin{vmatrix} 1 & 0 & -1 & | & 1{,}5 \\ 0 & 1 & -\frac{2}{3} & | & \frac{1}{6} \end{vmatrix}$

Aus der umgeformten erweiterten Koeffizientenmatrix in Diagonalform liest man eine Parameterdarstellung für die unendlich vielen Lösungstripel ab: $(x|y|z)$ mit

$x = 1{,}5 + z$ und $y = \frac{1}{6} + \frac{2}{3}z$, wobei $z \in \mathbb{R}$ beliebig gewählt werden kann.

Hinweis (geometrische Interpretation):

Die beiden Gleichungen beschreiben zwei Ebenen im 3-dimensionalen Raum; sie schneiden sich in einer Geraden, die mithilfe einer Parameterdarstellung beschrieben werden kann.

$\vec{x} = \begin{pmatrix} 1{,}5 \\ \frac{1}{6} \\ 0 \end{pmatrix} + t \cdot \begin{pmatrix} 1 \\ \frac{2}{3} \\ 1 \end{pmatrix}$

(e) $\begin{vmatrix} 1x + 1y + 2z = 4 \\ 2x - 1y + 1z = 5 \\ 1x - 2y - z = 1 \\ 1x + 3y + 4z = 6 \end{vmatrix} \Leftrightarrow \ldots \Leftrightarrow \begin{vmatrix} 1 & 0 & 1 & | & 3 \\ 0 & 1 & 1 & | & 1 \\ 0 & 0 & 0 & | & 0 \\ 0 & 0 & 0 & | & 0 \end{vmatrix}$

Aus der erweiterten Koeffizientenmatrix in Diagonalform liest man eine Parameterdarstellung für die unendlich vielen Lösungstripel ab: $(x|y|z)$ mit $x = 3 - z$ und $y = 1 - z$, wobei $z \in \mathbb{R}$ beliebig gewählt werden kann.

Hinweis (geometrische Interpretation):

Die vier Gleichungen beschreiben vier Ebenen im 3-dimensionalen Raum; diese schneiden sich in *einer* Geraden, die mithilfe einer Parameterdarstellung beschrieben werden kann.

$\vec{x} = \begin{pmatrix} 3 \\ 1 \\ 0 \end{pmatrix} + t \cdot \begin{pmatrix} -1 \\ -1 \\ 1 \end{pmatrix}$

Beispiel zu (2)

(f) Eine Änderung bei der 3. Gleichung des LGS in (c) kann folgende Wirkung haben: EZU beim LGS führen schließlich zu einem Gleichungssystem, bei dem in der 3. Zeile eine falsche Aussage steht. Daher besitzt dieses LGS keine Lösung.

$\begin{vmatrix} 1x - 2y = -8 \\ 2x + 1y = -1 \\ 1x + 2y = 5 \end{vmatrix} \Leftrightarrow \ldots \Leftrightarrow \begin{vmatrix} 1 & 0 & | & -2 \\ 0 & 1 & | & 3 \\ 0 & 0 & | & 1 \end{vmatrix}$.

Hinweis (geometrische Interpretation):

Die drei Geraden g_1: $y = \frac{1}{2}x + 4$,

g_2: $y = -2x - 1$ und g_3: $y = -\frac{1}{2}x + \frac{5}{2}$

verlaufen nicht durch einen gemeinsamen Punkt.

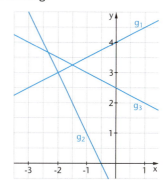

G1 Winkel zwischen zwei Vektoren und Schnittwinkel zwischen zwei Geraden berechnen.

Für das Skalarprodukt zweier Vektoren $\vec{u}, \vec{v}$ gilt (vgl. Basiswissen E4): $\vec{u} * \vec{v} = |\vec{u}| \cdot |\vec{v}| \cdot \cos(\varphi)$, wobei φ der von den beiden Vektoren aufgespannte Winkel ist.

Daher lässt sich mithilfe von $\cos(\varphi) = \dfrac{\vec{u} * \vec{v}}{|\vec{u}| \cdot |\vec{v}|}$ die Größe dieses Richtungsunterschieds φ bestimmen, wobei $0° \leq \varphi \leq 180°$. Es können also **spitze** und **stumpfe** Winkel auftreten. Für den Winkel gilt somit:

$\varphi = \cos^{-1}\left(\dfrac{\vec{u} * \vec{v}}{|\vec{u}| \cdot |\vec{v}|}\right)$

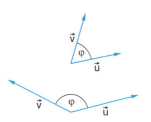

Winkel zwischen Geraden: Da die Richtung von Geraden durch ihre **Richtungsvektoren** $\vec{u}, \vec{v}$ bestimmt wird, ergibt sich der Winkel zwischen zwei sich schneidenden Geraden durch die Gleichung:

$\cos(\varphi) = \dfrac{\vec{u} * \vec{v}}{|\vec{u}| \cdot |\vec{v}|} \Leftrightarrow \varphi = \cos^{-1}\left(\dfrac{\vec{u} * \vec{v}}{|\vec{u}| \cdot |\vec{v}|}\right)$,

wobei $0° \leq \varphi \leq 90°$.

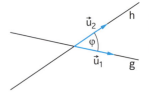

Hinweis: An einer Geradenkreuzung entstehen zwei Winkel, die sich zu 180° ergänzen. Als Schnittwinkel zwischen zwei Geraden wird der kleinere (spitze) Winkel definiert. Diese Auswahl zwischen den beiden möglichen Winkeln wird durch die Betragsbildung im Zähler sichergestellt.

Man beachte: Winkel in Vielecken, z. B. in Dreiecken, werden durch die Richtungsunterschiede zwischen Verbindungsvektoren bestimmt – hier sind Winkel über 90° möglich!

Beispiel

Die Punkte A(1|1|−1), B(−3|5|1), C(5|−1|−1) und D(−3|1|−4) bestimmen ein Dreieck
Welche Winkel treten im Dreieck ABC auf?

Der Winkel α im Dreieck ABC wird durch die Vektoren $\vec{AB} = \begin{pmatrix} -4 \\ 4 \\ 2 \end{pmatrix}, \vec{AC} = \begin{pmatrix} 4 \\ -2 \\ 0 \end{pmatrix}$ bestimmt,

der Winkel β durch die Vektoren $\vec{BC} = \begin{pmatrix} 8 \\ -6 \\ -2 \end{pmatrix}, \vec{BA} = \begin{pmatrix} 4 \\ -4 \\ -2 \end{pmatrix}$.

Hiermit ergibt sich:

$\cos(\alpha) = \dfrac{-24}{6 \cdot \sqrt{20}} \Leftrightarrow \alpha = 153{,}43°$ und $\cos(\beta) = \dfrac{60}{\sqrt{104} \cdot 6} \Leftrightarrow \beta = 11{,}31°$,

also $\gamma = 180° - 153{,}43° - 11{,}31° = 15{,}26°$.

Winkel und Abstände, Volumina im Raum

G2 Nur eA: Schnittwinkel zwischen zwei Ebenen berechnen.

Da die Normalenvektoren $\vec{n}_1$, $\vec{n}_2$ der Ebenen orthogonal zu den Ebenen sind, wird der Schnittwinkel zweier Ebenen durch den Winkel zwischen den Normalenvektoren bestimmt:

$$\cos(\varphi) = \frac{|\vec{n}_1 * \vec{n}_2|}{|\vec{n}_1| \cdot |\vec{n}_2|}, \quad \text{d.h.} \quad \varphi = \cos^{-1}\left(\frac{|\vec{n}_1 * \vec{n}_2|}{|\vec{n}_1| \cdot |\vec{n}_2|}\right)$$

wobei $0° \leq \varphi \leq 90°$.

Die Skizze zeigt einen „seitlichen Blick" auf die Ebenen E_1 und E_2.

Durch die Betragsbildung im Zähler wird der kleinere der beiden Winkel zwischen den Ebenen ausgewählt.
Falls eine Ebene durch eine Parameterdarstellung gegeben ist, muss erst ein Normalenvektor dieser Ebene bestimmt werden.

Beispiel

Die Punkte $A(1|1|-1)$, $B(-3|5|1)$, $C(5|-1|-1)$ und $D(-3|1|-4)$ bestimmen ein unregelmäßiges Tetraeder.
Welche der Flächen ABD, BCD, CAD hat gegenüber der Grundfläche ABC die größte Neigung?

Um die Winkel zwischen den Flächen zu bestimmen, benötigen wir jeweils zunächst die Normalenvektoren der einzelnen Ebenen.
Die Normalenvektoren ergeben sich über das Kreuzprodukt oder das Orthogonalitätskriterium (vgl. Basiswissen E4 und F5).

Ebene ABC	Ebene ABD	Ebene BCD	Ebene CAD
$\vec{AB} \times \vec{AC} =$	$\vec{AB} \times \vec{AD} =$	$\vec{BC} \times \vec{BD} =$	$\vec{CA} \times \vec{CD} =$
$= \begin{pmatrix} -4 \\ 4 \\ 2 \end{pmatrix} \times \begin{pmatrix} 4 \\ -2 \\ 0 \end{pmatrix} = \begin{pmatrix} 4 \\ 8 \\ -8 \end{pmatrix}$	$= \begin{pmatrix} -4 \\ 4 \\ 2 \end{pmatrix} \cdot \begin{pmatrix} -4 \\ 0 \\ -3 \end{pmatrix} = \begin{pmatrix} -12 \\ -20 \\ 16 \end{pmatrix}$	$= \begin{pmatrix} 8 \\ -6 \\ -2 \end{pmatrix} \cdot \begin{pmatrix} 0 \\ -4 \\ -5 \end{pmatrix} = \begin{pmatrix} 22 \\ 40 \\ -32 \end{pmatrix}$	$= \begin{pmatrix} 4 \\ -2 \\ 0 \end{pmatrix} \cdot \begin{pmatrix} -8 \\ 2 \\ -3 \end{pmatrix} = \begin{pmatrix} -6 \\ -12 \\ 8 \end{pmatrix}$

Tipps:
- Für Rechnungen per Hand sollte man möglichst einfache Vielfache der berechneten Normalenvektoren verwenden, z. B. für die Ebene ABC den Normalenvektor $\vec{n}_{ABC} = \begin{pmatrix} 1 \\ 2 \\ -2 \end{pmatrix}$.
- Mit dem Taschenrechner lassen sich die Normalenvektoren mit dem Befehl `crossP` bestimmen (siehe rechts).
- Oftmals kann man einen Normalenvektor zu zwei Richtungsvektoren auch durch Kombinieren herausfinden: Durch eine geschickte Wahl von zwei Komponenten und ergänzen einer passenden dritten Komponente erhält man schnell einen Normalenvektor, vgl. auch Basiswissen F5.

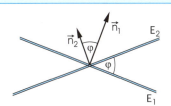

```
crossP([-4 4 2],[4 -2 0])      [4 8 -8]
crossP([-4 4 2],[-4 0 -3])
                               [-12 -20 16]
crossP([8 -6 -2],[0 -4 -5])
                               [22 40 -32]
crossP([4 -2 0],[-8 2 -3])     [6 12 -8]
```

Nun bestimmt man die Winkel zwischen der Grundfläche und der jeweiligen Seitenfläche mit der oben angegebenen Formel:

Winkel zwischen ABC und ABD	Winkel zwischen ABC und BCD	Winkel zwischen ABC und CAD
$\varphi = \cos^{-1}\left(\dfrac{\left\|\begin{pmatrix}4\\8\\-8\end{pmatrix} * \begin{pmatrix}-12\\-20\\16\end{pmatrix}\right\|}{\left\|\begin{pmatrix}4\\8\\-8\end{pmatrix}\right\| \cdot \left\|\begin{pmatrix}-12\\-20\\16\end{pmatrix}\right\|}\right)$	$\varphi = \cos^{-1}\left(\dfrac{\left\|\begin{pmatrix}4\\8\\-8\end{pmatrix} * \begin{pmatrix}22\\40\\-32\end{pmatrix}\right\|}{\left\|\begin{pmatrix}4\\8\\-8\end{pmatrix}\right\| \cdot \left\|\begin{pmatrix}22\\40\\-32\end{pmatrix}\right\|}\right)$	$\varphi = \cos^{-1}\left(\dfrac{\left\|\begin{pmatrix}4\\8\\-8\end{pmatrix} * \begin{pmatrix}-6\\-12\\8\end{pmatrix}\right\|}{\left\|\begin{pmatrix}4\\8\\-8\end{pmatrix}\right\| \cdot \left\|\begin{pmatrix}-6\\-12\\8\end{pmatrix}\right\|}\right)$
≈ 8,13°	≈ 7,00°	≈ 11,00°

Die Fläche CAD besitzt also den größten Winkel zur Grundfläche ABC.

  Nur eA: Schnittwinkel zwischen einer Gerade und einer Ebene berechnen.

Der Winkel φ' zwischen einem Normalenvektor der Ebene und dem Richtungsvektor der Gerade kann wie in G1, G2 mithilfe des Skalarprodukts der beiden Vektoren berechnet werden. Jedoch ist φ' nur der Nebenwinkel zum gesuchten Schnittwinkel φ zwischen Ebene und Richtungsvektor (siehe Abbildung).

Da $\varphi = 90° - \varphi'$ und da $\cos(\varphi') = \sin(90° - \varphi') = \sin(\varphi)$, gilt für den gesuchten Schnittwinkel φ zwischen Gerade und Ebene:

$\sin(\varphi) = \dfrac{|\vec{u} * \vec{n}|}{|\vec{u}| \cdot |\vec{n}|} \Leftrightarrow \varphi = \sin^{-1}\left(\dfrac{|\vec{u} * \vec{n}|}{|\vec{u}| \cdot |\vec{n}|}\right)$.

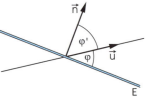

Die Skizze zeigt einen „seitlichen" Blick auf eine Ebene E.

Beispiel

Gegeben ist eine Ebene E durch eine Koordinatengleichung E: $3x - 4y + 2z = 1$.

Wo und unter welchem Winkel schneidet die Gerade g: $\vec{x} = \begin{pmatrix}1\\1\\-1\end{pmatrix} + r \cdot \begin{pmatrix}2\\-2\\3\end{pmatrix}$ die Ebene?

Gemeinsame Punkte von Gerade und Ebene müssen das folgende Gleichungssystem erfüllen: $3x - 4y + 2z = 1$ und $\begin{pmatrix}x\\y\\z\end{pmatrix} = \begin{pmatrix}1\\1\\-1\end{pmatrix} + r \cdot \begin{pmatrix}2\\-2\\3\end{pmatrix} = \begin{pmatrix}1+2r\\1-2r\\-1+3r\end{pmatrix}$.

Durch Einsetzen der Bedingungen für x, y, z in die Koordinatengleichung erhalten wir: $3 \cdot (1 + 2r) - 4 \cdot (1 - 2r) + 2 \cdot (-1 + 3r) = 1$, also $20r = 4$, also $r = 0{,}2$.

Der Schnittpunkt von Gerade und Ebene hat also die Koordinaten S (1,4 | 0,6 | −0,4).

Der Schnittwinkel φ berechnet sich aus dem Richtungsvektor der Gerade g und einem Normalenvektor der Ebene E:

$$\sin(\varphi) = \frac{\left|\begin{pmatrix}3\\-4\\2\end{pmatrix} * \begin{pmatrix}2\\-2\\3\end{pmatrix}\right|}{\left|\begin{pmatrix}3\\-4\\2\end{pmatrix}\right| \cdot \left|\begin{pmatrix}2\\-2\\3\end{pmatrix}\right|}$$

$\Leftrightarrow \sin(\varphi) = \frac{|20|}{\sqrt{29} \cdot \sqrt{27}}$

$\Leftrightarrow \varphi = \sin^{-1}\left(\frac{|20|}{(\sqrt{29} \cdot \sqrt{27})}\right) \approx 64{,}26°$

Das Skalarprodukt im Zähler (Befehl: dotP) und die Beträge im Nenner (Befehl: norm) kann man auch mit Taschenrechner berechnen.
Hinweis: Der TR-Modus muss auf DEG eingestellt sein!

dotP([3 -4 2],[2 -2 3])	20
norm([3 -4 2])	5.38516
norm([2 -2 3])	4.12311
$\sin^{-1}\left(\frac{20}{5.3851648071345 \cdot 4.1231056256177}\right)$	64.2574

G4 Den Flächeninhalt eines Dreiecks und das Volumen einer dreiseitigen Pyramide (Tetraeder) mit elementaren Methoden bestimmen.

Für den **Flächeninhalt eines Dreiecks** gilt:

$A = \frac{1}{2} \cdot$ Grundseite $\cdot$ Flächenhöhe

Ein Dreieck ABC wird durch die beiden Vektoren $\vec{AB}$, $\vec{AC}$ aufgespannt. Elementargeometrisch kann die Höhe h auf AB beschrieben werden durch

$\sin(\alpha) = \frac{h}{|AC|}$, also $h = |AC| \cdot \sin(\alpha)$.

Mithilfe der Methoden der Vektorrechnung kann aber nur $\cos(\alpha)$ bestimmt werden, vgl. .
Um $\sin(\alpha)$ zu bestimmen, nutzt man den allgemeingültigen Zusammenhang (sog. trigonometrischer PYTHAGORAS): $\sin^2(\alpha) + \cos^2(\alpha) = 1$.

Aus $\cos(\alpha) = \frac{\vec{AB} * \vec{AC}}{|AB| \cdot |AC|}$ ergibt sich dann durch Einsetzen und Umformen eine Formel für $\sin(\alpha)$:

$\sin(\alpha) = \sqrt{1 - \cos^2(\alpha)} = \sqrt{1 - \left(\frac{\vec{AB} * \vec{AC}}{|AB| \cdot |AC|}\right)^2}$.

Dieses setzt man in die Flächeninhaltsformel des Dreiecks ABC ein:

$A = \frac{1}{2} \cdot g \cdot h = \frac{1}{2} \cdot |\vec{AB}| \cdot h = \frac{1}{2} \cdot |\vec{AB}| \cdot |\vec{AC}| \cdot \sin(\alpha) = \frac{1}{2} \cdot |\vec{AB}| \cdot |\vec{AC}| \cdot \sqrt{1 - \left(\frac{\vec{AB} * \vec{AC}}{|AB| \cdot |AC|}\right)^2}$.

Zur Vereinfachung zieht man die Beträge unter die Wurzel und kürzt

$A_{\triangle ABC} = \frac{1}{2} \cdot \sqrt{|\vec{AB}|^2 \cdot |\vec{AC}|^2 - (\vec{AB} * \vec{AC})^2}$.

(Fortsetzung nächste Seite)

> Für das **Volumen einer Pyramide** gilt:
>
> $V = \frac{1}{3} \cdot$ Grundfläche $\cdot$ Raumhöhe
>
> Im Falle eines allgemeinen (nicht notwendig regelmäßigen) Tetraeders kann die Grundfläche nach der o. a. Formel berechnet werden. Um die Raumhöhe zu bestimmen, nutzt man die Projektionseigenschaft des Skalarprodukts (vgl. Basiswissen **E4**):
>
> Man bestimmt einen beliebigen Vektor $\vec{n}$, der orthogonal zu $\overrightarrow{AB}$ und $\overrightarrow{AC}$ ist; dann ist die Länge der Raumhöhe gegeben durch $\frac{|\vec{n} * \overrightarrow{AD}|}{|\vec{n}|}$. Daher gilt:
>
> $V_{\text{Tetraeder}} = \frac{1}{6} \cdot \frac{|\vec{n} * \overrightarrow{AD}|}{|\vec{n}|} \cdot \sqrt{|\overrightarrow{AB}|^2 \cdot |\overrightarrow{AC}|^2 - (\overrightarrow{AB} * \overrightarrow{AC})^2}$.

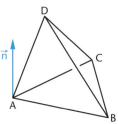

Beispiele

(1) Die Punkte $A(1|1|-1)$, $B(-3|5|1)$, $C(5|-1|-1)$ bilden ein Dreieck. Bestimmen Sie dessen Flächeninhalt:

$|\overrightarrow{AB}| = \sqrt{(-4)^2 + 4^2 + 2^2} = \sqrt{36} = 6$ und $|\overrightarrow{AC}| = \sqrt{4^2 + (-2)^2 + 0^2} = \sqrt{20}$,

$\overrightarrow{AB} * \overrightarrow{AC} = -4 \cdot 4 + 4 \cdot (-2) + 2 \cdot 0 = -24$.

Für den Flächeninhalt gilt daher: $A_{\triangle ABC} = \frac{1}{2} \cdot \sqrt{6^2 \cdot (\sqrt{20})^2 - (-24)^2} = \frac{1}{2} \cdot \sqrt{144} = 6$

(2) Durch den Punkt $D(-3|1|-4)$ wird das Dreieck zu einem (unregelmäßigen) Tetraeder mit der Grundfläche ABC ergänzt. Berechnen Sie das Volumen des Tetraeders.

Da der Flächeninhalt der Grundfläche bereits bekannt ist (siehe (1)), benötigt man noch die Höhe des Tetraeders. Dazu benötigt man einen Normalenvektor zur Grundfläche ABC.

An den Komponenten des Vektors $\overrightarrow{AC}$ kann man ablesen, dass ein zu $\overrightarrow{AC}$ orthogonaler Vektor $\vec{n}$ die Komponenten $\vec{n} = \begin{pmatrix} 1 \\ 2 \\ n_3 \end{pmatrix}$ (oder Vielfache hiervon) haben muss.

Aus dem Skalarprodukt mit dem Vektor $\overrightarrow{AB}$ ergibt sich:

$\overrightarrow{AB} * \vec{n} = \begin{pmatrix} -4 \\ 4 \\ 2 \end{pmatrix} * \begin{pmatrix} 1 \\ 2 \\ n_3 \end{pmatrix} = -4 + 8 + 2n_3 = 0$. Das bedeutet, dass dann $n_3 = -2$ sein muss.

Für die Länge von $\vec{n}$ gilt: $|\vec{n}| = \left\| \begin{pmatrix} 1 \\ 2 \\ -2 \end{pmatrix} \right\| = \sqrt{1^2 + 2^2 + (-2)^2} = 3$.

Die Höhe der Pyramide ist daher gleich $\frac{|\vec{n} * \overrightarrow{AD}|}{|\vec{n}|} = \frac{2}{3}$.

Daher gilt: $V_{\text{Tetraeder}} = \frac{1}{3} \cdot \frac{2}{3} \cdot 6 = \frac{4}{3}$.

Nur eA: Den Abstand eines Punktes von einer Ebene berechnen.

Idee: **Lotfußpunktverfahren**
Um den Abstand eines Punktes P von einer Ebene E zu berechnen, benötigt man eine orthogonale Gerade (so genannte **Lotgerade**) von P durch E. Als Richtungsvektor dieser Lotgeraden verwendet man einen Normalenvektor der Ebene E (vgl. F5). Der Schnittpunkt der Lotgerade mit der Ebene E (vgl. F8) ist der **Fußpunkt** F des Lotes.
Die Länge dieses Vektors $\overrightarrow{PF}$ (= Betrag des Vektors $\overrightarrow{PF}$) ist dann der **Abstand** des Punktes P zur Ebene E.

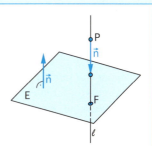

Führt man diese Schritte allgemein durch, setzt geschickt ein und fasst zusammen, erhält man die folgende Abstandsformel, wenn die Ebenengleichung in Koordinatenform (vgl. F6) gegeben ist:

Abstand (P,E) = $\frac{1}{|\vec{n}|} \cdot |\overrightarrow{OP} * \vec{n} - d|$.

Spezialfall P = O (Ursprung): Abstand (O, E) = $\frac{|d|}{|\vec{n}|}$.

Zusatz: Ist die Ebenengleichung in HESSE'scher Normalenform gegeben (vgl. Basiswissen F6), d. h. in der Form E: $\frac{1}{|\vec{n}|} \cdot (\vec{x} * \vec{n} - d) = 0$, dann erhält man den Abstand eines Punktes P unmittelbar durch Einsetzen der Koordinaten von P in die Gleichung der Ebene.

Zusatz: **Abstand einer Geraden von einer Ebene**
Aus der Untersuchung der Lage der Geraden zur Ebene (vergleiche F8) ergibt sich, ob die Gerade in der Ebene liegt oder die Ebene in einem Punkt geschnitten wird (Abstand null) oder die Gerade parallel zur Ebene liegt. Im letzten Fall wählt man einen Punkt der Geraden aus und bestimmt dessen Abstand zur Ebene.

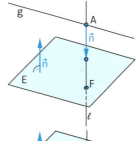

Zusatz: **Abstand zweier Ebenen**
Diese Aufgabenstellung ist nur sinnvoll, wenn es sich um zwei Ebenen handelt, die zueinander parallel sind. Den Abstand der beiden Ebenen bestimmt man, indem man irgendeinen Punkt der einen Ebene auswählt und dessen Abstand zu der anderen Ebene bestimmt.

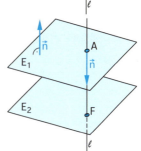

Zusatz: **Spiegelung von Punkten an Ebenen**
Das geschilderte Lotfußpunktverfahren nutzt man auch zur Ermittlung der Koordinaten von Punkten, die an einer Ebene E gespiegelt wurden. Dazu wird der Vektor $\overrightarrow{PF}$ vom Lotfußpunkt F abgetragen und der Ortsvektor des Spiegelpunkts berechnet.

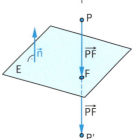

Beispiele

(1) Gegeben ist ein Punkt P(3|1|−2) und eine Ebene durch E: $x + 2y − 2z = 1$.
Die Lotgerade l durch P hat die Parameterdarstellung:

$$l: \vec{x} = \begin{pmatrix} 3 \\ 1 \\ -2 \end{pmatrix} + r \cdot \begin{pmatrix} 1 \\ 2 \\ -2 \end{pmatrix} = \begin{pmatrix} 3 + r \\ 1 + 2r \\ -2 - 2r \end{pmatrix}.$$

Um den Fußpunkt der Lotgeraden mit der Ebene zu bestimmen, werden die in der Parameterdarstellung enthaltenen Koordinatengleichungen in die Koordinatengleichung der Ebene eingesetzt:
$(3 + r) + 2 \cdot (1 + 2r) − 2 \cdot (−2 − 2r) = 1 \Leftrightarrow 9 + 9r = 1 \Leftrightarrow r = -\frac{8}{9}$.

Daher hat der Punkt F die Koordinaten $F\left(\frac{19}{9} \middle| -\frac{7}{9} \middle| -\frac{2}{9}\right)$ und die Länge des Vektors ist

$$|\vec{PF}| = \sqrt{\left(3 - \frac{19}{9}\right)^2 + \left(1 + \frac{7}{9}\right)^2 + \left(-2 + \frac{2}{9}\right)^2} = \sqrt{\frac{64}{81} + \frac{256}{81} + \frac{256}{81}} = \sqrt{\frac{576}{81}} = \frac{24}{9} = \frac{8}{3}.$$

Anwenden der o.a. Abstandsformel ergibt: Abstand $(P, E) = \frac{1}{|\vec{n}|} \cdot |\vec{p} * \vec{n} - d| = \frac{1}{3} \cdot |9 - 1| = \frac{8}{3}$

oder ggf. vorher Umformung der Koordinatengleichung der Ebene in die HESSE'schen

Normalenform: $E: \frac{1}{|\vec{n}|} \cdot (\vec{x} * \vec{n} - d) = \frac{1}{3} \cdot \left(\begin{pmatrix} x \\ y \\ z \end{pmatrix} * \begin{pmatrix} 1 \\ 2 \\ -2 \end{pmatrix} - 1 \right) = 0$.

(2) *Spiegelung eines Punktes an einer Ebene*

Gegeben ist eine Ebene $E: x + y − z = 6$ und ein Punkt P(3|−1|2).

Aufstellen der Parameterdarstellung der Lotgeraden: $l: \vec{x} = \begin{pmatrix} 3 \\ -1 \\ 2 \end{pmatrix} + r \cdot \begin{pmatrix} 1 \\ 1 \\ -1 \end{pmatrix}$.

Um den Fußpunkt zu erhalten:
Einsetzen in die Koordinatengleichung der Ebene: $(3 + r) + (−1 + r) − (2 − r) = 6$.
Auflösen nach r: $3r = 6 \Leftrightarrow r = 2$. Das bedeutet: Um vom Punkt P zur Ebene E zu gelangen, muss das 2-Fache des Richtungsvektors abgetragen werden, also muss das 4-Fache dieses Vektors genommen werden, um zum Spiegelpunkt zu gelangen.

Setzt man also statt r = 2 den Wert r = 4 in die Parameterdarstellung der Lotgeraden ein, so erhält man P'(7|3|−2) als Spiegelpunkt.

G6 Nur eA: Den Abstand eines Punktes von einer Geraden berechnen.

Idee: Die kürzeste Entfernung eines Punktes P zu einer Geraden g ist durch das Lot vom Punkt auf die Gerade gegeben. Man untersucht also, bei welchem Parameterwert der Verbindungsvektor von P zu einem beliebigen Punkt X der Geraden orthogonal ist zum Richtungsvektor $\vec{u}$ der Geraden, und erhält so den Vektor $\overrightarrow{PF}$ zum Lotfußpunkt F. Die Länge der Strecke PF ist dann der gesuchte Abstand.

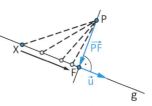

Allgemeine Darstellung des Verfahrens:

Gegeben sind $P(p_1|p_2|p_3)$ und $g: \vec{x} = \vec{a} + r \cdot \vec{u}$.

Es gilt: $(\vec{x} - \vec{p}) * \vec{u} = (\vec{a} - \vec{p} + r \cdot \vec{u}) * \vec{u} = 0 \Leftrightarrow (\vec{a} - \vec{p}) * \vec{u} + r \cdot \vec{u} * \vec{u} = 0 \Leftrightarrow r = \frac{(\vec{p} - \vec{a}) * \vec{u}}{|\vec{u}|^2}$.

Wenn man diesen Wert für r in die Parameterdarstellung von g einsetzt, erhält man die Koordinaten des Lotfußpunktes F. Um die Länge der Strecke PF zu bestimmen, bestimmt man den zugehörigen Vektor $\overrightarrow{PF} = (\vec{a} - \vec{p}) + r \cdot \vec{u}$ und berechnet dessen Länge.

Beispiele

(1) $P(3|1|1)$, $g: \vec{x} = \begin{pmatrix} 0 \\ -1 \\ 1 \end{pmatrix} + r \cdot \begin{pmatrix} 2 \\ 1 \\ 0 \end{pmatrix}$;

$(\vec{p} - \vec{a}) * \vec{u} = \begin{pmatrix} 3-0 \\ 1-(-1) \\ 1-1 \end{pmatrix} * \begin{pmatrix} 2 \\ 1 \\ 0 \end{pmatrix} = 8$; $\quad |\vec{u}|^2 = 5$; $\quad r = 1{,}6$

also $\overrightarrow{PF} = (\vec{a} - \vec{p}) + r \cdot \vec{u} = \begin{pmatrix} -3 \\ -2 \\ 0 \end{pmatrix} + 1{,}6 \cdot \begin{pmatrix} 2 \\ 1 \\ 0 \end{pmatrix} = \begin{pmatrix} 0{,}2 \\ -0{,}4 \\ 0 \end{pmatrix}$,

$|\overrightarrow{PF}| = \sqrt{0{,}2} \approx 0{,}447$.

(2) **Spiegelung des Punkts P an der Geraden g**
Wie die Zeichnung zeigt, ergibt sich der Spiegelpunkt P′, indem man im Fußpunkt F des Lotes den Vektor $\overrightarrow{PF}$ abträgt, also vom Punkt P aus das Zweifache dieses Vektors:

$\overrightarrow{OP'} = \overrightarrow{OF} + \overrightarrow{FP'} = \overrightarrow{OP} + 2 \cdot \overrightarrow{PF} = \begin{pmatrix} 3 \\ 1 \\ 1 \end{pmatrix} + 2 \cdot \begin{pmatrix} 0{,}2 \\ -0{,}4 \\ 0 \end{pmatrix} = \begin{pmatrix} 3{,}4 \\ 0{,}2 \\ 1 \end{pmatrix}$

Nur eA: Den Abstand zweier windschiefer Geraden berechnen.

Idee: Gesucht ist ein gemeinsames Lot der beiden Geraden. Der Abstand der beiden Geraden ist dann gleich der Entfernung der beiden Fußpunkte P und Q dieses Lotes.

Der Verbindungsvektor der beiden Punkte P und Q lässt sich mithilfe der beiden Parameterdarstellungen beschreiben:
g: $\vec{x} = \overrightarrow{OA} + r \cdot \vec{u}$ und h: $\vec{x} = \overrightarrow{OB} + s \cdot \vec{v}$.

Der Verbindungsvektor der beiden Punkte P und Q, die auf den Geraden g und h liegen, ist:
$\overrightarrow{PQ} = (\overrightarrow{OB} + s \cdot \vec{v}) - (\overrightarrow{OA} + r \cdot \vec{u}) = \overrightarrow{AB} + s \cdot \vec{v} - r \cdot \vec{u}$.

Die Bedingung an $\overrightarrow{PQ}$ ist, dass dieser sowohl orthogonal ist zu g als auch zu h:
$\overrightarrow{PQ} * \vec{u} = 0$ und $\overrightarrow{PQ} * \vec{v} = 0$, also
$(\overrightarrow{AB} + s \cdot \vec{v} - r \cdot \vec{u}) * \vec{u} = 0$ und $(\overrightarrow{AB} + s \cdot \vec{v} - r \cdot \vec{u}) * \vec{v} = 0$.

Dies ist ein lineares Gleichungssystem mit zwei Gleichungen sowie den Variablen r und s, das eindeutig lösbar ist (vgl. F12). Mit den so erhaltenen Werten für die Parameter r und s kann man den Vektor $\overrightarrow{PQ}$ und dann dessen Betrag berechnen.

Zusatz: Abstand zweier paralleler Geraden
Bei Parallelität geht man wie folgt vor: Man wählt den Stützvektor der einen Geraden und berechnet dann den Abstand dieses Punkts von der anderen Geraden (vgl. G6).

Beispiel

g: $\vec{x} = \begin{pmatrix} 2 \\ 1 \\ 1 \end{pmatrix} + r \cdot \begin{pmatrix} 1 \\ -1 \\ 2 \end{pmatrix}$ und h: $\vec{x} = \begin{pmatrix} 1 \\ 0 \\ 1 \end{pmatrix} + s \cdot \begin{pmatrix} -1 \\ 2 \\ 0 \end{pmatrix}$.

Für $\overrightarrow{PQ}$ gilt dann: $\overrightarrow{PQ} = \begin{pmatrix} -1 \\ -1 \\ 0 \end{pmatrix} + s \cdot \begin{pmatrix} -1 \\ 2 \\ 0 \end{pmatrix} - r \cdot \begin{pmatrix} 1 \\ -1 \\ 2 \end{pmatrix}$.

Die Orthogonalitätsbedingungen sind:

$\left(\begin{pmatrix} -1 \\ -1 \\ 0 \end{pmatrix} + s \cdot \begin{pmatrix} -1 \\ 2 \\ 0 \end{pmatrix} - r \cdot \begin{pmatrix} 1 \\ -1 \\ 2 \end{pmatrix} \right) * \begin{pmatrix} 1 \\ -1 \\ 2 \end{pmatrix} = 0 + s \cdot (-3) - r \cdot 6 = 0,$

$\left(\begin{pmatrix} -1 \\ -1 \\ 0 \end{pmatrix} + s \cdot \begin{pmatrix} -1 \\ 2 \\ 0 \end{pmatrix} - r \cdot \begin{pmatrix} 1 \\ -1 \\ 2 \end{pmatrix} \right) * \begin{pmatrix} -1 \\ 2 \\ 0 \end{pmatrix} = -1 + s \cdot 5 - r \cdot (-3) = 0.$

Das Gleichungssystem $-3s - 6r = 0 \wedge 5s + 3r = 1$ hat die Lösungen $r = -\frac{1}{7} \wedge s = \frac{2}{7}$;

$|\overrightarrow{PQ}| = \left\| \begin{pmatrix} -1 \\ -1 \\ 0 \end{pmatrix} + \frac{2}{7} \cdot \begin{pmatrix} -1 \\ 2 \\ 0 \end{pmatrix} - \left(-\frac{1}{7}\right) \cdot \begin{pmatrix} 1 \\ -1 \\ 2 \end{pmatrix} \right\| = \left\| \begin{pmatrix} -\frac{8}{7} \\ -\frac{4}{7} \\ \frac{2}{7} \end{pmatrix} \right\| = \sqrt{\frac{84}{49}} = \sqrt{\frac{12}{7}} \approx 1{,}309.$

G8 Nur eA: Das Vektorprodukt zur Berechnung von Dreiecksflächen und von Spatvolumina verwenden.

Mithilfe des Vektorprodukts kann man einen zu den beiden Vektoren $\vec{a}$ und $\vec{b}$ einen orthogonalen Vektor berechnen, vgl. Basiswissen F5.

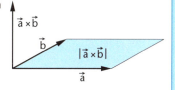

Das Vektorprodukt $\vec{a} \times \vec{b}$ hat folgende geometrische Eigenschaften:

(1) $\vec{a} \times \vec{b}$ ist orthogonal zu $\vec{a}$ und $\vec{b}$.

(2) Der Betrag des Vektorprodukts gibt den Flächeninhalt des von den Vektoren $\vec{a}, \vec{b}$ aufgespannten Parallelogramms an; es gilt nämlich:

$|\vec{a} \times \vec{b}| = |\vec{a}| \cdot |\vec{b}| \cdot \sin(\varphi)$, wobei φ der von $\vec{a}, \vec{b}$ aufgespannte Winkel ist.

(3) Folgerung: Für $\vec{a}, \vec{b} \neq \vec{o}$ gilt: $\vec{a} \times \vec{b} = \vec{o} \Leftrightarrow \vec{a}, \vec{b}$ sind Vielfache voneinander.

(4) Wegen der Eigenschaft $|\vec{a} \times \vec{b}| = |\vec{a}| \cdot |\vec{b}| \cdot \sin(\varphi)$ gibt der Betrag des Vektorprodukts den Flächeninhalt des von den Vektoren $\vec{a}, \vec{b}$ aufgespannten Parallelogramms an.

Für den Flächeninhalt des von den beiden Vektoren aufgespannten Dreiecks gilt daher: $A_{Dreieck} = \frac{1}{2} \cdot |\vec{a} \times \vec{b}|$.

(5) Für das Volumen eines von den Vektoren $\vec{a}, \vec{b}, \vec{c}$ aufgespannten Spats gilt:

$V = |(\vec{a} \times \vec{b}) * \vec{c}|$.

Der Vektor $\vec{a} \times \vec{b}$ steht orthogonal zu der von $\vec{a}, \vec{b}$ aufgespannten Grundfläche und sein Betrag ist gleich dem Flächeninhalt der Bodenfläche. Bildet man das Skalarprodukt von $\vec{a} \times \vec{b}$ mit dem Vektor $\vec{c}$, dann gilt:

$(\vec{a} \times \vec{b}) * \vec{c} = |\vec{a} \times \vec{b}| \cdot |\vec{c}| \cdot \cos(\varphi)$, wobei φ der Winkel zwischen $\vec{a} \times \vec{b}$ und $\vec{c}$ ist.

Der Betrag $|\vec{c}| \cdot \cos(\varphi)$ gibt gerade die Länge der Höhe des Spats an (orthogonale Projektion von $\vec{c}$ auf $\vec{a} \times \vec{b}$, vgl. Basiswissen G2).

Beispiele

(1) Die Vektoren $\vec{u} = \begin{pmatrix} 3 \\ 1 \\ 0 \end{pmatrix}$ und $\vec{v} = \begin{pmatrix} 2 \\ -1 \\ 4 \end{pmatrix}$ spannen ein Parallelogramm auf

mit dem Flächeninhalt: $|\vec{u} \times \vec{v}| = \left| \begin{pmatrix} 4 \\ -12 \\ -5 \end{pmatrix} \right| = \sqrt{16 + 144 + 25} = \sqrt{185} \approx 13{,}60$ FE.

Das von $\vec{u}$ und $\vec{v}$ aufgespannte Dreieck hat den Flächeninhalt $A = \frac{1}{2} \cdot |\vec{u} \times \vec{v}| \approx 6{,}80$ FE.

(2) Die Vektoren $\vec{a} = \begin{pmatrix} 1 \\ -2 \\ 1 \end{pmatrix}, \vec{b} = \begin{pmatrix} 3 \\ 1 \\ -2 \end{pmatrix}$ und $\vec{c} = \begin{pmatrix} 2 \\ -1 \\ 1 \end{pmatrix}$ spannen einen Spat auf.

Für das Volumen des Spats gilt:

$V = |(\vec{a} \times \vec{b}) * \vec{c}| = \left| \begin{pmatrix} 1 \\ -2 \\ 1 \end{pmatrix} \times \begin{pmatrix} 3 \\ 1 \\ -2 \end{pmatrix} \right| * \begin{pmatrix} 2 \\ -1 \\ 1 \end{pmatrix} = \left| \begin{pmatrix} 3 \\ 5 \\ 7 \end{pmatrix} * \begin{pmatrix} 2 \\ -1 \\ 1 \end{pmatrix} \right| = |6 - 5 + 7| = 8$ VE

Mittelwert und Stichprobenstreuung einer Häufigkeitsverteilung bestimmen.

(1) **Häufigkeitsverteilung**
Bei Erhebungen erfasst man, mit welchen **absoluten** oder **relativen Häufigkeiten** die verschiedenen möglichen **Ausprägungen** eines **Merkmals** auftreten. Eine Tabelle, in der jeder Ausprägung eines betrachteten Merkmals die relative Häufigkeit zugeordnet wird und in der die Summe der relativen Häufigkeiten 1 beträgt, wird als **Häufigkeitsverteilung** dieses Merkmals bezeichnet.
Die Häufigkeitsverteilung eines quantitativen Merkmals, also eines Merkmals, dessen Ausprägungen Zahlen sind, lässt sich durch Lage- und Streumaße charakterisieren.

(2) **Arithmetisches Mittel**
Das **arithmetische Mittel** $\bar{x}$ von m Merkmalswerten $x_1, x_2, ..., x_m$, erhält man, indem man die m Zahlen addiert und die Summe durch m teilt:
$$\bar{x} = \frac{1}{m} \cdot (x_1 + x_2 + ... + x_m) = \frac{1}{m} \sum_{i=1}^{m} x_i$$
Wenn die verschiedenen Merkmalswerte nicht nur einmal, sondern mit den absoluten Häufigkeiten $H(x_1), H(x_2), ..., H(x_m)$ auftreten, dann berechnet man zunächst die Gesamtzahl der Werte $n = H(x_1) + H(x_2) + ... + H(x_m)$ und hiermit dann das arithmetische Mittel:
$$\bar{x} = \frac{1}{n} \cdot [H(x_1) \cdot x_1 + H(x_2) \cdot x_2 + ... + H(x_m) \cdot x_m] = \frac{1}{n} \sum_{i=1}^{m} H(x_i) \cdot x_i$$
Sind statt der absoluten Häufigkeiten $H(x_1), H(x_2), ..., H(x_m)$ die relativen Häufigkeiten $h(x_1), h(x_2), ..., h(x_m)$ gegeben, dann berechnet sich das **arithmetische Mittel $\bar{x}$ der Häufigkeitsverteilung** nach der Formel
$$\bar{x} = h(x_1) \cdot x_1 + h(x_2) \cdot x_2 + ... + h(x_m) \cdot x_m = \sum_{i=1}^{m} h(x_i) \cdot x_i$$
Man bezeichnet $\bar{x}$ auch als **gewichtetes Mittel** der Merkmalswerte $x_1, x_2, ..., x_m$.

(3) **Streuung**
Die mittlere quadratische Abweichung der Daten einer Stichprobe vom Mittelwert $\bar{x}$ wird auch als **empirische Varianz $\bar{s}^2$** bezeichnet.
Für m einzelne Daten: $\bar{s}^2 = \frac{1}{m} \cdot [(x_1 - \bar{x})^2 + (x_2 - \bar{x})^2 + ... + (x_m - \bar{x})^2] = \frac{1}{m} \sum_{i=1}^{m} (x_i - \bar{x})^2$
Für eine Häufigkeitsverteilung mit relativen Häufigkeiten $h(x_1), h(x_2), ..., h(x_m)$ gilt entsprechend:
$$\bar{s}^2 = (x_1 - \bar{x})^2 \cdot h(x_1) + (x_2 - \bar{x})^2 \cdot h(x_2) + ... + (x_m - \bar{x})^2 \cdot h(x_m) = \sum_{i=1}^{m} (x_i - \bar{x})^2 \cdot h(x_i)$$
Die Wurzel $\bar{s}$ aus der empirischen Varianz wird als **empirische Standardabweichung** oder auch als **Stichprobenstreuung** bezeichnet.
Den Term für $\bar{s}^2$ kann man umformen und erhält eine vereinfachte Berechnungsformel:
$$\bar{s}^2 = \left[x_1^2 \cdot h(x_1) + x_2^2 \cdot h(x_2) + x_3^2 \cdot h(x_3) + ... + x_m^2 \cdot h(x_m) \right] - \bar{x}^2$$

H Beschreibende Statistik

(4) Perzentile, Quartile, Boxplots

Man kann das Streuverhalten einer Datenmenge auch dadurch beschreiben, dass Perzentile der Datenmenge bestimmt werden: Dazu ordnet man die Werte der Datenmenge und untersucht, welche Daten kleiner oder gleich einem bestimmten Anteil P % der gesamten Datenmenge sind.

Es ist auch üblich, für eine Datenmenge den kleinsten Wert (0 %-Perzentil), das untere Quartil (25 %-Perzentil), den Median (50 %-Perzentil), das obere Quartil (75 %-Perzentil) und den größten Wert (100 %-Perzentil) anzugeben und in Form eines sogenannten Boxplots darzustellen. Dann benutzt man den Median als Lagemaß und den Quartilabstand (= oberes Quartil – unteres Quartil) als Streuungsmaß für die Häufigkeitsverteilung.

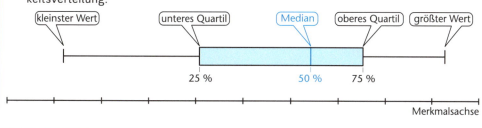

Beispiele

(1) In einem Kurs wurde erfasst, wie viele Schüler/innen Geschwister haben:

Anzahl k der Geschwister	0	1	2	3
absolute Häufigkeit H(k) der Schüler/innen mit k Geschwistern	11	9	4	1

Insgesamt sind in der Häufigkeitsverteilung mit absoluten Häufigkeiten $n = 11 + 9 + 4 + 1 = 25$ Daten erfasst; das arithmetische Mittel ist daher

$$\bar{x} = \frac{1}{25} \cdot (11 \cdot 0 + 9 \cdot 1 + 4 \cdot 2 + 1 \cdot 3) = \frac{20}{25} = 0{,}8.$$

Im Mittel haben die Schüler/innen des Kurses also 0,8 Geschwister.

(2) In einer großen Stichprobe wurde die Anzahl der nicht-volljährigen Kinder in Haushalten erfasst:

Anzahl k der Kinder	0	1	2	3	4	5
relative Häufigkeit h(k) der Familien mit k Kindern	48,3 %	21,1 %	21,3 %	6,9 %	1,8 %	0,6 %

Wäre dies beispielsweise eine Stichprobe vom Umfang $n = 1000$ gewesen, dann hätte man das arithmetische Mittel wie in (1) berechnen können:

$$\bar{x} = \frac{1}{1000} \cdot (483 \cdot 0 + 211 \cdot 1 + 213 \cdot 2 + 69 \cdot 3 + 18 \cdot 4 + 6 \cdot 5)$$

$$= \frac{946}{1000} = 0{,}946.$$

Im Mittel sind in den erfassten Haushalten etwa 0,95 Kinder. Die empirische Standardabweichung $\bar{s}$ beträgt hier ungefähr 1,1.

Mehrstufige Zufallsversuche mithilfe von Baumdiagrammen beschreiben.

Mehrstufige Zufallsversuche lassen sich mithilfe eines Baumdiagramms darstellen. Zu jedem möglichen Ergebnis des Zufallsversuchs gehört ein **Pfad** im Baumdiagramm. Je nach Fragestellung kann es sinnvoll sein, mehrere Ergebnisse zu einem Ereignis zusammenzufassen und nur ein **reduziertes Baumdiagramm** zu zeichnen.

Beispiel *Dreifaches Würfeln*

Interessiert man sich beim dreifachen Würfeln nur dafür, ob Augenzahl 6 auftritt, so ist die Darstellung in einem reduzierten Baumdiagramm zweckmäßig, in dem die Ergebnisse Augenzahl 1, 2, 3, 4, 5 zum Ereignis *Keine 6* zusammengefasst werden.

Betrachtet man das Ereignis *Mindestens eine 6 in drei Würfen*, so kann man das zugehörige Baumdiagramm noch weiter reduzieren und die Pfade nur jeweils beim Ereignis *keine 6* weiter fortsetzen.

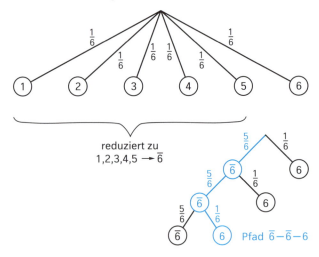

  Wahrscheinlichkeiten mithilfe der Pfadregeln berechnen.

Zur Berechnung von Pfadwahrscheinlichkeiten dienen die folgenden Regeln:

- **Pfadmultiplikationsregel:** Die Wahrscheinlichkeit eines Pfades ist gleich dem Produkt der Wahrscheinlichkeiten längs dieses Pfades.
- **Pfadsummenregel:** Gehören zu einem Ereignis mehrere Pfade, so ist die Wahrscheinlichkeit des Ereignisses gleich der Summe der Wahrscheinlichkeiten aller zum Ereignis gehörenden Pfade. Die Summe der Wahrscheinlichkeiten nach einer Verzweigung ist immer gleich 1.
- **Komplementärregel:** Kennt man die Wahrscheinlichkeit eines Ereignisses E, so kennt man auch die Wahrscheinlichkeit des Gegenereignisses $\overline{E}$:
  $P(\overline{E}) + P(E) = 1$, also gilt $P(\overline{E}) = 1 - P(E)$.

Beispiel Dreifaches Würfeln (Fortsetzung)

Komplementärregel: Das Gegenereignis zu E: *Mindestens einmal 6 in drei Würfen* ist $\overline{E}$: *Keine 6 in drei Würfen*. Damit ergibt sich für die Wahrscheinlichkeit von E:

$P(E) = 1 - P(\overline{E}) = 1 - \left(\frac{5}{6}\right)^3 = 1 - \frac{125}{216} = \frac{91}{216}$.

Hinweis: In Aufgabenstellungen, in denen das Wort „mindestens" vorkommt, kann man oft die Komplementärregel anwenden.

  I3 Bedingte Wahrscheinlichkeiten mithilfe von Vierfeldertafeln oder umgekehrten Baumdiagrammen bestimmen.

In einer **Vierfeldertafel** wird erfasst, mit welchen absoluten oder relativen Häufigkeiten zwei Merkmalsausprägungen zweier Merkmale auftreten und in welcher Kombination dies geschieht. Besitzt ein Merkmal mehr als zwei interessierende Ausprägungen, so wird die Vierfeldertafel zu einer **Mehrfeldertafel** erweitert.
Die Daten aus der Vierfeldertafel lassen sich auf zwei Arten in einem zweistufigen Baumdiagramm wiedergeben (auf der 1. Stufe wird das eine, auf der 2. Stufe das andere Merkmal betrachtet).
Umgekehrt lassen sich mit den Daten aus einem Baumdiagramm sowohl eine Vierfeldertafel als auch das andere **(„umgekehrte") Baumdiagramm** entwickeln.

Beispiel Wahlanalyse

Bei einer Wahl in einer Stadt treten drei Kandidaten X, Y, Z an. Es wird in zwei Bezirken, der Oberstadt (O) und der Unterstadt (U) gewählt. Die Daten werden aufgeschlüsselt in einer Mehrfeldertafel dargestellt. Anstelle der absoluten Häufigkeiten könnten auch relative Häufigkeiten (h) angegeben werden.

Wahl	X	Y	Z	gesamt
O	$H(X \cap O)$ = 1400	$H(Y \cap O)$ = 1100	$H(Z \cap O)$ = 500	$H(O)$ = 3000
U	$H(X \cap U)$ = 600	$H(Y \cap U)$ = 700	$H(Z \cap U)$ = 700	$H(U)$ = 2000
gesamt	$H(X)$ = 2000	$H(Y)$ = 1800	$H(Z)$ = 1200	$H(\Omega)$ = 5000

Da keiner der drei Kandidaten eine absolute Mehrheit der Stimmen erreichen konnte, wird in einem weiteren Wahlgang eine Stichwahl zwischen X und Y durchgeführt

Wahl nach Bezirken

Vierfeldertafel

Wahl	X	Y	ges.
O	$h(X \cap O)$ = 35%	$h(Y \cap O)$ = 25%	$h(O)$ = 60%
U	$h(X \cap U)$ = 18%	$h(Y \cap U)$ = 22%	$h(U)$ = 40%
ges.	$h(X)$ = 53%	$h(Y)$ = 47%	$h(\Omega)$ = 1

Wahl nach Kandidaten

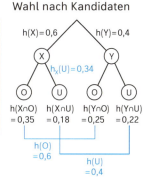

Wählt man irgendeine Person zufällig aus der betrachteten Gesamtheit aus, so lassen sich die relativen Häufigkeiten als Wahrscheinlichkeiten auffassen. Bei den Darstellungen in den Vier- oder Mehrfeldertafeln sowie den Baumdiagrammen ändert sich dann nur die Bezeichnung (P(X) statt h(X) usw.)

Hinweis: Die Wahrscheinlichkeiten auf der 2. Stufe der Baumdiagramme sind **bedingte Wahrscheinlichkeiten,** die nicht mit den Pfadwahrscheinlichkeiten verwechselt werden dürfen! Bedingte Wahrscheinlichkeiten lassen sich mithilfe der Pfadregeln aus dem Baumdiagramm ermitteln oder als Quotienten innerhalb der Zeilen oder Spalten der zugehörigen Vier- oder Mehrfeldertafeln.

Für die Wahrscheinlichkeit, dass jemand aus der Oberstadt Kandidat Y gewählt hat, gilt beispielsweise:

$P(O) \cdot P_O(Y) = P(O \cap Y)$, also $P_O(Y) = \frac{P(O \cap Y)}{P(O)} = \frac{0{,}25}{0{,}6} = 0{,}41\overline{6} \approx 42\%$.

Für die Wahrscheinlichkeit, dass jemand, der Kandidat X gewählt hat, in der Unterstadt lebt, gilt:

$P(X) \cdot P_X(U) = P(X \cap U)$, also $P_X(U) = \frac{P(X \cap U)}{P(X)} = \frac{0{,}18}{0{,}53} \approx 0{,}3396 \approx 34\%$.

  Zusatz: Bedingte Wahrscheinlichkeiten mithilfe des Satzes von BAYES bestimmen.

Ist A ein Ereignis, das von Interesse ist, und B eine Bedingung, unter der man das Ereignis A betrachtet, dann kann man die bedingte Wahrscheinlichkeit $P_B(A)$ für das **Ereignis A unter der Bedingung B** mithilfe des Satzes von BAYES unmittelbar berechnen:

$P(B) = P(A \cap B) + P(\overline{A} \cap B) = P(A) \cdot P_A(B) + P(\overline{A}) \cdot P_{\overline{A}}(B)$, also

$P_B(A) = \frac{P(A \cap B)}{P(B)} = \frac{P(A) \cdot P_A(B)}{P(A) \cdot P_A(B) + P(\overline{A}) \cdot P_{\overline{A}}(B)}$.

Beispiel *Wahlanalyse (Fortsetzung)*

Hinweis: Mithilfe dieser Formel des Satzes von BAYES kann man bedingte Wahrscheinlichkeiten direkt berechnen, ohne auf die in I3 verwendeten Darstellungsformen (Vierfeldertafel oder Baumdiagramm) zurückzugreifen.

Gegebene Infos: $P(O) = 0{,}6$; $P(U) = 0{,}4$; $P_O(Y) = 0{,}42$, also $P_O(X) = 0{,}58$; $P_U(X) = \frac{0{,}18}{0{,}4} = 0{,}45$, also $P_U(Y) = 0{,}55$.

Gesucht wird die bedingte Wahrscheinlichkeit, dass ein Wähler von Kandidat X aus der Unterstadt kommt.

Nach der Formel des Satzes von BAYES gilt:

$P_X(U) = \frac{P(X \cap U)}{P(X)} = \frac{P(U) \cdot P_U(X)}{P(X \cap U) + P(X \cap O)} = \frac{P(U) \cdot P_U(X)}{(P(U) \cdot P_U(X) + P(O) \cdot P_O(X))} = \frac{0{,}4 \cdot 0{,}45}{0{,}4 \cdot 0{,}45 + 0{,}6 \cdot 0{,}58} \approx 0{,}34 = 34\%$.

Die Wähler von Kandidat X kommen aus der Unterstadt und der Oberstadt. Fasst man diese Anteile zusammen, dann spricht man von der totalen Wahrscheinlichkeit für das Ereignis X:

$P(X) = P(X \cap U) + P(X \cap O) = P(U) \cdot P_U(X) + P(O) \cdot P_O(X) = 0{,}53$.

Wahrscheinlichkeitsverteilungen einer (diskreten) Zufallsgröße bestimmen.

Zufallsgrößen sind Funktionen, die jedem Ergebnis eines Zufallsversuchs eine (reelle) Zahl zuordnen. Ist die Anzahl der Funktionswerte dieser Funktion endlich, z. B. k = 0, 1, 2, …, n (oder abzählbar unendlich, z. B. k = 1, 2, 3, …), so spricht man von einer **diskreten Zufallsgröße**.

Wahrscheinlichkeitsverteilungen sind Funktionen, durch die den möglichen Werten einer Zufallsgröße Wahrscheinlichkeiten zugeordnet werden. Elementare Wahrscheinlichkeitsverteilungen kann man als Liste oder in Form einer Tabelle notieren.
Besondere Wahrscheinlichkeitsverteilungen (wie die Binomialverteilung in J3), die gewissen Gesetzmäßigkeiten genügen, lassen sich auch mithilfe eines Funktionsterms beschreiben.

Die Summe aller Wahrscheinlichkeiten einer Wahrscheinlichkeitsverteilung muss immer 1 ergeben.

Beispiel *Glücksrad*

Wenn das rechts abgebildete Glücksrad anhält, dann weist der Zeiger auf einen der Sektoren mit der Beschriftung 0, 1, 2 oder 3. Mögliche Werte („Realisierungen") der Zufallsgröße sind also die in den Sektoren aufgeführten Zahlenwerte k = 0, 1, 2, 3.
Im Sachkontext könnte dies etwa bedeuten: Ist X: *Ausgezahlter Betrag (in €)*, dann entspricht dies je nach Ergebnis einer Auszahlung von 0 €, 1 €, 2 € oder 3 €.

k	P(X = k)
0	$\frac{4}{10}$
1	$\frac{3}{10}$
2	$\frac{2}{10}$
3	$\frac{1}{10}$

Die in der Tabelle enthaltene Zuordnung *Werte der Zufallsgröße → zugehörige Wahrscheinlichkeit* ist eine Wahrscheinlichkeitsverteilung, denn es gilt:

$P(X = 0) + P(X = 1) + P(X = 2) + P(X = 3) = \frac{4}{10} + \frac{3}{10} + \frac{2}{10} + \frac{1}{10} = 1.$

Hinweis: Ein Beispiel für eine diskrete Zufallsgröße mit abzählbar unendlich vielen möglichen Werten in diesem Sachzusammenhang ist die Zufallsgröße Y: *Anzahl der Drehungen des Glücksrads bis zum ersten Anhalten beim Sektor „3"*; denn die „3" kann zum ersten Mal bei der 1., 2., 3., … Drehung auftreten.

k	1	2	3	4	…
P(Y = k)	$\frac{1}{10}$	$\frac{9}{10} \cdot \frac{1}{10}$	$\left(\frac{9}{10}\right)^2 \cdot \frac{1}{10}$	$\left(\frac{9}{10}\right)^3 \cdot \frac{1}{10}$	…

Kenngrößen (Erwartungswert, Varianz und Standardabweichung) einer (diskreten) Zufallsgröße berechnen.

Der **Erwartungswert E(X) einer Zufallsgröße** ist der gewichtete Mittelwert aller Werte $a_1, a_2, ..., a_n$, welche die Zufallsgröße annehmen kann. Statt E(X) ist auch die Bezeichnung μ üblich:

$$E(X) = \mu = a_1 \cdot P(X = a_1) + a_2 \cdot P(X = a_2) + ... + a_n \cdot P(X = a_n) = \sum_{i=1}^{n} a_i \cdot P(X = a_i).$$

Die **Varianz V(X) einer Zufallsgröße** ist die mittlere quadratische Abweichung der Werte $a_1, a_2, ..., a_n$ der Zufallsgröße vom Erwartungswert der Zufallsgröße:

$$V(X) = (a_1 - \mu)^2 \cdot P(X = a_1) + (a_2 - \mu)^2 \cdot P(X = a_2) + ... + (a_n - \mu)^2 \cdot P(X = a_n)$$

$$= \sum_{i=1}^{n} (a_i - \mu)^2 \cdot P(X = a_i).$$

Dies kann auch notiert werden in der Form **V(X) = E((X − E(X))²)** (= Erwartungswert der quadratischen Abweichungen vom Erwartungswert).

Die Quadratwurzel aus der Varianz heißt **Standardabweichung** σ der Zufallsgröße X:

$\sigma = \sqrt{V(X)}$.

Für besondere Wahrscheinlichkeitsverteilungen (wie beispielsweise die Binomialverteilung, vgl. **J3**) gibt es einfache Formeln zur Berechnung dieser Kenngrößen.

Beispiel *Glücksrad (Fortsetzung)*

$E(X) = 0 \cdot P(X = 0) + 1 \cdot P(X = 1) + 2 \cdot P(X = 2) + 3 \cdot P(X = 3) = 0 \cdot \frac{4}{10} + 1 \cdot \frac{3}{10} + 2 \cdot \frac{2}{10} + 3 \cdot \frac{1}{10} = 1$.

Der Erwartungswert der Zufallsgröße X: *Ausgezahlter Betrag (in €)* ist 1.

Ein Glücksspiel, bei dem die erwartete Auszahlung dem Spieleinsatz entspricht, wird als **fair** bezeichnet.

Ein fairer Einsatz für das Drehen des Glücksrads wäre also 1 €.

$V(X) = \sum_{i=0}^{3} (i - 1)^2 \cdot P(X = i) = (-1)^2 \cdot \frac{4}{10} + 0^2 \cdot \frac{3}{10} + 1^2 \cdot \frac{2}{10} + 2^2 \cdot \frac{1}{10} = 1$, $\sigma = \sqrt{V(X)} = \sqrt{1} = 1$.

Varianz und Standardabweichung sind bei diesem Glücksrad ebenfalls 1.

J3 Wesentliche Eigenschaften von BERNOULLI-Versuchen erläutern und Wahrscheinlichkeiten von Ereignissen mithilfe der BERNOULLI-Formel oder der Optionen eines TR bestimmen.

Ein Zufallsversuch wird als **BERNOULLI-Versuch** bezeichnet, wenn folgende Bedingungen erfüllt sind:
(1) Man entscheidet nur, ob ein bestimmtes Ergebnis („Erfolg") eintritt oder nicht („Misserfolg"), d. h., bei einem BERNOULLI-Versuch betrachtet man immer nur zwei mögliche Ausgänge.
(2) Ob auf einer Stufe ein Erfolg oder ein Misserfolg auftritt, hängt nicht von den Ergebnissen anderer Stufen ab, so dass sich bei einer Wiederholung des Versuchs die Wahrscheinlichkeit für einen Erfolg nicht verändert.

Die Erfolgswahrscheinlichkeit wird üblicherweise mit p bezeichnet; die Misserfolgswahrscheinlichkeit mit $q = 1 - p$.

Zu einem n-stufigen BERNOULLI-Versuch (BERNOULLI-Kette) gehört die Zufallsgröße X: *Anzahl der Erfolge*. Diese gibt also an, auf wie vielen Stufen des n-stufigen Zufallsversuchs ein Erfolg aufgetreten ist. Mögliche Werte der Zufallsgröße sind 0, 1, …, n.

Das Baumdiagramm einer n-stufigen BERNOULLI-Kette enthält insgesamt 2^n Pfade, da es auf jeder der n Stufen jeweils zwei Verzweigungen gibt.

Die Wahrscheinlichkeitsverteilung der Zufallsgröße X: *Anzahl der Erfolge* wird als **Binomialverteilung** bezeichnet.

Die Wahrscheinlichkeit für genau k Erfolge in n Versuchen kann mithilfe der sog. **BERNOULLI-Formel** berechnet werden:
$P(X = k) = \binom{n}{k} \cdot p^k \cdot (1-p)^{n-k}$.

Der Binomialkoeffizient $\binom{n}{k}$ („n über k") gibt die Anzahl der Möglichkeiten an, dass in insgesamt n Versuchen k Erfolge auftreten.

Für die Berechnung des Binomialkoeffizienten gilt:
$\binom{n}{k} = \dfrac{n!}{k! \cdot (n-k)!} = \dfrac{n \cdot (n-1) \cdot \ldots \cdot (n-k+1)}{k \cdot (k-1) \cdot \ldots \cdot 2 \cdot 1}$

Beispiel 1 *BERNOULLI-Ketten erkennen und berechnen*

Typische Zufallsversuche, die man als BERNOULLI-Versuche modellieren kann, sind
(1) Münzwürfe (dabei ist es egal, welche Seite man als Erfolg ansieht und ob die Münze evtl. gezinkt ist),
(2) Ziehen mit Zurücklegen aus einer Urne mit Kugeln oder einem gemischten Kartenstapel – es muss gewährleistet sein, dass vor jeder Ziehung die gleichen Voraussetzungen bestehen,
(3) mehrfaches Drehen eines Glücksrads,
(4) Werfen einer bestimmten Augenzahl mit einem Würfel.

Betrachtet man beim Würfeln z. B. das Auftreten der Augenzahl 6 als Erfolg, so gilt jedes der übrigen Würfelergebnisse als Misserfolg. Da der Würfel „kein Gedächtnis hat", geht man also davon aus, dass sich während des Würfelns die Erfolgswahrscheinlichkeit $p = \frac{1}{6}$ nicht verändert, d. h., es handelt sich also um einen BERNOULLI-Versuch.

Beim 5-fachen Würfeln ist die Zufallsgröße X: *Anzahl der Sechsen* binomialverteilt mit den Parametern n = 5 und p = $\frac{1}{6}$.

Die Wahrscheinlichkeit für k = 0, 1, ..., 5 Erfolge (Sechsen) ist P(X = k) = $\binom{5}{k} \cdot \left(\frac{1}{6}\right)^k \cdot \left(\frac{5}{6}\right)^{(5-k)}$.

P(X = 0) = $\binom{5}{0} \cdot \left(\frac{1}{6}\right)^0 \cdot \left(\frac{5}{6}\right)^5 - 0 = \left(\frac{5}{6}\right)^5 \approx 0{,}402$

P(X = 1) = $\binom{5}{1} \cdot \left(\frac{1}{6}\right)^1 \cdot \left(\frac{5}{6}\right)^4 = 5 \cdot \frac{1}{6} \cdot \left(\frac{5}{6}\right)^4 \approx 0{,}402$

P(X = 2) = $10 \cdot \frac{1}{36} \cdot \left(\frac{5}{6}\right)^3 \approx 0{,}161$

P(X = 3) = $\binom{5}{3} \cdot \left(\frac{1}{6}\right)^3 \cdot \left(\frac{5}{6}\right)^2 \approx 0{,}032$

P(X = 4) = $\binom{5}{4} \cdot \left(\frac{1}{6}\right)^4 \cdot \left(\frac{5}{6}\right)^1 \approx 0{,}0032$

P(X = 5) = $\binom{5}{5} \cdot \left(\frac{1}{6}\right)^5 \cdot \left(\frac{5}{6}\right)^0 = \left(\frac{1}{6}\right)^5 \approx 0{,}00013$

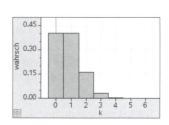

Zeichnet man ein vollständiges Baumdiagramm zu diesem 5-stufigen BERNOULLI-Versuch, dann besteht dieses aus $2^5 = 32$ Pfaden. Davon enthalten z. B. $\binom{5}{2} = 10$ der 32 Pfade genau zweimal eine „6" (nämlich auf den Stufen (1 und 2) oder (1 und 3) oder (1 und 4) oder (1 und 5) oder (2 und 3) oder (2 und 4) oder (2 und 5) oder (3 und 4) oder (3 und 5) oder (4 und 5).

Beispiel 2 *Wahrscheinlichkeiten bei Binomialverteilungen mit dem GTR bestimmen*

Bei Menschen unterscheidet man die Blutgruppen 0, A, B sowie AB. In Deutschland haben etwa 41 % der Menschen Blutgruppe 0 und gelten damit als „Universal-Spender".

An einem Aktionstag kommen 80 Spender in ein Blutspendezentrum, was wie folgt als 80-stufiger BERNOULLI-Versuch modelliert werden kann: Die Zufallsgröße X: *Anzahl der Blutspender mit Blutgruppe 0* kann als binomialverteilt angesehen werden mit den Parametern n = 80 und p = 0,41.

Die Berechnung der Wahrscheinlichkeiten verschiedener Ereignisse kann mit dem TR erfolgen:
- Genau 25 Spender haben Blutgruppe 0:
  P(X = 25) ≈ 1,9 %
- Höchstens 20 Spender haben Blutgruppe 0:
  P(X ≤ 20) ≈ 0,2 %
- Mindestens 30 Spender haben Blutgruppe 0:
  P(X ≥ 30) ≈ 77,2 %
- Mehr als 31, aber weniger als 39 Spender haben
  Blutgruppe 0: P(31 < X < 39) = P(32 ≤ X ≤ 38) ≈ 51,6 %

```
binomPdf(80,0.41,25)        0.018917
binomCdf(80,0.41,0,20)      0.002061
binomCdf(80,0.41,30,80)     0.772405
binomCdf(80,0.41,32,38)     0.515536
```

Hinweis: Eine Modellierung mithilfe einer Binomialverteilung könnte in diesem Beispiel problematisch sein, wenn man nicht ausschließen kann, dass unter den erfassten Personen auch miteinander verwandte Personen sind, die – nicht zufällig – gleiche Blutgruppen besitzen.

Beispiel 3 *Modellierungen unter Verwendung des Binomialmodells*

Im Sachzusammenhang muss stets geprüft werden, ob bei einem Vorgang eventuell ein *Ziehen ohne Zurücklegen* vorliegt:
Beim Ziehen aus einer Lostrommel mit n Losen, von denen k Gewinne sind, verändert sich nach jeder Ziehung die Anzahl der Lose und der Anteil der Gewinnlose. In einem Baumdiagramm wird dies dadurch deutlich, dass sich die Wahrscheinlichkeiten auf jeder Stufe ändern. Die Modellierung muss hier mithilfe der sog. **hypergeometrischen Verteilung** erfolgen.
Wenn jedoch das Verhältnis Umfang der Grundgesamtheit zum Umfang der Stichprobe groß ist, können Wahrscheinlichkeiten näherungsweise mithilfe des Modells *Ziehen mit Zurücklegen*, also mit einem Binomialansatz, berechnet werden.

Man gewinnt bei einem Glücksrad mit Wahrscheinlichkeit $p = 0{,}1$. X: *Anzahl der Gewinne* (Modell: Binomialverteilung)	2 von 20 Losen sind Gewinnlose (also 10 %), n = 3 Lose werden gekauft X: *Anzahl der Gewinne* (Ziehen ohne Zurücklegen)	20 von 200 Losen sind Gewinnlose (also 10 %), n = 3 Lose werden gekauft X: *Anzahl der Gewinne* (Ziehen ohne Zurücklegen)
$P(X = 0) \approx 72{,}9\%$	$P(X = 0) \approx 71{,}6\%$	$P(X = 0) \approx 72{,}8\%$
$P(X = 1) \approx 24{,}3\%$	$P(X = 1) \approx 26{,}8\%$	$P(X = 1) \approx 24{,}5\%$
$P(X = 2) \approx 2{,}7\%$	$P(X = 2) \approx 1{,}6\%$	$P(X = 2) \approx 2{,}6\%$
$P(X = 3) \approx 0{,}1\%$	$P(X = 3) = 0{,}0\%$	$P(X = 3) \approx 0{,}09\%$

  Mindestwerte von n bzw. von p zu einer vorgegebenen Mindestwahrscheinlichkeit ermitteln.

Häufig interessiert man sich für Fragestellungen der folgenden Art:
(1) Wie oft muss ein BERNOULLI-Versuch mindestens durchgeführt werden, damit mit einer Mindestwahrscheinlichkeit M mindestens ein Erfolg eintritt?
(2) Wie groß muss die Erfolgswahrscheinlichkeit p eines BERNOULLI-Versuchs mindestens sein, damit in n Versuchen mit einer Mindestwahrscheinlichkeit M mindestens ein Erfolg eintritt?
(3) Wie oft muss ein BERNOULLI-Versuch mindestens durchgeführt werden, damit mit einer Mindestwahrscheinlichkeit M mindestens k Erfolge eintreten?

Als Ansatz für die Lösung der Fragestellungen (1) und (2) wird die Komplementärregel **12** angewandt:
Das Gegenereignis von *Mindestens ein Erfolg* ist das Ereignis *Kein Erfolg*, d. h., statt der Wahrscheinlichkeit $P(X \geq 1)$ wird $P(X = 0) = (1 - p)^n = q^n$ betrachtet.
Aus $P(X \geq 1) \geq M$, also $1 - P(X = 0) \geq M$ und somit $(1 - p)^n \leq 1 - M$ folgt

bei (1): $n \geq \dfrac{\log(1 - M)}{\log(1 - p)}$ und bei (2): $p \geq 1 - \sqrt[n]{1 - M}$.

Aufgaben vom Typ (3) müssen durch systematische Suche mithilfe des TR gelöst werden.

Beispiel 1 *Mindestversuchszahl n für mindestens einen Erfolg*

Eine ältere Maschine arbeitet nicht mehr ganz präzise, so dass 3% der Werkstücke mit Mängeln behaftet sind. Gesucht ist die Anzahl an Werkstücken, die mindestens geprüft werden muss, um mit mindestens M = 99%iger Wahrscheinlichkeit mindestens ein mangelhaftes Werkstück zu finden.

X: *Anzahl der mangelhaften Werkstücke* ist binomialverteilt mit p = 0,03 und es soll gelten $P(X \geq 1) \geq 0{,}99$.

Durch Anwenden der Komplementärregel wird hieraus $P(X = 0) = (1 - p)^n \leq 0{,}01 = 1 - M$, also $n \geq \frac{\log(0{,}01)}{\log(0{,}97)} \approx 151{,}2$. Dabei spielt es keine Rolle, welche Logarithmusfunktion verwendet wird.

Antwort: Es müssen also mindestens 152 Werkstücke geprüft werden, um mit mindestens 99%iger Wahrscheinlichkeit mindestens ein mangelhaftes Werkstück zu finden.
Der TR bietet verschiedene Lösungsmöglichkeiten:

Rechnung, Gleichungslöser   Tabellarische Lösung   Graphische Lösung

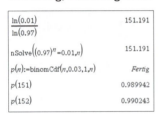 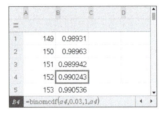 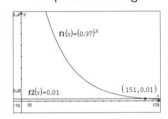

Beispiel 2 *Mindesterfolgswahrscheinlichkeit p für mindestens einen Erfolg*

Überraschungskalender mit 24 Türchen werden industriell zufällig mit Täfelchen verschiedener Schokoladensorten befüllt. Gesucht ist die Mindesterfolgswahrscheinlichkeit p, mit der eine bestimmte Sorte in dem Vorratsbehälter enthalten sein muss, damit diese Sorte mit mindestens M = 95 %iger Wahrscheinlichkeit mindestens einmal im Kalender zu finden ist.
X: *Anzahl der Schokotäfelchen einer bestimmten Sorte* ist binomialverteilt mit $n=24$, $P(X \geq 1) \geq 0{,}95$.

Mit der Komplementärregel ist $P(X = 0) = (1 - p)^n \leq 0{,}05 = 1 - M$, also $p \geq 1 - \sqrt[24]{0{,}05} \approx 11{,}73\,\%$.

In dem Vorratsbehälter, aus dem die Schokotäfelchen zufällig zum Füllen der Überraschungskalender entnommen werden, muss die bestimmte Sorte also mindestens mit einem Anteil von 11,8 % enthalten sein, damit mit mindestens 95%iger Wahrscheinlichkeit mindestens ein Schokotäfelchen der Sorte im 24er-Kalender zu finden ist.
Der TR bietet auch hier verschiedene Lösungsmöglichkeiten:

Rechnung, Gleichungslöser   Tabelle/Intervallschachtelung   Graphische Lösung

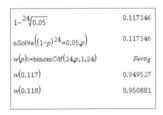 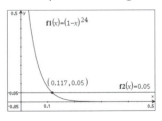

Beispiel 3 *Berechnung für mindestens k Erfolge*

Für eine Erhebung werden 500 Personen benötigt; erfahrungsgemäß sind jedoch nur 75 % der befragten Personen zu Auskünften bereit. Gesucht ist die Anzahl der Personen, die befragt werden sollte, um mit mindestens M = 95%iger Wahrscheinlichkeit mindestens 500 auskunftsbereite Personen zu finden.

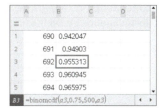

X: *Anzahl auskunftsbereiter Personen* ist binomialverteilt mit
p = 0,75; k ≥ 500; $P_n(X \geq 500) \geq 0{,}95 = M$.

Aus der Wertetabelle der Binomialverteilung kann man ablesen:
$P_{691}(X \geq 500) \approx 0{,}949 < 0{,}95$ und $P_{692}(X \geq 500) \approx 0{,}955 > 0{,}95$.

Es müssen also mindestens 692 Personen befragt werden.

  Die Kenngrößen Erwartungswert, Varianz und Standardabweichung einer binomialverteilten Zufallsgröße berechnen.

Die Verteilung einer binomialverteilten Zufallsgröße X: *Anzahl der Erfolge* wird durch die Kenngrößen Erwartungswert E(X), Varianz V(X) und Standardabweichung σ charakterisiert. Die Berechnung dieser Kenngrößen kann mithilfe einfacher Formeln erfolgen:

$E(X) = \mu = n \cdot p, \quad V(X) = \sigma^2 = n \cdot p \cdot (1 - p)$, also $\sigma = \sqrt{n \cdot p \cdot (1 - p)}$.

Die Standardabweichung ist ein Maß für die Streuung der Werte um den Erwartungswert. Im Vergleich zur Versuchszahl n wächst σ weniger stark (nämlich mit $\sqrt{n}$) an, d. h., bei einer Vervierfachung der Versuchszahl wird die „Breite" der Streuung nur etwa doppelt so breit.

Beispiel 1 *Berechnung der Kenngrößen einer binomialverteilten Zufallsgröße*

Beim 100-fachen Münzwurf zählt die Zufallsgröße X: *Anzahl der Wappen*.
X ist also binomialverteilt mit n = 100 und p = 0,5. Es gilt also:

$E(X) = \mu = n \cdot p = 100 \cdot 0{,}5 = 50$; $V(X) = n \cdot p \cdot (1 - p) = 100 \cdot 0{,}5 \cdot 0{,}5 = 25$; $\sigma = \sqrt{25} = 5$.

Die Wahrscheinlichkeit, dass die Anzahl der Wappen um höchstens zwei Standardabweichungen vom Erwartungswert abweicht, beträgt:
$P(\mu - 2\sigma \leq X \leq \mu + 2\sigma) = P(40 \leq X \leq 60) \approx 0{,}9648$.

Hinweis: Falls σ > 3, darf nach der sog. **LAPLACE-Faustregel** auch die Normalverteilung zur Approximation der Binomialverteilung genutzt werden (vgl. J7).

Beispiel 2 *Bestimmung der Parameter n und p einer Binomialverteilung aus gegebenen Kenngrößen μ und σ*

Aus den Angaben über die Kenngrößen einer Binomialverteilung μ = 25,2 und σ = 17,64 kann man die zugrundeliegenden Parameter n und p erschließen:

Aus $\mu = n \cdot p$ und $\sigma = n \cdot p \cdot (1 - p) = \mu \cdot (1 - p)$ folgt $\frac{\sigma}{\mu} = \frac{17{,}64}{25{,}2} = 0{,}7 = 1 - p$, also p = 0,3,
und weiter $n = \frac{\mu}{p} = \frac{25{,}2}{0{,}3} = 84$.

J6 Wahrscheinlichkeiten normalverteilter Zufallsgrößen bestimmen.

Eine Funktion f heißt **Dichtefunktion einer stetigen Zufallsgröße X**, wenn folgende Eigenschaften erfüllt sind:

(1) Für alle $x \in \mathbb{R}$ gilt: $f(x) \geq 0$. (2) $P(a \leq X \leq b) = \int_a^b f(x)\,dx$ (3) $\int_{-\infty}^{+\infty} f(x)\,dx = 1$

Eine stetige Zufallsgröße X heißt **normalverteilt** mit den Parametern μ und σ, wenn ihre zugehörige Dichtefunktion $\varphi_{\mu,\sigma}$ gegeben ist durch

$$\varphi_{\mu,\sigma}(x) = \frac{1}{\sigma \cdot \sqrt{2\pi}} \cdot \exp\left(-\frac{1}{2} \cdot \left(\frac{x-\mu}{\sigma}\right)^2\right).$$

Die Dichtefunktion für den Sonderfall $\mu = 0$ und $\sigma = 1$ wird auch als GAUSS'sche Dichtefunktion φ oder Dichtefunktion der Standard-Normalverteilung bezeichnet; sie ist definiert durch $\varphi(x) = \frac{1}{\sqrt{2\pi}} \cdot e^{-\frac{x^2}{2}}$.

Beispiel 1 *Wahrscheinlichkeitsberechnungen*

Die Körpergröße kann näherungsweise mithilfe einer normalverteilten Zufallsgröße modelliert werden. Im Rahmen eines Mikrozensus ergab sich für die Körpergröße von 18- bis 20-jährigen Frauen ein Mittelwert von 1,68 m bei einer Standardabweichung von 6,5 cm.

X: *Körpergröße 18- bis 20-jähriger Frauen (in cm)* ist normalverteilt mit $\mu = 168$ und $\sigma = 6,5$.

Dann gilt für die Wahrscheinlichkeit, mit der eine zufällig ausgewählte Frau dieser Altersgruppe …

… kleiner als 1,65 m ist: $P(X < 165) = \int_{-\infty}^{165} \varphi_{168;6,5}(x)\,dx = \Phi_{168;6,5}(165) \approx 32{,}2\,\%$

… größer als 1,80 m ist: $P(X > 180) = \int_{180}^{+\infty} \varphi_{168;6,5}(x)\,dx = 1 - \Phi_{168;6,5}(180) \approx 3{,}2\,\%$

… zwischen 1,70 m und 1,75 m ist:

$P(170 \leq X \leq 175) = \int_{170}^{175} \varphi_{168;6,5}(x)\,dx = \Phi_{168;6,5}(175) - \Phi_{168;6,5}(170) \approx 23{,}8\,\%$

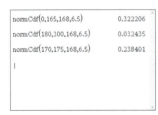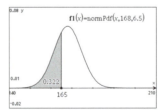

Beispiel 2 *Klasseneinteilungen*

Viele Messgrößen wie die Körpergröße in Beispiel 1 sind – mathematisch idealisiert – zwar stetig, werden in der Praxis durch Messgeräte aber nur diskret erfasst (Körpergrößen z. B. in ganzen Zentimetern oder Millimetern), so dass tatsächlich *Klassen* gebildet werden.

Die Angabe *Die Körpergröße beträgt 1,70 m* bedeutet – wenn nichts anderes angegeben wird – dass die Körpergröße der betr. Person mindestens 1,695 m, aber kleiner als 1,705 m ist.

normCdf(169.5,170.5,168,6.5)	0.058486
normCdf(169,170,168,6.5)	0.059707
normCdf(170,171,168,6.5)	0.056952

Hinweis: Eigentlich müsste diese Klassenbildung auch bei den Wahrscheinlichkeitsberechnungen in Beispiel 1 beachtet werden. Dass dies bei den o. a. Rechnungen nicht erfolgt ist, entspricht den Musterlösungen der letztjährigen Abituraufgaben.

Beispiel 3 *Perzentilbestimmung mithilfe der inversen Normalverteilung*

Mithilfe der **inversen Normalverteilung** kann man sog. **Perzentilwerte** P_z bestimmen, für die gilt, dass z % der Verteilung unterhalb dieses Schwellenwertes liegen.

invNorm(0.25,168,6.5)	163.616
invNorm(0.75,168,6.5)	172.384
normCdf(163.5,172.5,168,6.5)	0.511256

Will im Kontext von Beispiel 1 ein Textilunternehmen eine passende Kollektion für „mittelgroße" Frauen der Zielgruppe herausbringen, so kann hierzu $P_{25} \approx 163{,}6$ (unteres Quartil) und $P_{75} \approx 172{,}4$ (oberes Quartil) als Schwellenwerte bestimmt werden.

Berücksichtigt man die Klassenbildung aus Beispiel 2, dann ergibt sich aus dieser Modellierung, dass man etwa die Hälfte der Zielgruppe Frauen erfasst, deren Körpergröße 1,64 m; 1,65 m; …, 1,72 m ist.

Beispiel 4 *Standardisierung normalverteilter Zufallsgrößen*

Geht man von der Zufallsgröße X zur *standardisierten Zufallsgröße* $\frac{X - \mu}{\sigma}$ über, dann werden die Grenzen a und b durch die Grenzen $\frac{a - \mu}{\sigma}$ bzw. $\frac{b - \mu}{\sigma}$ ersetzt. Der Erwartungswert einer standardisierten Zufallsgröße ist $\mu = 0$, die Standardabweichung ist $\sigma = 1$.

Im Falle einer standardisierten Zufallsgröße kann man bei der GAUSS'schen Integralfunktion den Index weglassen (also Φ statt $\Phi_{0,1}$ schreiben, vgl. auch den zugehörigen Rechnerbefehl):

normCdf(170,175,168,6.5)	0.238401
$b := \frac{175 - 168}{6.5}$	1.07692
$a := \frac{170 - 168}{6.5}$	0.307692
normCdf(0.307692,1.07692)	0.2384

$$P(a \leq X \leq b) = \int_a^b \varphi_{\mu,\sigma}(x)\, dx = \Phi_{\mu,\sigma}(b) - \Phi_{\mu,\sigma}(a) = \Phi\left(\frac{b - \mu}{\sigma}\right) - \Phi\left(\frac{a - \mu}{\sigma}\right).$$

J7 **Wahrscheinlichkeiten binomialverteilter Zufallsgrößen näherungsweise mithilfe normalverteilter Zufallsgrößen berechnen.**

Für große Anzahlen n von Versuchsdurchführungen können Wahrscheinlichkeiten einer binomialverteilten Zufallsgröße näherungsweise auch mithilfe einer Normalverteilung bestimmt werden, wenn die Standardabweichung σ > 3 ist („LAPLACE-Bedingung" oder „LAPLACE-Faustregel")
Dann gilt für eine binomialverteilte Zufallsgröße X die **lokale Näherungsformel von MOIVRE und LAPLACE**:

$P(X = k) \approx \varphi_{\mu,\sigma}(k)$.

Bei der Darstellung von Binomialverteilungen mithilfe von Histogrammen haben die einzelnen Rechtecke des Histogramms die Breite 1; daher betrachtet man bei der Approximation durch die Normalverteilung ebenfalls Intervalle der Breite 1, bei denen der k-Wert genau in der Mitte liegt, also das Intervall [k − 0,5 ; k + 0,5].

Dies wird bei der **integralen Näherungsformel von MOIVRE und LAPLACE** berücksichtigt:

$P(X \leq k) \approx \Phi\left(\frac{(k + 0,5) - \mu}{\sigma}\right)$ und $P(a \leq X \leq b) \approx \Phi\left(\frac{(b + 0,5) - \mu}{\sigma}\right) - \Phi\left(\frac{(a - 0,5) - \mu}{\sigma}\right)$.

Ist die LAPLACE-Bedingung erfüllt, dann ergeben sich aus der Approximation durch Normalverteilungen die **Sigma-Regeln (σ-Regeln)** auch für binomialverteilte Zufallsgrößen X mit $\mu = n \cdot p$ und $\sigma = \sqrt{n \cdot p \cdot (1 - p)}$:

$P(\mu - 1\sigma \leq X \leq \mu + 1\sigma) \approx 0{,}683$ $\quad$ $P(\mu - 1{,}64\sigma \leq X \leq \mu + 1{,}64\sigma) \approx 90\%$

$P(\mu - 2\sigma \leq X \leq \mu + 2\sigma) \approx 0{,}955$ $\quad$ $P(\mu - 1{,}96\sigma \leq X \leq \mu + 1{,}96\sigma) \approx 95\%$

$P(\mu - 3\sigma \leq X \leq \mu + 3\sigma) \approx 0{,}997$ $\quad$ $P(\mu - 2{,}58\sigma \leq X \leq \mu + 2{,}58\sigma) \approx 99\%$

Hinweis: Diese σ-Regeln können auch in der Beurteilenden Statistik (Abschnitt **K**) verwendet werden.

Beispiel 1 *Anwendung der lokalen Näherungsformel*

n = 100; p = 0,5; μ = 50; σ = 5;

$P(X = 50) \approx \varphi_{\mu,\sigma}(50) \approx 0{,}0798$.

Beispiel 2 *Anwendung der integralen Näherungsformel*

n = 100; p = 0,5; µ = 50; σ = 5

$P(45 \leq X \leq 55) \approx \Phi\left(\frac{55{,}5 - 50}{5}\right) - \Phi\left(\frac{44{,}5 - 50}{5}\right) = \Phi(1{,}1) - \Phi(-1{,}1) \approx 0{,}729$

$P(X = 50) \approx \Phi\left(\frac{50{,}5 - 50}{5}\right) - \Phi\left(\frac{49{,}5 - 50}{5}\right) \approx \Phi(0{,}1) - \Phi(-0{,}1) \approx 0{,}0797$

Veranschaulichung am Graphen:

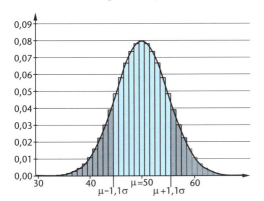

binomCdf(100,0.5,45,55)	0.728747
normCdf(44.5,55.5,50,5)	0.728668
binomCdf(100,0.5,50,50)	0.079589
normCdf(49.5,50.5,50,5)	0.079656

Prognosen im Hinblick auf zu erwartende absolute Häufigkeiten treffen und damit die Signifikanz von Abweichungen bewerten.

Beim sogenannten **Schluss von der Gesamtheit auf die Stichprobe** ist der Anteil in der Gesamtheit (d. h. die Erfolgswahrscheinlichkeit für einen auszuführenden BERNOULLI-Versuch) bekannt. Es soll eine Schätzung (Prognose) gemacht werden, welche Ergebnisse in der Stichprobe (d. h. bei wiederholter Durchführung des Zufallsversuchs) auftreten werden.
- **Punktschätzung**: Der Erwartungswerts $\mu = n \cdot p$ wird bestimmt; er gibt die zu erwartende Anzahl von Erfolgen an.
- **Intervallschätzung**: Eine symmetrische Umgebung um den Erwartungswert wird bestimmt, in der die zu erwartete Anzahl von Erfolgen mit großer Sicherheit liegen wird. Hierzu können der TR oder die Sigma-Regeln (siehe J7) genutzt werden. In der Regel wird eine Sicherheitswahrscheinlichkeit von 95 % gewählt.

Stichprobenergebnisse, die innerhalb der 95 %-Umgebung von μ liegen, bezeichnet man als **verträglich mit p**. Ergebnisse, die außerhalb der 95 %-Umgebung von μ liegen, bezeichnet man als **signifikant abweichend.** Die Komplementärwahrscheinlichkeit zur Sicherheitswahrscheinlichkeit (beispielsweise 95 %) wird als **Signifikanzniveau** (also 5 %) bezeichnet.

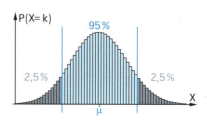

Hinweis: An späterer Stelle werden auch Stichprobenergebnisse betrachtet, die vom Erwartungswert *signifikant nach oben* bzw. *signifikant nach unten* abweichen. Damit sind Ergebnisse gemeint, die einem Bereich am oberen bzw. am unteren Ende der Binomialverteilung liegen, vgl. die beiden folgenden Grafiken.

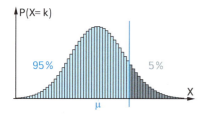 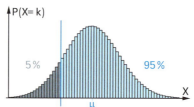

Beispiel *Schätzung absoluter Häufigkeiten*

Für den 500-fachen Münzwurf (n = 500, p = 0,5) gilt:

Punktschätzung: $\mu = n \cdot p = 500 \cdot 0,5 = 250$. Wir erwarten, dass ca. 250-mal Wappen auftritt.

Intervallschätzung: Mithilfe der Wahrscheinlichkeitsverteilung der Zufallsgröße X: *Anzahl Wappen* ermitteln wir die 95 %-Umgebung um den Erwartungswert:
Dazu suchen wir diejenigen Schwellenwerte, bei denen in der kumulierten Binomialverteilung die Wahrscheinlichkeit von 2,5 % bzw. von 97,5 % überschritten wird.

k	P(X ≤ k)	
227	0,022032	< 2,5 %
228	0,027185	> 2,5 %
...		
271	0,972815	< 97,5 %
272	0,97796	> 97,5 %

Damit das Schätzintervall eine Wahrscheinlichkeit von *mindestens* 95 % umfasst, muss als untere Grenze $k_u = 228$ gewählt werden und als obere Grenze $k_o = 272$. Die Bereiche unterhalb von k_u (k = 0, 1, …, 227) bzw. oberhalb von k_o (k = 273, 274, …, 500) haben *insgesamt* eine Wahrscheinlichkeit von *höchstens* 5 %.

Signifikante Abweichung: Wenn in 500 Münzwürfen weniger als 228-mal Wappen oder mehr als 272-mal Wappen auftritt, dann ist dieses ein signifikant abweichendes Ergebnis.

Anwendung der Sigma-Regeln:
Wenn in 500 Münzwürfen die Anzahl der Wappen kleiner ist als 228 oder größer ist als 272, dann liegt ein von *p = 0,5 signifikant abweichendes* Ergebnis vor.
Um die o. a. Schwellenwerte zu bestimmen, können auch die Sigma-Regeln verwendet werden. Es gilt:

$\sigma = \sqrt{500 \cdot 0{,}5 \cdot 0{,}5} \approx 11{,}18;\quad 1{,}96\,\sigma \approx 21{,}91$,
also $P(\mu - 1{,}96\,\sigma \le X \le \mu + 1{,}96\,\sigma) \approx P(228{,}09 \le X \le 271{,}91) \approx 95\,\%$.

Da es sich bei den Sigma-Regeln um Faustregeln handelt, muss man die so bestimmten Schwellenwerte noch überprüfen. Dabei ist man auf der sicheren Seite, wenn man diese Intervallgrenzen nach außen rundet, sodass mindestens 95% der Stichprobenergebnisse im Schätzintervall liegen.

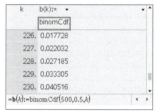
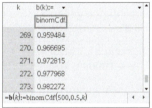

Hinweis: Verfügt der verwendete TR über einen numerischen Gleichungslöser, dann kann dieser ebenfalls zur Bestimmung des Schätzintervalls benutzt werden, indem man den notwendigen Radius der 95 %-Umgebung ermittelt.

Nur eA: Für den Schluss von der Stichprobe auf die Gesamtheit Vertrauensintervalle (Konfidenzintervalle) bestimmen.

Beim Aufgabentyp **Schluss von der Stichprobe auf die Gesamtheit** ist das Ergebnis einer Stichprobe bekannt (d. h. die Anzahl oder der Anteil der „Erfolge" in einem BERNOULLI-Versuch). Gesucht sind alle diejenigen Erfolgswahrscheinlichkeiten p, für die gilt, dass das Stichprobenergebnis innerhalb der σ-Umgebung des Erwartungswerts μ liegt, also verträglich mit p ist.

Das **90%-Vertrauensintervall (Konfidenzintervall)** zu einem vorliegenden Stichprobenergebnis umfasst also alle p, für die gilt, dass das Stichprobenergebnis innerhalb der 1,64 σ-Umgebung von μ liegt. Der Ansatz kann prinzipiell nur in 90% der Fälle zu einem Intervall führen, welches das wahre p enthält, da man ja beim Ansatz voraussetzt, dass es sich beim vorliegenden Stichprobenergebnis um ein mit dem zugrunde liegenden p verträgliches Ergebnis handelt.
Wenn man statt der Sicherheitswahrscheinlichkeit 90% eine andere wählt, muss entsprechend (gemäß Sigma-Regeln) das Vielfache von σ verändert werden.

Beispiel

Bei einer Befragung von 1000 Wahlberechtigten geben 518 vor einer Wahl an, eine bestimmte Partei wählen zu wollen. Wird diese Partei die Mehrheit der Stimmen erhalten?

Gesucht sind alle Erfolgswahrscheinlichkeiten (Anteile in der Gesamtheit) p, für die gilt: $\mu - 1{,}64\,\sigma \leq 518 \leq \mu + 1{,}64\,\sigma$, wobei $\mu = 1000 \cdot p$ und $\sigma^2 = 1000 \cdot p \cdot (1-p)$.

Die Ungleichung kann man numerisch lösen, indem man Schnittstellen der Funktionen $f1(x) = 1000x - 1{,}64 \cdot \sqrt{1000 \cdot x \cdot (1-x)}$ bzw. $f2(x) = 1000x + 1{,}64 \cdot \sqrt{1000 \cdot x \cdot (1-x)}$ mit $g(x) = 518$ sucht. Dies kann man auch grafisch veranschaulichen und die gesuchten Schnittstellen ablesen (vgl. Screenshot in der Mitte):

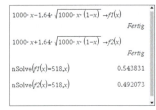 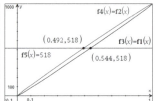

Setzt man in den Funktionsterm f1(x) für x den Wert p = 0,544 oder größere Werte ein, dann weicht das Stichprobenergebnis X = 518 signifikant nach unten ab. Setzt man in den Funktionsterm f2(x) für x den Wert p = 0,492 oder kleinere Werte ein, dann weicht das Stichprobenergebnis X = 518 signifikant nach oben ab, vgl. Screenshot rechts).

Die Eckwerte des Intervalls müssen *nach innen* gerundet werden, wenn man das Vertrauensintervall auf drei Dezimalstellen genau angeben will:

p = 0,493 ist der kleinste Anteil p in der Gesamtheit, innerhalb dessen 1,64 $\frac{\sigma}{n}$-Umgebung das Stichprobenergebnis $\frac{X}{n}$ = 0,518 liegt ($\frac{X}{n}$ = 0,518 liegt am oberen Rand der 1,64 $\frac{\sigma}{n}$-Umgebung von p, ist also noch verträglich mit p = 0,493).

p = 0,543 ist der größte Anteil p in der Gesamtheit, innerhalb dessen 1,64 $\frac{\sigma}{n}$-Umgebung das Stichprobenergebnis $\frac{X}{n}$ = 0,518 liegt ($\frac{X}{n}$ = 0,518 liegt am unteren Rand der 1,64 $\frac{\sigma}{n}$-Umgebung von p, ist also ist noch verträglich mit p = 0,543).

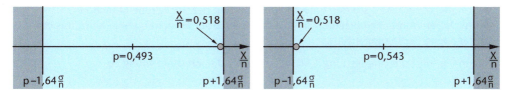

Antwort auf die eingangs gestellte Frage, ob diese Partei die Mehrheit der Stimmen erhält:

Da im 90 %-Konfidenzintervall auch Anteile p (an der Gesamtheit) enthalten sind, die unter 50 % liegen, kann man über die Mehrheit der Partei keine Aussagen machen.

Alternativ könnte man statt der Sigma-Regeln für absolute Häufigkeiten X auch die Sigma-Regeln für relative Häufigkeiten anwenden:
Mit einer Wahrscheinlichkeit von 90 % unterscheidet sich der unbekannte Anteil der Personen, welche die bestimmte Partei wählen wollen, vom Anteil $\frac{X}{n}$ in der Stichprobe um höchstens 1,64 $\frac{\sigma}{n}$.

Gegeben ist hier n = 1000 und $\frac{X}{n}$ = 0,518. Gesucht sind alle p, welche die folgende Bedingung erfüllen:

$|0{,}518 - p| \leq 1{,}64 \cdot \sqrt{\frac{p \cdot (1-p)}{1000}}$, für die also gilt:

$p - 1{,}64 \cdot \sqrt{\frac{p \cdot (1-p)}{1000}} \geq 0{,}518$ und $p + 1{,}64 \cdot \sqrt{\frac{p \cdot (1-p)}{1000}} \leq 0{,}518$.

Um das Intervall zu bestimmen, betrachten wir die Graphen der Funktionen mit

$y_1 = 0{,}518$, $y_2 = x - 1{,}64 \cdot \sqrt{\frac{x \cdot (1-x)}{1000}}$ und $y_3 = x + 1{,}64 \cdot \sqrt{\frac{x \cdot (1-x)}{1000}}$

(d. h. im Vergleich zu oben sind alle Funktionsterme durch 1000 dividiert).

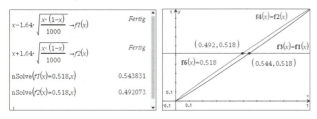

Nur eA: Einen genügend großen Umfang einer Stichprobe bestimmen.

Zu vorgegebenem n kann man den Radius der $1{,}96\frac{\sigma}{n}$-Umgebung von p berechnen, also den maximalen Abstand, den das Stichprobenergebnis (relative Häufigkeit) vom zugrunde liegenden p in 95 % der Fälle hat:

$P(|\frac{X}{n} - p| \leq 1{,}96\frac{\sigma}{n}) \approx 0{,}95$.

Gibt man andererseits einen maximalen Abstand d vor (*Genauigkeit*), dann kann man aus der Ungleichung $1{,}96\frac{\sigma}{n} \leq d$ den notwendigen Umfang der Stichprobe berechnen, der mit einer Wahrscheinlichkeit von 95 % zu einem Stichprobenergebnis führt, das die vorgegebene Bedingung erfüllt.

Allgemein führt die Ungleichung $1{,}96 \cdot \sqrt{\frac{p \cdot (1-p)}{n}} \leq d$ nach Umformung zu

$n \geq 1{,}96^2 \cdot \frac{p \cdot (1-p)}{d^2}$.

Wenn man statt der Sicherheitswahrscheinlichkeit 95 % eine andere wählt, muss entsprechend (gemäß Sigma-Regeln) das Vielfache von $\frac{\sigma}{n}$ verändert werden.

Beispiel

Der Anteil der Haushalte mit einer bestimmten Ausstattung soll auf 5 Prozentpunkte genau geschätzt werden, d. h. der Stichprobenumfang n ist so zu wählen, dass in 95 % der Fälle der Radius der Umgebung $1{,}96\frac{\sigma}{n}$ die maximale Abweichung von 5 Prozentpunkten nicht überschreitet: $1{,}96\frac{\sigma}{n} \leq 0{,}05$.

Ist nichts über p bekannt, muss man mit dem ungünstigsten Wert, nämlich p = 0,5 rechnen. Dann ist:

$1{,}96 \cdot \sqrt{\frac{0{,}5 \cdot 0{,}5}{n}} \leq 0{,}05 \Leftrightarrow 1{,}96^2 \cdot \frac{0{,}5 \cdot 0{,}5}{n} \leq 0{,}05^2 \Leftrightarrow 1{,}96^2 \cdot \frac{0{,}5 \cdot 0{,}5}{0{,}05^2} \leq n \Leftrightarrow n \geq 384{,}2$.

Durch Quadrieren und Auflösen nach n erhält man $n \geq 385$.

Ein Stichprobenumfang von mindestens 385 sollte gewählt werden.

Wenn der Anteil auf 4 [3, 2, 1] Prozentpunkte genau geschätzt werden soll, ergibt sich analog ein Mindest-Stichprobenumfang von n = 601 [1068, 2401, 9604].

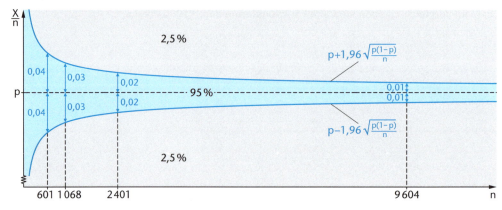

Falls man Informationen über den Anteil der Haushalte hat, z. B. dass der Anteil ungefähr 20 % beträgt, dann verringert sich der für die Erhebung notwendige Stichprobenumfang:

$n \geq 1{,}96^2 \cdot \dfrac{0{,}2 \cdot 0{,}8}{0{,}05^2} \approx 245{,}9$, also $n \geq 246$, und entsprechend größere Werte für n, falls eine höhere Genauigkeit für die Schätzung verlangt wird.

Lösung der Ungleichungen mithilfe des GTR:

$$\text{nSolve}\left(1{.}96 \cdot \sqrt{\dfrac{0{.}5 \cdot (1-0{.}5)}{n}} = 0{.}05, n\right) \quad 384{.}16$$

$$\text{nSolve}\left(1{.}96 \cdot \sqrt{\dfrac{0{.}5 \cdot (1-0{.}5)}{n}} = 0{.}04, n\right) \quad 600{.}25$$

$$\text{nSolve}\left(1{.}96 \cdot \sqrt{\dfrac{0{.}2 \cdot (1-0{.}2)}{n}} = 0{.}05, n\right) \quad 245{.}862$$

Hilfsmittelfreie Aufgaben

Aufgabe A1

Das Rechteck A(0|0), B(2|0), C(2|4), D(0|4) wird durch den Graphen der Funktion f mit $f(x) = 4 - x^2$ geteilt.

(1) Fertigen Sie eine Skizze an.
(2) Geben Sie den Funktionsterm in der Form $f(x) = k \cdot (x - a) \cdot (x - b)$ mit $a, b \in \mathbb{R}$ an.
(3) Ermitteln Sie die Flächeninhalte der beiden Teilflächen und bestimmen Sie jeweils den Anteil, den die beiden Teilflächen an der Gesamtfläche des Rechtecks ABCD besitzen.
(4) eA zusätzlich: Bestimmen Sie die Anteile der Teilflächen des Dreiecks BCD, das durch den Graphen von f unterteilt wird.

Aufgabe A2

(1) Skizzieren Sie den Graphen der Funktion f mit $f(x) = x^3 - 4x$.
(2) Berechnen Sie $\int_0^2 f(x)\,dx$.
(3) Begründen Sie, dass $\int_{-2}^2 f(x)\,dx = 0$ gilt.
(4) Geben Sie einen Term an, mit dem sich der Inhalt der Fläche korrekt berechnen lässt, die vom Graphen der Funktion f und der x-Achse im Intervall [–2; 2] eingeschlossen wird.

Aufgabe A3

Die Funktion f ist gegeben durch $f(x) = x^3$.

(1) Zeigen Sie, dass die Tangente t im Punkt P(1|1) an den Graphen der Funktion f durch die Gleichung $t(x) = 3x - 2$ beschrieben werden kann.
(2) Zeigen Sie, dass die Tangente t und der Graph von f auch den Punkt P(–2|–8) gemeinsam haben.
(3) Fertigen Sie zu (1), (2) eine Skizze an.
(4) Bestimmen Sie den Flächeninhalt des Dreiecks, das durch die y-Achse, die x-Achse und die Tangente eingeschlossen wird.
(5) Bestimmen Sie den Flächeninhalt der Fläche, die von den Graphen von f und t eingeschlossen wird.

Aufgabe A4

(1) Zeigen Sie, dass die Gerade g mit $g(x) = -x$ den Graphen der Funktion f mit $f(x) = -x^3 + x$ im Ursprung senkrecht schneidet.
(2) Zeigen Sie, dass die Graphen von f und g auch die Punkte $P_1(-\sqrt{2}|\sqrt{2})$ und $P_2(\sqrt{2}|-\sqrt{2})$ gemeinsam haben.
(3) Fertigen Sie eine Skizze an.
(4) Begründen Sie, warum die beiden von den Graphen von f und g eingeschlossenen Flächenstücke gleich groß sind.
(5) Bestimmen Sie den Flächeninhalt der beiden Flächenstücke.

Aufgabe A5

(1) Die Abbildung zeigt den Graphen der Funktion f mit $f(x) = a \cdot (x - b)^2 \cdot e^x$, $a, b > 0$.

Ermitteln Sie die Parameterwerte a, b. Begründen Sie Ihre Ansätze.

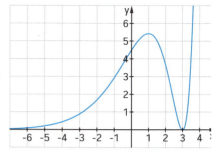

(2) Wenn man den Flächeninhalt der Fläche ermitteln will, die von dem Graphen von f und der x-Achse eingeschlossen wird, macht es wenig Sinn, das Integral $\int_{-1}^{2} (3x^2 + 2x)\, dx$ zu berechnen.

(3) Berechnen Sie $\int_{-1}^{2} (3x^2 + 2x)\, dx$.

Aufgabe A6

(1) Gegeben ist eine Funktion f mit $f(x) = 3x^3 + 3x^2$. Berechnen Sie die Nullstellen des Funktionsgraphen.
(2) Die Abbildung rechts zeigt den Verlauf des Graphen. Zeichnen Sie die Lage der y-Achse in die Abbildung ein und markieren Sie die Einheiten auf der x-Achse.
(3) Skizzieren Sie in der Abbildung den Graphen der Ableitungsfunktion von f.
   eA zusätzlich: … und einer zugehörigen Stammfunktion.
(4) Berechnen Sie den Flächeninhalt der vom Graphen von f und der x-Achse eingeschlossenen Fläche.

Aufgabe A7

gA: Gegeben ist die Funktion f mit $f(x) = e^{-x+1}$
eA: Gegeben ist die Funktionenschar f_k mit $f_k(x) = e^{-x+k}$; $k \in \mathbb{R}$.

(1) Berechnen Sie, an der welcher Stelle die Funktion/Funktionen den Wert 1 annimmt.
(2) **gA:** Bestimmen Sie die Gleichung der Tangente an den Graphen der Funktion f an der Stelle x = 1.
   eA: Zeigen Sie, dass die Tangente an der Stelle x = k die Gleichung $t_k : y = -x + 1 + k$ besitzt.
(3) Begründen Sie die Gültigkeit der folgenden Gleichung (**eA:** Gleichung entsprechend für $f_k(x)$):

   gA: $\int_a^b f(x)\, dx = f'(b) - f'(a)$ **eA:** $\int_a^b f_k(x)\, dx = f_k'(b) - f_k'(a)$

Aufgabe A8

Betrachtet wird die Funktion f mit $f(x) = (x - 0{,}5) \cdot e^{2x}$.

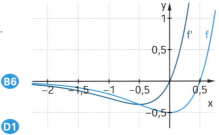

(1) Begründen Sie mithilfe des Graphen der Ableitungsfunktion, dass die Funktion f an der Stelle x = 0 ein lokales Minimum besitzt. **B6**
(2) Zeigen Sie, dass die Funktion F mit $F(x) = (0{,}5x - 0{,}5)\,e^{2x}$ eine Stammfunktion von f ist. **D1**
(3) Berechnen Sie den Flächeninhalt zwischen dem Graphen der Funktion f und der x-Achse

   gA: im Intervall von 0,5 bis 1 **D2**   eA: im Intervall von $-\infty$ bis 0. **D5**

Aufgabe A9

Ein Tankwagen wird mit Heizöl gefüllt. Der zeitliche Verlauf der Zulaufgeschwindigkeit kann im nebenstehenden Diagramm abgelesen werden.

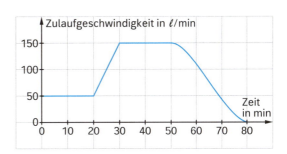

(1) Berechnen Sie, wie viel Öl in den ersten 50 Minuten näherungsweise in den Tankwagen geflossen sind. **D3**
(2) Beschreiben Sie eine Möglichkeit zur Berechnung der zugeflossenen Ölmenge im Zeitraum von 50 bis 80 Minuten und berechnen Sie einen Näherungswert dafür.

Aufgabe A10

Die Abbildung rechts zeigt den Graphen einer Stammfunktion einer ganzrationalen Funktion f. Welche Eigenschaften lassen sich für den Graphen der Funktion f und für den Graphen der Ableitungsfunktion f′ aus dem abgebildeten Graphen ablesen? **B5** **B6**

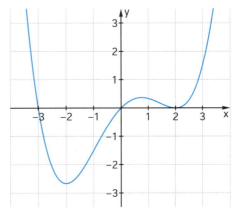

Aufgabe A11 (eA)

(1) Gegeben ist die Funktion f mit f(x) = ln(x).
Bestimmen Sie die Gleichung der Tangente
an den Graphen von f im Punkt (1|f(1)) und
skizzieren sie den Graphen von f und die
Tangente in der Abbildung.   **A1 A3**

(2) Geben Sie diejenige Stammfunktion der
Funktion g mit g(x) = $\frac{1}{x}$ an, deren Graph durch
den Punkt (1|1) verläuft, und skizzieren Sie
deren Graphen in der Abbildung.   **D1**

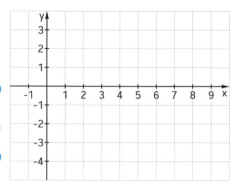

Aufgabe A12 (eA)

Gegeben ist die Funktion f mit f(x) = −6x² + 12x + 18 und
x ∈ ℝ. Die Abbildung zeigt den Graphen von f, der durch die
Punkte H(1|24) und N(3|0) verläuft.

(1) Zeigen Sie, dass $\int_0^1 f(x)\,dx = 22$ gilt.   **D3**

(2) Die Fläche, die der Graph von f im ersten Quadranten mit
den Koordinatenachsen einschließt, hat den Inhalt 54.
Eine Gerade g, die durch den Punkt H verläuft, teilt diese
Fläche in zwei Teilflächen gleichen Inhalts.

Bestimmen Sie rechnerisch die Stelle, an der die Gerade
g die x-Achse schneidet.

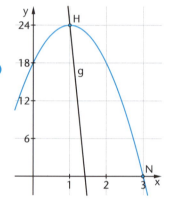

Aufgabe G1

Eine Ebene E wird aufgespannt durch die Vektoren $\vec{u} = \begin{pmatrix} 2 \\ 1 \\ 0 \end{pmatrix}$ und $\vec{v} = \begin{pmatrix} -1 \\ 0 \\ 1 \end{pmatrix}$; sie enthält

den Punkt P(−1|2|1). Eine Gerade g ist gegeben durch g: $\vec{x} = \begin{pmatrix} 1 \\ -2 \\ 3 \end{pmatrix} + t \cdot \begin{pmatrix} 1 \\ -2 \\ 1 \end{pmatrix}$.

(1) Geben Sie eine Parameterdarstellung der Ebene E an.   **F3**
(2) Zeigen Sie, dass die Gerade g die Ebene E im Punkt P senkrecht schneidet.
    eA zusätzlich: Geben Sie eine Koordinatengleichung der Ebene E an.   **F1 E4 F6**
(3) Bestimmen Sie zwei Punkte auf der Geraden, die vom Schnittpunkt P
die gleiche Entfernung haben.

Aufgabe G2

Die Punkte A(1|1|1), B(4|3|−1), C(5|6|−4) sowie der Punkt D bilden das Parallelogramm
ABCD.

(1) Bestimmen Sie die Koordinaten des Punktes D.   **E1**
(2) Bestimmen Sie die Seitenlängen des Parallelogramms.   **E3**
(3) Zeigen Sie: Die Diagonalen des Parallelogramms schneiden sich nicht im rechten
Winkel.   **E2**
(4) Bestimmen Sie die Koordinaten des Schnittpunkts der Diagonalen.

Aufgabe G3

Eine Gerade g ist gegeben durch g: $\vec{x} = \begin{pmatrix} 1 \\ -2 \\ 1 \end{pmatrix} + t \cdot \begin{pmatrix} 1 \\ 2 \\ -2 \end{pmatrix}$.

(1) Bestimmen Sie die Spurpunkte S_{xy}, S_{xz}, S_{yz} der Geraden g mit den Koordinatenebenen.
(2) Bestimmen Sie die Länge der Strecke $S_{xz}S_{yz}$.
(3) gA: Eine Gerade h besitzt nur die Spurpunkte S_{xy} und S_{yz}.
    Erläutern Sie die geometrische Lage der Geraden h.
    eA: Geben Sie die Parameterdarstellung einer Geraden h an, die nur in der x-y-Ebene einen Spurpunkt besitzt. Begründen Sie ihre Lösung.
(4) Bestimmen Sie die Länge der Strecke MS_{xz}.

Aufgabe G4

Gegeben ist der Vektor $\vec{u} = \begin{pmatrix} -3 \\ 4 \\ 8 \end{pmatrix}$.

(1) Geben Sie einen Vektor $\vec{v} = \begin{pmatrix} a \\ 2 \\ 7 \end{pmatrix}$ an, der die gleiche Länge hat wie der Vektor $\vec{u}$. **E3**

(2) Geben Sie einen Vektor $\vec{w} = \begin{pmatrix} a \\ -3 \\ 6 \end{pmatrix}$ an, der orthogonal zu Vektor $\vec{u}$ ist. **E2**

Betrachten Sie drei Vektoren $\vec{u}$, $\vec{v}$ und $\vec{w}$ mit den Eigenschaften aus den Teilaufgaben (1) und (2). Erläutern Sie, um welches besonderes Viereck es sich handelt, das von

(3) $\vec{u}$ und $\vec{v}$ (4) $\vec{u}$ und $\vec{w}$

aufgespannt wird.

Aufgabe G5

(1) Geben Sie eine Parameterdarstellung einer Ebene mit den geforderten Eigenschaften an:
    (i) E_1 verläuft durch den Punkt $P(3|2|1)$ und ist parallel zur x-y-Ebene.
    (ii) E_2 schneidet von den Koordinatenachsen nur die y-Achse und zwar bei $y = 6$. **F3**
(2) gA: Der Punkt $A(4|2|4)$ wird zunächst an der Ebene E_1, dann an Ebene E_2 gespiegelt.
    Bestimmen Sie die Koordinaten des Spiegelpunkts A'' nach der zweiten Spiegelung. **E1**
    eA: Der Punkt $A(4|2|4)$ wird an der Ebene mit der Gleichung $x - y + z = 3$ gespiegelt.
    Bestimmen Sie die Koordinaten des Spiegelpunkts A'. **G5**

Aufgabe G6

(1) Das lineare Gleichungssystem $\begin{vmatrix} -1 + 2r = 4 - s \\ 1 = 5 - 2s - t \\ -3 + r = 2 + 2t \end{vmatrix}$ ergibt sich aus einer

Schnittpunktberechnung zweier geometrischer Objekte. Benennen Sie die beiden Objekte und geben Sie für beide eine mögliche Parameterdarstellung an. **F12**
(2) Bestimmen Sie die Lösungsmenge des linearen Gleichungssystems.
(3) Ein lineares Gleichungssystem besteht aus zwei Gleichungen mit drei Variablen. Ein Taschenrechner gibt als Lösungsmenge an: $\{c + 1; -c; c\}$.
    Erläutern Sie diese Lösung. **F8**

Aufgabe S1

(1) Bei einem Glücksspiel gewinnt man mit Wahrscheinlichkeit p = 0,25.
Ordnen Sie den folgenden Ereignissen den richtigen Term zur Berechnung der Wahrscheinlichkeit zu:

E_1: In 5 Spielen gewinnt man mindestens 4-mal.
E_2: In 5 Spielen hat man mehr Spiele, in denen man gewinnt, als Spiele, in denen man verliert.
E_3: In 5 Spielen gewinnt man öfter als erwartet.

$P_1 = 10 \cdot 0{,}25^3 \cdot 0{,}75^2 + 5 \cdot 0{,}25^4 \cdot 0{,}75 + 0{,}25^5$

$P_2 = 1 - (0{,}75^5 + 5 \cdot 0{,}75^4 \cdot 0{,}25)$

$P_3 = 5 \cdot 0{,}75^4 \cdot 0{,}25 + 0{,}75^5$

$P_4 = 1 - (0{,}25^5 + 5 \cdot 0{,}25^4 \cdot 0{,}75)$

$P_5 = 10 \cdot 0{,}75^3 \cdot 0{,}25^2 + 5 \cdot 0{,}75^4 \cdot 0{,}25 + 0{,}75^5$

$P_6 = 5 \cdot 0{,}25^4 \cdot 0{,}75 + 0{,}25^5$

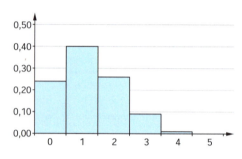

(2) Das Histogramm zeigt die Binomialverteilung mit n = 5 und p = 0,25.
Ermitteln Sie mithilfe der Grafik ungefähre Werte für die Wahrscheinlichkeiten der Ereignisse E_1, E_2, E_3.

Aufgabe S2

Bei einem Spiel wird das abgebildete Glücksrad zweimal gedreht. Der Zeiger kann auf einem der weiß (w), blau (b) oder grau (g) gefärbten Sektoren stehen bleiben.

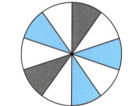

(1) Stellen Sie die möglichen Abläufe des Zufallsversuchs mithilfe eines Baumdiagramms dar.
(2) Bestimmen Sie die Wahrscheinlichkeit für das Ereignis E:
Das Rad bleibt zweimal hintereinander auf einem Sektor mit gleicher Färbung stehen.
(3) **gA:** Der Spielveranstalter plant für das Spiel einen Einsatz von 1 € und es sollen 2 € ausgezahlt werden, wenn das Ereignis E eintritt. Bewerten Sie diese Spielregel.
eA: Der Spielveranstalter plant für das Spiel einen Einsatz von a € und es soll 2 € ausgezahlt werden, wenn das Ereignis E eintritt. Bestimmen Sie den Wert von a, bei dem das angebotene Spiel fair ist.
(4) Als das Interesse an dem Spiel nachlässt, verändert der Spielveranstalter die Regeln. Es bleibt bei der Regel, dass 2 € ausgezahlt werden, wenn der Zeiger zweimal auf einem Sektor gleicher Farbe stehen bleibt. Wenn dies nicht der Fall ist, darf der Spielteilnehmer das Rad noch einmal drehen, und er erhält seinen Einsatz zurück, wenn dann der Zeiger hintereinander auf drei verschieden gefärbten Sektoren stehen geblieben ist.
Überprüfen Sie, ob diese Spielregel für die Teilnehmer interessanter ist.

Aufgabe S3

(1) Die Zufallsvariable X ist binomialverteilt mit n = 12 und p = 0,3. Entscheiden Sie begründet, welches der folgenden drei Histogramme zu der Verteilung gehört.

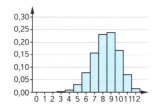 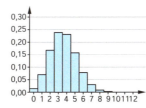 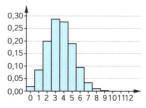

(2) Von einer Binomialverteilung sind die Parameter μ = 20 und σ = 2 bekannt. Welche Stufenzahl n und welche Erfolgswahrscheinlichkeit p liegen dem Versuch zugrunde?

Aufgabe S4

Die n gleich großen Sektoren eines Glücksrads sind schwarz bzw. grün gefärbt. Die Wahrscheinlichkeit für grün wird mit g bezeichnet.

(1) Das Glücksrad wird zweimal gedreht. Die Wahrscheinlichkeit, dass der Zeiger genau einmal auf einem grünen Sektor und einmal auf einem schwarzen Sektor stehen bleibt, beträgt $\frac{3}{8}$.
Bestimmen Sie alle Werte von g, die diese Bedingung erfüllen. Was lässt sich über die Anzahl n der Sektoren sagen?

(2) Ein anderes Glücksrad – ebenfalls mit gleich großen grünen und schwarzen Sektoren – wird ebenfalls zweimal gedreht. Die Zufallsgröße X gibt an, wie oft der Zeiger auf grün stehen bleibt. Es gilt: $P(X = 0) = 4 \cdot P(X = 2)$. Ermitteln Sie eine mögliche Gesamtzahl n an Sektoren für das Glücksrad sowie den Anteil an grünen Sektoren daran.

Aufgabe S5

In der Tabelle rechts ist – auf zwei Dezimalstellen genau – die kumulierte Wahrscheinlichkeitsverteilung einer binomialverteilten Zufallsgröße X erfasst.

(1) Berechnen Sie P(X > 3) und P(2 ≤ X ≤ 4)
(2) Zeichnen Sie ein Histogramm der zugehörigen Binomialverteilung.
(3) Bestimmen Sie den Erwartungswert μ und die Erfolgswahrscheinlichkeit p für dieses BERNOULLI-Experiment.

k	P(X ≤ k)
0	0,09
1	0,39
2	0,76
3	0,96
4	1

Aufgabe S6 (eA)

eA: Die Abbildung rechts zeigt den Graphen der Dichtefunktion einer normalverteilten Zufallsvariablen X.

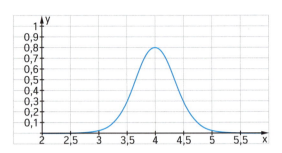

(1) Entnehmen Sie der Grafik die (ungefähren) Werte von µ und σ.

(2) Welche Wahrscheinlichkeit hat das Ereignis

   (i) $P(X = 4)$ (ii) $P(X \leq 4{,}5)$ (iii) $P(X > 3)$?

(3) Für welche Werte von X gilt

   (i) $P(X \leq k) \approx 0{,}9$ (ii) $P(X > k) \approx 0{,}16$?

Lösungen zu hilfsmittelfreien Aufgaben

Lösung A1

(1)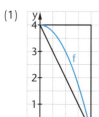

(2) $f(x) = (-1) \cdot (x - 2) \cdot (x + 2)$

(3) Das Rechteck ABCD hat einen Flächeninhalt von $2 \cdot 4 = 8$ FE. Der Flächeninhalt des Flächenstücks des Flächenstücks unterhalb des Graphen von f ist

$$\int_0^2 4 - x^2 \, dx - 4 = \left[4x - \frac{x^3}{3}\right]_0^2 = 8 - \frac{8}{3} = \frac{16}{3} \text{ FE.}$$

Der Anteil dieses Flächenstücks unter dem Graphen von f an der Gesamtfläche des Rechtecks beträgt daher $\frac{\frac{16}{3}}{8} = \frac{16}{24} = \frac{2}{3}$; das Flächenstück oberhalb des Graphen entsprechend einen Anteil von $\frac{1}{3}$.

(4) Das Dreieck BCD hat den Flächeninhalt $\frac{1}{2} \cdot 8$ FE = 4 FE; das Flächenstück oberhalb des Graphen von f hat den Flächeninhalt $8 - \frac{16}{3} = \frac{8}{3}$ FE, das zwischen der Strecke BD und dem Graphen liegende Flächenstück entsprechend den Flächeninhalt $4 - \frac{8}{3} = \frac{4}{3}$. Der Anteil des zuletzt genannten Flächenstücks an der Dreiecksfläche beträgt also $\frac{\frac{4}{3}}{4} = \frac{4}{12} = \frac{1}{3}$; das Flächenstück oberhalb des Graphen entsprechend einen Anteil von $\frac{2}{3}$.

Lösung A2

(1) Der Funktionsterm kann in der Form $f(x) = x \cdot (x - 2) \cdot (x + 2)$ notiert werden. Mithilfe der drei Nullstellen $-2, 0, +2$ lässt sich eine Skizze des Graphen anfertigen.

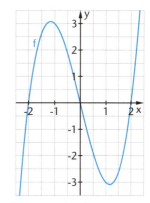

(2) $\int_{-2}^{2} (x^3 - 4x) \, dx = \left[\frac{1}{4}x^4 - 2x^2\right]_{-2}^{2} = (4 - 8) - (0 - 0) = -4.$

(3) Wenn das Integral einer Funktion über einem Intervall den Wert null ergibt, muss der Flächeninhalt des Flächenstücks oder der Flächenstücke oberhalb der x-Achse genauso groß sein wie der Flächeninhalt des Flächenstücks oder der Flächenstücke unterhalb der x-Achse. Da der Term der Integrandfunktion nur Potenzen mit ungeraden Exponenten enthält, ist der Graph punktsymmetrisch zum Ursprung. Und da das Integrationsintervall symmetrisch zum Ursprung liegt, werden zwei gleich große, aber auf verschiedenen Seiten der x-Achse liegende Flächenstücke von Graph und x-Achse eingeschlossen.

(4) Da das Integral über eine Funktion negativ ist, wenn der Graph im Integrationsbereich unterhalb der x-Achse verläuft, müssen Betragsstriche verwendet werden:

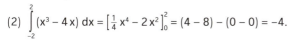

Lösung A3

(1) Die Steigung der Tangente im Punkt (1|1) ist gegeben durch f'(1) = 3 · 1² = 3.
Die Tangentengleichung ist daher
t(x) = 3 · (x − 1) + 1 = 3x − 3 + 1 = 3x − 2.

(2) Die Punktproben ergeben:
t(−2) = 3 · (−2) − 2 = −8 und
f(−2) = (−2)³ = −8.

(4) Schnittstelle der Tangente mit der x-Achse:
3x − 2 = 0 ⇔ 3x = 2 ⇔ x = $\frac{2}{3}$ = Breite des Dreiecks.

Schnittpunkt der Tangente mit der y-Achse:
Aus t(0) = −2 ergibt sich h = 2 für die Höhe des Dreiecks.
Hieraus ergibt sich ein Flächeninhalt von
$A_\Delta = \frac{1}{2} \cdot \frac{2}{3} \cdot 2 = \frac{2}{3}$.

(3)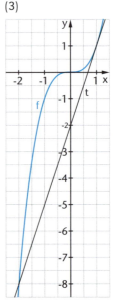

(5) Um den Flächeninhalt des Flächenstücks zu bestimmen, berechnet man das Integral über die Differenzfunktion d(x) = f(x) − t(x). Da der Graph von f im Intervall [−2; 1] oberhalb der Tangente verläuft, ergibt sich ein positiver Wert für das Integral:

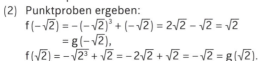

$= \left(\frac{1}{4} - \frac{3}{2} + 2\right) - (4 - 6 - 4) = 6{,}75$.

Lösung A4

(1) Steigung m_1 des Graphen der Funktion f im Ursprung: f'(x) = −3x² + 1, also m_1 = f'(0) = 1.
Die Steigung der Geraden g ist m_2 = −1, das Produkt der beiden Steigungen ist also $m_1 \cdot m_2$ = −1, d.h., die Gerade g schneidet den Graphen von f im rechten Winkel.

(2) Punktproben ergeben:
f(−√2) = −(−√2)³ + (−√2) = 2√2 − √2 = √2
       = g(−√2),
f(√2) = −√2³ + √2 = −2√2 + √2 = −√2 = g(√2).

(3)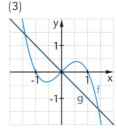

(4) Beide Graphen sind punktsymmetrisch zum Ursprung, da in den Funktionstermen nur Potenzen mit ungeraden Exponenten auftreten; daher kann man auch die beiden Flächenstücke durch Punktspiegelung am Ursprung jeweils ineinander überführen.

(5) Um den Flächeninhalt eines Flächenstücks zu bestimmen, berechnet man das Integral über die Differenzfunktion d(x) = f(x) − g(x) für das Intervall [0; √2]:

$$\int_0^{\sqrt{2}} ((-x^3 + x) - (-x)) \, dx = \int_0^{\sqrt{2}} (-x^3 + 2x) \, dx = \left[-\frac{x^4}{4} + x^2\right]_0^{\sqrt{2}} = -1 + 2 = 1.$$

Lösung A5

(1) Aus der einzigen Nullstelle mit $f(3) = 0$ ergibt sich $a \cdot (3 - b) \cdot e^3 = 0 \Leftrightarrow b = 3$ (wegen $a > 0$), und aus $f(0) = 4{,}5$ folgt $f(0) = 4{,}5 = a \cdot (0 - 3)^2 \cdot 1 = 9a \Leftrightarrow a = 0{,}5$.

(2) Der Graph der quadratischen Funktion ist eine nach oben geöffnete Parabel, welche die x-Achse an den Stellen $x = 0$ und $x = \frac{2}{3}$ schneidet:
$3x^2 + 2x = 0 \Leftrightarrow x \cdot (3x + 2) = 0 \Leftrightarrow x = 0 \vee x = -\frac{2}{3}$, d. h. ein Teil der zwischen Graph und x-Achse eingeschlossenen Fläche liegt unterhalb der x-Achse und geht negativ bei der Berechnung des Integrals ein.

(3) $\int_{-1}^{2} (3x^2 + 2x)\,dx = [x^3 + x^2]_{-1}^{2} = (8 + 4) - (-1 + 1) = 12$

Lösung A6

(1) Nullstellen: $f(x) = 0 \Leftrightarrow 3x^3 + 3x^2 = 3x^2(x+1) = 0$
$\Leftrightarrow x = 0 \vee x = -1$

(2) siehe rechts

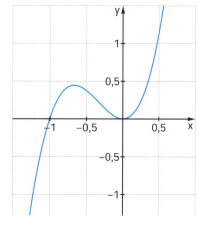

(3) gA: Verlauf der Ableitungsfunktion   eA: Verlauf einer Stammfunktion

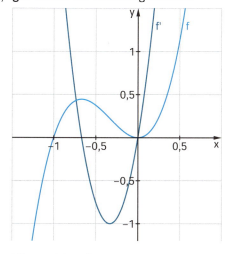 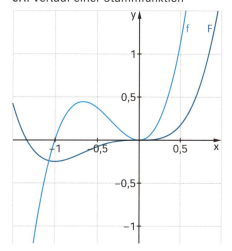

Lösungshinweise:
gA: Extremstellen von f sind Nullstellen von f' mit Vorzeichenwechsel. Wendestellen von f sind Extrema von f'.
eA: Extremstellen von F sind Nullstellen von f mit Vorzeichenwechsel (ohne Vorzeichenwechsel: Stellen mit Sattelpunkt). Wendestellen von F sind Extrema von f.

(4) $\int_{-1}^{0} (3x^3 + 3x^2)\,dx = \left[\frac{3}{4}x^4 + x^3\right]_{-1}^{0} = 0 - \left(\frac{3}{4} \cdot (-1)^4 + (-1)^3\right) = 0 - \left(\frac{3}{4} - 1\right) = \frac{1}{4}$

Lösung A7

(1) **gA:** $f(x) = 1 \Leftrightarrow e^{-x+1} = 1 \quad | \ln$
$\Leftrightarrow -x + 1 = \ln(1)$
$\Leftrightarrow -x + 1 = 0$
$\Leftrightarrow x = 1$

eA: $f(x) = 1 \Leftrightarrow e^{-x+k} = 1 \quad | \ln$
$\Leftrightarrow -x + k = \ln(1)$
$\Leftrightarrow -x + k = 0$
$\Leftrightarrow x = k$

(2) **gA:** $f'(x) = e^{-x+1}$, $m = f'(1) = e^{-x+1} = -e^0 = -1$

Einsetzen von m und der Koordinaten des Berührpunkts der Tangente (1|1) zur Bestimmung des y-Achsenabschnitts: $1 = -1 \cdot 1 + b \Leftrightarrow b = 2$
Die Tangentengleichung lautet somit: $y = -1 \cdot x + 2$

eA: $f'(x) = -e^{-x+k}$, $m = f'(k) = -e^{-x+k} = -e^0 = -1$
Einsetzen von m und der Koordinaten des Berührpunkts der Tangente (k|1) zur Bestimmung des y-Achsenabschnitts: $k = -1 \cdot 1 + b \Leftrightarrow b = 1 + k$
Die Tangentengleichung lautet somit: $y = -x + 1 + k$

Alternativ genügt es, die Steigung f'(k) zu berechnen und die Punktprobe mit der gegebenen Tangentengleichung durchzuführen:
$t(k) = -k + 1 + k = 1 = f(k)$

(3) **gA und eA:**
Nach dem Hauptsatz der Differential- und Integralrechnung gilt:

$$\int_a^b f(x)\,dx = F(b) - F(a)$$

Es ist also zu zeigen, dass Stammfunktion und Ableitungsfunktion der Funktion übereinstimmen.
Allgemein gilt: $F(x) = \frac{1}{m} e^{m \cdot x + b}$ ist eine Stammfunktion für $f(x) = e^{m \cdot x + b}$, also hier:

$f(x) = e^{-x+1}$ führt zu $F(x) = -e^{-x+1}$, d.h. $F(x) = f'(x)$ gilt (vgl. b).

Entsprechendes gilt für die Schar: $F_k(x) = f'_k(x)$.

Also ist die gegebene Gleichung jeweils korrekt.

Alternativer Lösungsweg: Man bildet mehrfach die Ableitung von f und erkennt, dass sich die Ableitungen nur durch das alternierend auftretende negative Vorzeichen unterscheiden.

Lösung A8

(1) An der Stelle x = 0 hat die Ableitungsfunktion f' eine Nullstelle mit Vorzeichenwechsel von − nach +, d.h. an der Stelle x = 0 liegt ein lokales Minimum.

(2) Nachweis der Stammfunktion durch Ableiten von F(x) gemäß Produkt- und Kettenregel:

$F(x) = (0{,}5\,x - 0{,}5)\,e^{2x}$, $F'(x) = (0{,}5\,x - 0{,}5) \cdot 2 \cdot e^{2x} + 0{,}5 \cdot e^{2x} = (1x - 1)\,e^{2x} + 0{,}5 \cdot e^{2x}$
$= (1x - 1 + 0{,}5)\,e^{2x} = (x - 0{,}5)\,e^{2x}$
$= f(x)$

(3) **gA:** $\int_{0{,}5}^{1} (x - 0{,}5)\,e^{2x}\,dx = \left[(0{,}5\,x - 0{,}5)\,e^{2x}\right]_{0{,}5}^{1} = 0 - (0{,}25 - 0{,}5)\,e^1 = 0{,}25\,e$.

Der Flächeninhalt im Intervall von 0,5 bis 1 beträgt folglich A = 0,25 e FE.

eA: $\int_a^0 (x - 0{,}5)\,e^{2x}\,dx = \left[(0{,}5\,x - 0{,}5)\,e^{2x}\right]_a^0 = -0{,}5 - (0{,}5\,a - 0{,}5) \cdot e^{2a}$

Bildung des Grenzwert für $a \to -\infty$:
$\lim\limits_{a \to -\infty}(-0{,}5 - (0{,}5\,a - 0{,}5) \cdot e^{2a}) = -0{,}5$, da $\lim\limits_{a \to -\infty}((0{,}5\,a - 0{,}5) \cdot e^{2a}) = 0$.

Der lineare Term strebt gegen -∞ und der exponentielle Term besitzt den Grenzwert 0. Da der exponentielle Term stärker gegen 0 geht als der Betrag des linearen Terms wächst, ergibt sich für das Produkt der Grenzwert 0.

Da Flächeninhalte nicht negativ sein können, gilt: $A = |-0{,}5| = 0{,}5$ FE.

Lösung A9

(1) Der dargestellte zeitliche Verlauf der Zulaufgeschwindigkeit wird abschnittsweise untersucht.

In den ersten 20 Minuten fließen konstant $50\,\tfrac{\ell}{\min}$ zu, also

$20\,\min \cdot 50\,\tfrac{\ell}{\min} = 1000\,\ell$. Im zweiten Zeitabschnitt fließen 10 Minuten lang im Mittel $100\,\tfrac{\ell}{\min}$ in den Tank, insgesamt also $10\,\min \cdot 100\,\tfrac{\ell}{\min} = 1000\,\ell$. (Hier kann auch der Flächeninhalt des Trapezes berechnet werden.) Im dritten Zeitabschnitt kommen noch $20\,\min \cdot 150\,\tfrac{\ell}{\min} = 3000\,\ell$ hinzu. Insgesamt enthält der Tank nach 50 Minuten

$1000\,\ell + 1000\,\ell + 3000\,\ell = 5000\,\ell$.

(2) Zur Berechnung eines Wertes für die im letzten Zeitintervall zugeflossene Ölmenge kann die Bestimmung eines Funktionsterms $f(x)$ für eine ganzrationale Funktion 3. Grades dienen.

Anschließend ist dann das Integral $\int_{50}^{80} f(x)\,dx$ zu berechnen.

Aufgrund der naheliegenden Symmetrie kann aber auch ein näherungsweise linearer Verlauf der Zulaufgeschwindigkeit angenommen werden. Den Flächeninhalt des sich dann ergebenden Dreiecks ist ein Maß für die zugeflossene Ölmenge:

$\tfrac{1}{2} \cdot 30\,\min \cdot 150\,\tfrac{\ell}{\min} = 2250\,\ell$.

Lösung A10

Der Graph von F hat ein lokales Minimum bei $x \approx -2$, ein lokales Maximum bei $x \approx 0{,}8$ und ein lokales Minimum bei $x = 2$, außerdem eine Links-rechts-Wendestelle bei $x \approx -1$ und eine Rechts-links-Wendestelle bei $x \approx 1{,}4$.

Die Funktion f ist die Ableitungsfunktion der Funktion F. Der Graph von f hat ungefähr bei $x \approx -2$ eine Nullstelle mit VZW von − nach +, ungefähr bei $x = +0{,}8$ eine Nullstelle mit VZW von + nach − und bei $x = +2$ eine Nullstelle mit VZW von − nach +, außerdem ein lokales Maximum bei $x \approx -1$ und ein lokales Minimum bei $x \approx 1{,}4$.

Die Funktion f' ist die zweite Ableitung von F. Diese hat eine Nullstelle bei $x \approx -1$ mit VZW von + nach − sowie eine Nullstelle bei $x \approx 1{,}4$ mit VZW von − nach +.

Lösung A11 (eA)

(1) Mit $f'(x) = \frac{1}{x}$ erhält man die Steigung der Tangente: $m = f'(1) = 1$.

Die Tangente verläuft durch den Punkt $(1\,|\,0)$. Sie hat daher die Gleichung
$t(x) = m \cdot x + b = x - 1$.

(2) Stammfunktionen zu g haben die Funktionsgleichung $G(x) = \ln(x) + c$ mit $c \in \mathbb{R}$.
Da der Graph von G durch den Punkt $(1\,|\,1)$ verläuft, gilt $c = 1$. Also ist $G(x) = \ln(x) + 1$ die gesuchte Funktionsgleichung.

Lösung A12 (eA)

(1) $\int_0^1 (-6x^2 + 12x + 18)\,dx = \left[-2x^3 + 6x^2 + 18x\right]_0^1 = (-2 + 6 + 18) - (0 + 0 + 0) = 22$

Zusatz: Nachweis, dass der Flächeninhalt der eingeschlossenen Fläche 54 F.E. beträgt:

$\int_0^3 (-6x^2 + 12x + 18)\,dx = \left[-2x^3 + 6x^2 + 18x\right]_0^3 = (-54 + 54 + 54) - (0 + 0 + 0) = 54$.

(2) Das Dreieck, das gebildet wird durch den Punkt $H(1\,|\,24)$, den Punkt $(1\,|\,0)$ und den Schnittpunkt der Geraden g mit der x-Achse, hat den Flächeninhalt
$A = \left(\frac{1}{2} \cdot 54\right) - 22 = 5$.

Lösung G1

(1) $E: \vec{x} = \begin{pmatrix} -1 \\ 2 \\ 1 \end{pmatrix} + r \cdot \begin{pmatrix} 2 \\ 1 \\ 0 \end{pmatrix} + s \cdot \begin{pmatrix} -1 \\ 0 \\ 1 \end{pmatrix}$

(2) Mithilfe einer Punktprobe zeigt man, dass $P \in g$. Zu lösen ist das lineare Gleichungssystem

$\begin{pmatrix} 1 \\ -2 \\ 3 \end{pmatrix} + t \cdot \begin{pmatrix} 1 \\ -2 \\ 1 \end{pmatrix} = \begin{pmatrix} -1 \\ 2 \\ 1 \end{pmatrix} \Leftrightarrow t \cdot \begin{pmatrix} 1 \\ -2 \\ 1 \end{pmatrix} = \begin{pmatrix} -2 \\ 4 \\ -2 \end{pmatrix} \Leftrightarrow \begin{matrix} t = -2 \\ -2t = 4 \\ t = -2 \end{matrix} \Leftrightarrow \begin{matrix} t = -2 \\ t = -2 \\ t = -2 \end{matrix} \Leftrightarrow t = -2.$

Dann muss noch gezeigt werden, dass der Richtungsvektor von g und die Richtungsvektoren von E zueinander orthogonal sind, d. h. dass die Skalarprodukte jeweils gleich null sind:

$\begin{pmatrix} 1 \\ -2 \\ 1 \end{pmatrix} * \begin{pmatrix} 2 \\ 1 \\ 0 \end{pmatrix} = 1 \cdot 2 + (-2) \cdot 1 + 1 \cdot 0 = 0; \quad \begin{pmatrix} 1 \\ -2 \\ 1 \end{pmatrix} * \begin{pmatrix} -1 \\ 0 \\ 1 \end{pmatrix} = 1 \cdot (-1) + (-2) \cdot 0 + 1 \cdot 1 = 0.$

eA zusätzlich:
Da die Gerade g die Ebene senkrecht schneidet, ist der Richtungsvektor von g ein Normalenvektor für die Ebene. Daher gilt:

$E: \vec{x} * \begin{pmatrix} 1 \\ -2 \\ 1 \end{pmatrix} = \begin{pmatrix} -1 \\ 2 \\ 1 \end{pmatrix} * \begin{pmatrix} 1 \\ -2 \\ 1 \end{pmatrix} = -1 - 4 + 1 = -4$, also $x - 2y + z = -4$.

(3) Da $P \in g$ gemäß (2), kann g auch durch die Parameterdarstellung

$g: \vec{x} = \begin{pmatrix} -1 \\ 2 \\ 1 \end{pmatrix} + t \cdot \begin{pmatrix} 1 \\ -2 \\ 1 \end{pmatrix}$ beschrieben werden.

Setzt man irgendeine reelle Zahl t ein und auch die Gegenzahl −t, dann erhält man zwei Punkte der Geraden, die zueinander Spiegelpunkte sind (Punktspiegelung an P), die also gleich weit von P entfernt sind.

Lösung G2

(1) $\overrightarrow{BC} = \begin{pmatrix} 5-4 \\ 6-3 \\ -4-(-1) \end{pmatrix} = \begin{pmatrix} 1 \\ 3 \\ -3 \end{pmatrix}$, d. h. $\overrightarrow{OD} = \overrightarrow{OA} + \overrightarrow{AD} = \overrightarrow{OA} + \overrightarrow{BC} = \begin{pmatrix} 1 \\ 1 \\ 1 \end{pmatrix} + \begin{pmatrix} 1 \\ 3 \\ -3 \end{pmatrix} = \begin{pmatrix} 2 \\ 4 \\ -2 \end{pmatrix}$, also D(2|4|−2).

(2) $\overrightarrow{AB} = \begin{pmatrix} 4-1 \\ 3-1 \\ -1-1 \end{pmatrix} = \begin{pmatrix} 3 \\ 2 \\ -2 \end{pmatrix}$, also $|\overrightarrow{AB}| = |\overrightarrow{DC}| = \sqrt{\begin{pmatrix} 3 \\ 2 \\ -2 \end{pmatrix} * \begin{pmatrix} 3 \\ 2 \\ -2 \end{pmatrix}} = \sqrt{9 + 4 + 4} = \sqrt{17}$ und

$|\overrightarrow{AD}| = |\overrightarrow{BC}| = \sqrt{\begin{pmatrix} 1 \\ 3 \\ -3 \end{pmatrix} * \begin{pmatrix} 1 \\ 3 \\ -3 \end{pmatrix}} = \sqrt{1 + 9 + 9} = \sqrt{19}$.

(3) $\overrightarrow{AC} = \begin{pmatrix} 5-1 \\ 6-1 \\ -4-1 \end{pmatrix} = \begin{pmatrix} 4 \\ 5 \\ -5 \end{pmatrix}$; $\overrightarrow{DB} = \begin{pmatrix} 4-2 \\ 3-4 \\ -1-(-2) \end{pmatrix} = \begin{pmatrix} 2 \\ -1 \\ 1 \end{pmatrix}$; $\begin{pmatrix} 4 \\ 5 \\ -5 \end{pmatrix} * \begin{pmatrix} 2 \\ -1 \\ 1 \end{pmatrix} = 8 - 5 - 5 = -2 \neq 0$.

Da das Skalarprodukt der beiden Diagonalenvektoren ungleich null ist, gilt, dass sich die Diagonalen nicht im rechten Winkel schneiden.

(4) Wegen der Punktsymmetrie von Parallelogrammen ist der Schnittpunkt der Diagonalen gleich dem Mittelpunkt der beiden Diagonalen, also gleich dem Mittelpunkt M der Strecken AC und BD. Aus den Koordinaten der Punkte A und C ergibt sich
M($\frac{1}{2} \cdot (1 + 5) | \frac{1}{2} \cdot (1 + 6) | \frac{1}{2} \cdot (1 + (-4))$) = (3 | 3,5 | −1,5).

Lösung G3

(1) Spurpunkte der Geraden mit den Koordinatenebenen sind Punkte, bei denen eine der drei Koordinaten gleich null ist. Zu lösen sind also drei Gleichungssysteme:

$\begin{pmatrix} 1 \\ -2 \\ 1 \end{pmatrix} + t \cdot \begin{pmatrix} 1 \\ 2 \\ -2 \end{pmatrix} = \begin{pmatrix} 0 \\ b \\ c \end{pmatrix} \Leftrightarrow \begin{vmatrix} t = -1 \\ b = -2 + 2t \\ c = 1 - 2t \end{vmatrix} \Leftrightarrow \begin{vmatrix} t = -1 \\ b = -4 \\ c = 3 \end{vmatrix}$,

d. h. die Gerade g schneidet die y-z-Ebene im Punkt S_{yz}(0|−4|3).

$\begin{pmatrix} 1 \\ -2 \\ 1 \end{pmatrix} + t \cdot \begin{pmatrix} 1 \\ 2 \\ -2 \end{pmatrix} = \begin{pmatrix} a \\ 0 \\ c \end{pmatrix} \Leftrightarrow \begin{vmatrix} a = 1 + t \\ t = 1 \\ c = 1 - 2t \end{vmatrix} \Leftrightarrow \begin{vmatrix} a = 2 \\ t = 1 \\ c = -1 \end{vmatrix}$,

d. h. die Gerade g schneidet die x-z-Ebene im Punkt S_{xz}(2|0|−1).

$\begin{pmatrix} 1 \\ -2 \\ 1 \end{pmatrix} + t \cdot \begin{pmatrix} 1 \\ 2 \\ -2 \end{pmatrix} = \begin{pmatrix} a \\ b \\ 0 \end{pmatrix} \Leftrightarrow \begin{vmatrix} a = 1 + t \\ b = 2t - 2 \\ t = 0,5 \end{vmatrix} \Leftrightarrow \begin{vmatrix} a = 1,5 \\ b = -1 \\ t = 0,5 \end{vmatrix}$,

d. h. die Gerade g schneidet die x-y-Ebene im Punkt S_{xy}(1,5|−1|0).

(2) $\sqrt{(0-2)^2 + (-4-0)^2 + (3-(-1))^2} = \sqrt{4 + 16 + 16} = 6$

(3) **gA:** Wenn eine Gerade nur die x-y-Ebene und die y-z-Ebene schneidet, dann muss sie parallel zur x-z-Ebene verlaufen.

eA: Wenn die Gerade h nur einen Spurpunkt $(a|b|0)$ mit der x-y-Ebene hat, dann verläuft sie parallel zur z-Achse und kann mithilfe der Parameterdarstellung

$$\vec{x} = \begin{pmatrix} a \\ b \\ 0 \end{pmatrix} + r \cdot \begin{pmatrix} 0 \\ 0 \\ 1 \end{pmatrix}$$ beschrieben werden.

Lösung G4

(1) Der Vektor $\vec{u}$ hat die Länge $|\vec{u}| = \sqrt{(-3)^2 + 4^2 + 8^2} = \sqrt{89}$. Die Länge des Vektors $\vec{v}$ ist $|\vec{v}| = \sqrt{a^2 + 2^2 + 7^2} = \sqrt{a^2 + 53}$. Die Bedingung ist für $a = 6$ bzw. für $a = -6$ erfüllt.

(2) $\vec{u} * \vec{w} = \begin{pmatrix} -3 \\ 4 \\ 8 \end{pmatrix} * \begin{pmatrix} a \\ -3 \\ 6 \end{pmatrix} = -3a - 12 + 48 = 0 \Leftrightarrow 3a = 36 \Leftrightarrow a = 12$.

(3) Da beide Vektoren die gleiche Länge besitzen, handelt es sich um eine Raute.

Da für das Skalarprodukt gilt: $\vec{u} * \vec{v} = \begin{pmatrix} -3 \\ 4 \\ 8 \end{pmatrix} * \begin{pmatrix} a \\ 2 \\ 7 \end{pmatrix} = -3a + 8 + 56 = \mp 18 + 8 + 56 \neq 0$,

handelt es sich nicht um ein Quadrat.

(4) Da die beiden Vektoren orthogonal zueinander sind, handelt es sich um ein Rechteck.

Da $|\vec{w}| = \left\| \begin{pmatrix} 12 \\ 2 \\ 7 \end{pmatrix} \right\| = \sqrt{12^2 + 2^2 + 7^2} \neq \sqrt{89}$, handelt es sich nicht um ein Quadrat.

Lösung G5

(1) (i) E_1 kann beispielsweise aufgespannt werden durch die Richtungsvektoren, die parallel zu der x-Achse bzw. y-Achse liegen:

$$E_1: \vec{x} = \begin{pmatrix} 3 \\ 2 \\ 1 \end{pmatrix} + r \cdot \begin{pmatrix} 1 \\ 0 \\ 0 \end{pmatrix} + s \cdot \begin{pmatrix} 0 \\ 1 \\ 0 \end{pmatrix}$$

(ii) E_2 liegt parallel zur x-z-Ebene; als Richtungsvektoren kommen daher die Vektoren in Frage, welche x-Achse bzw. die z-Achse bestimmen.

$$E_2: \vec{x} = \begin{pmatrix} 0 \\ 6 \\ 0 \end{pmatrix} + r \cdot \begin{pmatrix} 1 \\ 0 \\ 0 \end{pmatrix} + s \cdot \begin{pmatrix} 0 \\ 0 \\ 1 \end{pmatrix}$$

(2) **gA:** Da E_1 parallel zur x-y-Ebene liegt, verändert sich durch Spiegelung nur die x_3-Koordinate. Der Abstand von A zu E_1 beträgt 3 LE und E_1 liegt in z-Richtung auf der Höhe 1, damit besitzt der Spiegelpunkt A' die Koordinaten $(4|2|1-3)$, also $A'(4|2|-2)$.

E_2 liegt parallel zur x-z-Ebene, wodurch die x- und die z-Koordinate von A' unverändert bleiben. Da für die Punkte auf E_2 gilt, dass $y = 6$, beträgt der Abstand von A' zur Ebene E_2 in y-Richtung $6 - 2 = 4$ LE. Durch die Spiegelung an E_2 beträgt die y-Koordinate von A" also $6+4 = 10$. Somit ergibt sich $A''(4|10|-2)$.

eA: $\vec{n} = \begin{pmatrix} 1 \\ -1 \\ 1 \end{pmatrix}$ ist ein Normalenvektor der Ebene.

Die Gerade mit g: $\vec{x} = \begin{pmatrix} 4 \\ 2 \\ 4 \end{pmatrix} + r \cdot \begin{pmatrix} 1 \\ -1 \\ 1 \end{pmatrix}$ verläuft durch A und trifft senkrecht auf die Spiegelebene. Man benötigt nun den Vektor von A auf die Ebene. Den zugehörigen Parameterwert erhält man aus dem Schnittansatz.

Zeilenweises Ablesen und Einsetzen ergibt:

$(4 + 1\,r) - (2 - 1\,r) + (4 + 1\,r) = 3 \;\Leftrightarrow\; 6 + 3\,r = 3 \;\Leftrightarrow\; r = -1$.

Den Spiegelpunkt A' hat den gleichen Abstand zur Ebene wie Punkt A, d.h., die Strecke von A zu A' ist doppelt so lang. Daher errechnet man den Ortsvektor des Spiegelpunkts durch folgende Gleichung:

$\overrightarrow{OA'} = \begin{pmatrix} 4 \\ 2 \\ 4 \end{pmatrix} + 2 \cdot (-1) \cdot \begin{pmatrix} 1 \\ -1 \\ 1 \end{pmatrix} = \begin{pmatrix} 2 \\ 4 \\ 2 \end{pmatrix}$.

Der Spiegelpunkt ist also A'(2|4|2).

Lösung G6

(1) Das lineare Gleichungssystem kann aus der Schnittpunktberechnung einer Gerade mit einer Ebene entstanden sein – die Gerade hat dabei die Parameterdarstellung $\vec{x} = \begin{pmatrix} -1 \\ 1 \\ -3 \end{pmatrix} + r \cdot \begin{pmatrix} 2 \\ 0 \\ 1 \end{pmatrix}$, die Ebene die Parameterdarstellung $\vec{x} = \begin{pmatrix} 4 \\ 5 \\ 2 \end{pmatrix} + s \cdot \begin{pmatrix} -1 \\ -2 \\ 0 \end{pmatrix} + t \cdot \begin{pmatrix} 0 \\ -1 \\ 2 \end{pmatrix}$.

(2) Durch elementare Umformungen ergibt sich

$\begin{vmatrix} -1 + 2\,r = 4 - s \\ 1 = 5 - 2\,s - t \\ -3 + r = 2 + 2\,t \end{vmatrix} \Leftrightarrow \begin{vmatrix} 2\,r + s = 5 \\ 2\,s + t = 4 \\ r - 2\,t = 5 \end{vmatrix} \Leftrightarrow \begin{vmatrix} 2\,r + s = 5 \\ -4\,r + t = -6 \\ r - 2\,t = 5 \end{vmatrix} \Leftrightarrow \begin{vmatrix} 2\,r + s = 5 \\ -4\,r + t = -6 \\ -7\,r = -7 \end{vmatrix} \Leftrightarrow \begin{vmatrix} s = 3 \\ t = -2 \\ r = 1 \end{vmatrix}$

1. Schritt: umordnen, 2. Schritt: 2-Faches der 1. Zeile zur 2. Zeile addieren,
3. Schritt: 2-Faches der 2. Zeile zur 3. Zeile addieren, 4. Schritt: Einsetzen der Lösung für r

(3) Das lineare Gleichungssystem besitzt unendlich viele Lösungen, die sich in der Form

$\vec{x} = \begin{pmatrix} c + 1 \\ -c \\ c \end{pmatrix} = \begin{pmatrix} 1 \\ 0 \\ 0 \end{pmatrix} + c \cdot \begin{pmatrix} 1 \\ -1 \\ 1 \end{pmatrix}$, $c \in \mathbb{R}$, darstellen lassen.

(Geometrische Veranschaulichung: Die beiden Gleichungen können als Koordinatengleichungen von zwei Ebenen interpretiert werden; die Lösung ist eine Parameterdarstellung der Schnittgerade.)

Lösung S1

(1) Mithilfe der Zufallsgröße X: *Anzahl der Erfolge* ergibt sich
$P(E_1) = P(X \geq 4) = P(X = 4) + P(X = 5) = 5 \cdot 0{,}25^4 \cdot 0{,}75 + 0{,}25^5 = P_6$
$P(E_2) = P(X \geq 3) = P(X = 3) + P(X = 4) + P(X = 5)$
$ = 10 \cdot 0{,}25^3 \cdot 0{,}75^2 + 5 \cdot 0{,}25^4 \cdot 0{,}75 + 0{,}25^5 = P_1$

$\mu = 5 \cdot 0{,}25 = 1{,}25$, also
$P(E_3) = P(X \geq 2) = 1 - P(X \leq 1) = 1 - (P(X = 0) + P(X = 1))$
$ = 1 - (0{,}75^5 + 5 \cdot 0{,}75^4 \cdot 0{,}25) = P_2$

(2) Im Histogramm kann man ablesen: $P(X = 0) \approx 0{,}24$; $P(X = 1) \approx 0{,}40$;
$P(X = 2) \approx 0{,}26$; $P(X = 3) \approx 0{,}09$; $P(X = 4) \approx 0{,}01$; $P(X = 5) \approx 0$.

Hieraus ergibt sich:
$P(E_1) = P(X = 4) + P(X = 5) \approx 0{,}01$,
$P(E_2) = P(X = 3) + P(X = 4) + P(X = 5) \approx 0{,}10$,
$P(E_3) = 1 - (P(X = 0) + P(X = 1)) \approx 1 - 0{,}64 = 0{,}36$.

Lösung S2

(1)

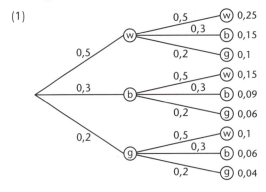

(2) $P(E) = 0{,}5^2 + 0{,}3^2 + 0{,}2^2 = 0{,}38$

(3) **gA**: Zufallsgröße X: *Auszahlung in €*
$E(X) = 0{,}38 \cdot 2\,€ + 0{,}62 \cdot 0\,€ = 0{,}76\,€$
Im Mittel werden pro Spiel 0,76 € ausgezahlt, d. h. der Spielbetreiber hat im Mittel einen Gewinn von 0,24 € pro Spiel.
eA: $E(X) = 0{,}38 \cdot 2 + 0{,}62 \cdot 0 = 0{,}76 = a$. Das Spiel ist fair, wenn der Einsatz pro Spiel 0,76 € beträgt.

(4) Die Wahrscheinlichkeit für das Ereignis „drei verschieden gefärbte Sektoren" ist
$6 \cdot (0{,}5 \cdot 0{,}3 \cdot 0{,}2) = 0{,}18$.
Im Mittel wird dann ausgezahlt: $E(X) = 0{,}38 \cdot 2\,€ + 0{,}18 \cdot 1\,€ + 0{,}44 \cdot 0\,€ = 0{,}94\,€$
Im Mittel werden pro Spiel 0,94 € ausgezahlt, d.h. der Spielbetreiber hat im Mittel nur noch einen Gewinn von 0,06 € pro Spiel.
Da der mittlere Gewinn des Spielbetreibers deutlich geringer geworden ist, wird das Spiel für die Teilnehmer interessanter sein.

Lösungen zu hilfsmittelfreien Aufgaben

Lösung S3

(1) Infrage kommt nur das mittlere Histogramm.

Die Grafik links passt nicht zu n = 12 und p = 0,3, denn das Maximum der Verteilung muss bei µ = 12 · 3 = 3,6 liegen (also bei k = 3 oder bei k = 4).

Die Grafik rechts passt nicht, weil die Summe aller Wahrscheinlichkeiten gleich 1 sein muss, was hier deutlich übertroffen wird.

(2) Wegen µ = n · p und σ^2 = n · p · (1 − p) gilt $\frac{\sigma^2}{\mu}$ = 1 − p, also hier 1 − p = $\frac{2^2}{20}$ = 0,2, also p = 0,8. Hieraus folgt dann n = $\frac{\mu}{p}$ = $\frac{20}{0,8}$ = 25.

Lösung S4

(1) Die Wahrscheinlichkeit für das Ereignis E = {sg, gs} beträgt 2 · g · (1 − g). Aus der Bedingung 2 · g · (1 − g) = $\frac{3}{8}$ ergibt sich durch Umformung g − g^2 = $\frac{3}{16}$, also g^2 − g + $\frac{1}{4}$ = $\frac{1}{4}$ − $\frac{3}{16}$ und weiter $\left(g - \frac{1}{2}\right)^2$ = $\frac{1}{16}$, d. h. g = $\frac{1}{4}$ oder g = $\frac{3}{4}$.

Ein Viertel der Sektoren muss daher grün gefärbt sein und drei Viertel schwarz oder umgekehrt. Die Anzahl der Sektoren muss ein Vielfaches von 4 betragen, also 4, 8, 12, 16, …

(2) Für das Ereignis *0-mal grün* gilt: P(X = 0) = $(1 − g)^2$, für das Ereignis *2-mal grün* gilt: P(X = 2) = g^2, d. h. es gilt die Gleichung $(1 − g)^2$ = $4g^2$, also
$1 − 2g + g^2 = 4g^2 \Leftrightarrow 3g^2 + 2g = 1 \Leftrightarrow g^2 + \frac{2}{3}g = \frac{1}{3} \Leftrightarrow \left(g + \frac{1}{3}\right)^2 = \frac{4}{9}$, d. h. g = $\frac{1}{3}$
(die zweite Lösung der quadratischen Gleichung entfällt im Sachzusammenhang).

Ein Drittel der Sektoren muss also grün gefärbt sein, d. h. die Anzahl der Sektoren muss ein Vielfaches von 3 betragen, also 3, 6, 9, 12, …

Lösung S5

(1) P(X > 3) = 1 − P(X ≤ 3) = 1 − 0,96 = 0,04

P(2 ≤ X ≤ 4) = P(X ≤ 4) − P(X ≤ 1) = 1 − 0,39 = 0,61

(2) Für das Histogramm benötigt man die Verteilung von P(X = k), die sich iterativ aus der gegebenen Tabelle errechnen lässt.

k	P(X=k)
0	P(X ≤ 0) = P(X = 0) ≈ 0,09
1	P(X = 1) = P(X ≤ 1) − P(X = 0) ≈ 0,39 − 0,09 = 0,3
2	P(X = 2) = P(X ≤ 2) − P(X ≤ 1) ≈ 0,76 − 0,39 = 0,37
3	P(X = 3) = P(X ≤ 3) − P(X ≤ 2) ≈ 0,96 − 0,76 = 0,2
4	P(X = 4) = P(X > 3) ≈ 0,04 (siehe (1))

Hinweis: Zur Probe sollte man die errechneten Wahrscheinlichkeiten summieren.

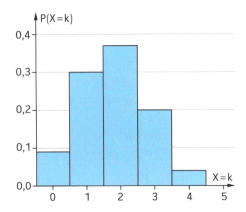

(3) Für den Erwartungswert μ gilt:
$E(X) = 0 \cdot P(X=0) + 1 \cdot P(X=1) + 2 \cdot P(X=2) + 3 \cdot P(X=3) + 4 \cdot P(X=4)$
$= 0 + 1 \cdot 0{,}3 + 2 \cdot 0{,}37 + 3 \cdot 0{,}2 + 4 \cdot 0{,}04 = 1{,}8$

Für Binomialverteilungen gilt: $\mu = n \cdot p$, und da $n = 4$, ergibt sich:

$1{,}8 = 4 \cdot p \;\Leftrightarrow\; p = \dfrac{9}{20} = 0{,}45$

Hinweis: Alternativ kann der Wert von p auch aus der Beziehung $P(X=4) = p^4 \approx 0{,}04$ bestimmt werden. Es folgt $p^2 \approx 0{,}2$ und weiter $p \approx 0{,}45$.

Eine Kontrollrechnung mit $p = 0{,}45$ ergibt die kumulierten Wahrscheinlichkeiten (auf 6 Dezimalstellen genau): 0,091506; 0,390981; 0,758519; 0,958994; 1.

Lösung S6

(1) $\mu = 4$ (Lage der Symmetrieachse), $\sigma \approx 0{,}5$ (Lage der Wendepunkte des Graphen)

(2) (i) $P(X=4) = 0$ (ii) $P(X \leq 4{,}5) = P(X \leq \mu + \sigma) \approx 0{,}84$
(iii) $P(X > 3) = P(X > \mu - 2\sigma) \approx 0{,}977$

(3) (i) $P(X \leq \mu + 1{,}28\sigma) \approx 0{,}9$; also $k \approx 4 + 1{,}28 \cdot 0{,}5 \approx 4{,}64$
(ii) $P(X > \mu + \sigma) \approx 0{,}16$; also $k \approx 4{,}5$

Komplexere Trainingsaufgaben
Hilfsmittel zugelassen

Aufgabe 1 *Funktionsuntersuchung*

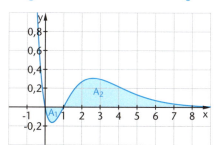
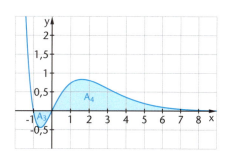

a) Die beiden Abbildungen zeigen die Graphen der Funktionen f und g mit
   $f(x) = x \cdot (x - 1) \cdot e^{-x}$ und $g(x) = x \cdot (x + 1) \cdot e^{-x}$.

   (1) Ordnen Sie die beiden Funktionsgleichungen den Abbildungen begründet zu. Beschreiben Sie – ohne Rechnung – den Verlauf der Graphen; geben Sie Gemeinsamkeiten und Unterschiede an. **B4**

   (2) **(nur eA)** Jemand behauptet: Man erhält den Graphen der einen Funktion aus dem Graphen der anderen Funktion durch eine Verschiebung in Richtung der x-Achse und gleichzeitiger Streckung in Richtung der y-Achse.

   Beweisen Sie die Behauptung mithilfe geeigneter algebraischer Umformungsschritte.

b) (1) Die beiden Funktionen gehören zu einer Funktionenschar f_a mit
   $f_a(x) = x \cdot (x - a) \cdot e^{-x}$.

   Zeigen Sie, dass die Funktionen dieser Schar an den Stellen

   $x = \frac{1}{2} \cdot (a + 2) \pm \frac{1}{2} \cdot \sqrt{a^2 + 4}$ eine waagerechte Tangente besitzen. **A3 B6**

   (2) Begründen Sie mithilfe des Terms $\frac{1}{2} \cdot (a + 2) \pm \frac{1}{2} \cdot \sqrt{a^2 + 4}$ aus Teilaufgabe (2),

   dass alle Funktionen dieser Schar einen Hoch- und einen Tiefpunkt besitzen. **B6**

   (3) Ermitteln Sie konkret für a = 1 und für a = –1 die Lage der Hoch- und Tiefpunkte (vergleichen Sie zur Kontrolle Ihre Rechenergebnisse mit den o. a. Graphen). **B6**

c) (1) Weisen Sie nach, dass die Funktion F mit $F(x) = -(x^2 + x + 1) \cdot e^{-x}$ eine Stammfunktion für die Funktion ist. **A3 D1**

   (2) Um eine Stammfunktion G der Funktion g mit $g(x) = x \cdot (x + 1) \cdot e^{-x}$ zu finden, kann man den Ansatz $G(x) = -(x^2 + bx + c) \cdot e^{-x}$ machen.
   Bestimmen Sie geeignete Koeffizienten b und c. **D1 C3 A3**

   (3) **nur eA:** Stammfunktionen für die Funktion f_a sind alle vom Typ
   $F_a(x) = -(x^2 + bx + c) \cdot e^{-x}$.
   Bestimmen Sie geeignete Koeffizienten b und c, sodass gilt $F_a' = f_a$. **C3**

d) (1) Bestimmen Sie den Flächeninhalt des Flächenstücks, das der Graph von f im Intervall [0;1] mit der x-Achse einschließt.

(2) **(nur eA)** Bestimmen Sie den Flächeninhalt des Flächenstücks, das der Graph von $f(x) = f_1(x) = x \cdot (x - 1) \cdot e^{-x}$ im Intervall $[1; +\infty[$ mit der x-Achse einschließt.

(3) **(nur eA)** Betrachten Sie allgemein für a > 0 die Funktionsschar $f_a(x) = x \cdot (x - a) \cdot e^{-x}$.
In Teilaufgabe b) (3) wurde gezeigt, dass $F_a(x) = -(x^2 + (2 - a)x + (2 - a)) \cdot e^{-x}$ eine Stammfunktion für f_a ist.
Für welchen Parameterwert a ist das Flächenstück oberhalb der x-Achse genau so groß wie das Flächenstück unterhalb der x-Achse?
Führen Sie eine Kontrollrechnung mithilfe der numerischen Integration durch.

Lösung

a) (1) An den Nullstellen kann man ablesen: Die Nullstellen von $f(x) = x \cdot (x - 1) \cdot e^{-x}$ liegen bei x = 0 und bei x = 1; die Nullstellen von $g(x) = x \cdot (x + 1) \cdot e^{-x}$ liegen bei x = 0 und x = -1. Daher ist links der Graph von f und rechts der Graph von g abgebildet. Beide Graphen verlaufen nur zwischen den beiden Nullstellen im negativen Bereich, ansonsten oberhalb der x-Achse. Sie sind zunächst streng monoton fallend bis zu einem Tiefpunkt, der zwischen den beiden Nullstellen liegt, dann streng monoton fallend bis zu einem Hochpunkt; danach verlaufen beide Graphen streng monoton fallend mit der x-Achse als Asymptote. Beide Graphen sind zunächst linksgekrümmt bis zu einem Wendepunkt, der zwischen Tief- und Hochpunkt liegt, dann rechtsgekrümmt bis zu einem weiteren Wendepunkt, danach wieder linksgekrümmt. Bei beiden Graphen haben die Nullstellen den Abstand 1 Einheit; allerdings sind die Funktionswerte der beiden Extrempunkte bei g weiter von der x-Achse entfernt als bei f.

(2) Verschiebt man den Graphen von f um 1 Einheit nach links, dann muss im Funktionsterm die Variable x durch (x + 1) ersetzt werden:
$f(x + 1) = (x + 1) \cdot ((x + 1) - 1) \cdot e^{-(x+1)} = (x + 1) \cdot x \cdot e^{-x-1} = (x + 1) \cdot x \cdot e^{-x} \cdot e^{-1} = e^{-1} \cdot g(x)$
d. h. $g(x) = e \cdot f(x + 1)$.
Damit ist gezeigt, dass der Graph von g aus dem Graphen von f durch Verschiebung um eine Einheit nach links und Streckung mit dem Faktor e ≈ 2,718 in Richtung der y-Achse hervorgeht.

b) (1) $f_a(x) = x \cdot (x - a) \cdot e^{-x} = (x^2 - ax) \cdot e^{-x}$,

$f_a'(x) = (2x - a) \cdot e^{-x} + (x^2 - ax) \cdot e^{-x} \cdot (-1) = (2x - a - x^2 + ax) \cdot e^{-x}$

$= -(x^2 - (a + 2) \cdot x + a) \cdot e^{-x}$

$f_a'(x) = 0 \Leftrightarrow x^2 - (a + 2) \cdot x + a = 0$

$\Leftrightarrow x^2 - (a + 2) \cdot x + \frac{1}{4} \cdot (a + 2)^2 = \frac{1}{4} \cdot a^2 + a + 1 - a$

$\Leftrightarrow (x - \frac{1}{2} \cdot (a + 2))^2 = \frac{1}{4} \cdot (a^2 + 4)$,

also $x = \frac{1}{2} \cdot (a + 2) \pm \frac{1}{2} \cdot \sqrt{a^2 + 4}$.

(2) Da der Term $a^2 + 4$ nicht null werden kann, hat die quadratische Gleichung in (2) stets zwei Lösungen. Das Vorzeichen der Ableitungsfunktion
$f'_a(x) = -(x^2 - (a+2) \cdot x + a) \cdot e^{-x}$ hängt nur von dem quadratischen Faktor ab, da $e^{-x} > 0$ für beliebige $x \in \mathbb{R}$. Da der Graph von $y = -(x^2 - (a+2) \cdot x + a)$ eine nach unten geöffnete quadratische Parabel ist, liegt an der kleineren Nullstelle der Ableitungsfunktion [also bei $x = \frac{1}{2} \cdot (a+2) - \frac{1}{2} \cdot \sqrt{a^2 + 4}$] ein VZW von – nach + statt vor, d. h. dort befindet sich ein lokales Minimum, und an der größeren Nullstelle [also bei $x = \frac{1}{2} \cdot (a+2) + \frac{1}{2} \cdot \sqrt{a^2 + 4}$] ein VZW von + nach – statt, d. h. dort befindet sich ein lokales Maximum der Funktion.

(3) Beim Einsetzen von $a = +1$ ergeben sich der Tiefpunkt T (0,38 | –0,16) und der Hochpunkt H (2,62 | 0,31),

$x \cdot (x-1) \cdot e^{-x} \to f(x)$	Fertig		$f\left(\frac{3}{2} - \frac{1}{2} \cdot \sqrt{5}\right)$	-0.161121
$\frac{3}{2} - \frac{1}{2} \cdot \sqrt{5}$	0.381966		$\frac{3}{2} + \frac{1}{2} \cdot \sqrt{5}$	2.61803
$f\left(\frac{3}{2} - \frac{1}{2} \cdot \sqrt{5}\right)$	-0.161121		$f\left(\frac{3}{2} + \frac{1}{2} \cdot \sqrt{5}\right)$	0.309005

beim Einsetzen von $a = -1$ entsprechend der Tiefpunkt T (–0,62 | –0,44) und der Hochpunkt H (1,62 | 0,84),

$x \cdot (x+1) \cdot e^{-x} \to g(x)$	Fertig		$g\left(\frac{1}{2} - \frac{1}{2} \cdot \sqrt{5}\right)$	-0.437971
$\frac{1}{2} - \frac{1}{2} \cdot \sqrt{5}$	-0.618034		$\frac{1}{2} + \frac{1}{2} \cdot \sqrt{5}$	1.61803
$g\left(\frac{1}{2} - \frac{1}{2} \cdot \sqrt{5}\right)$	-0.437971		$g\left(\frac{1}{2} + \frac{1}{2} \cdot \sqrt{5}\right)$	0.839962

c) (1) Nachweis durch Ableiten gemäß Produkt- und Kettenregel:

$F'(x) = -(2x+1) \cdot e^{-x} - (x^2 + x + 1) \cdot e^{-x} \cdot (-1) = (-2x - 1 + x^2 + x + 1) \cdot e^{-x}$
$= (x^2 - x) \cdot e^{-x} = x \cdot (x-1) \cdot e^{-x} = f(x)$

(2) Bestimmen der Ableitung der Funktion $G(x) = -(x^2 + bx + c) \cdot e^{-x}$ mit Produkt- und Kettenregel:

$G'(x) = -(2x + b) \cdot e^{-x} - (x^2 + bx + c) \cdot e^{-x} \cdot (-1) = (-2x - b + x^2 + bx + c) \cdot e^{-x}$
$= (x^2 + (b-2) \cdot x + (c-b)) \cdot e^{-x}$.

Koeffizientenvergleich mit $g(x) = (x^2 + x) \cdot e^{-x}$ ergibt $b - 2 = 1$ und $c - b = 0$, also $b = c = 3$. $G(x) = -(x^2 + 3x + 3) \cdot e^{-x}$ ist also eine Stammfunktion für g.

(3) Koeffizientenvergleich von $F'_a(x) = (x^2 + (b-2) \cdot x + (c-b)) \cdot e^{-x}$ mit $f_k(x) = x \cdot (x-a) \cdot e^{-x} = (x^2 - ax) \cdot e^{-x}$ ergibt allgemein die Bedingungen $-a = b - 2$ und $c - b = 0$, also $b = 2 - a$ und $c = b = 2 - a$.

Folglich ist $F_a(x) = -(x^2 + (2-a)x + (2-a)) \cdot e^{-x}$ eine Stammfunktion für f_a.

d) (1) $\int_0^1 f(x)\,dx = [-(x^2+x+1)\cdot e^{-x}]_0^1 = -3e^{-1} - (-1) = 1 - \frac{3}{e} \approx -0{,}104$

Das Flächenstück hat ungefähr einen Flächeninhalt von 0,104 FE (wie auch durch numerische Integration bestätigt wird).

(2) $\int_1^{+\infty} f(x)\,dx = [-(x^2+x+1)\cdot e^{-x}]_1^{+\infty} = 0 - (-3e^{-1}) = \frac{3}{e} \approx 1{,}104$

F(+∞) = 0 ergibt sich aus dem asymptotischen Verhalten von Funktionen vom Typ
(ganzrationale Funktion) × (Exponentialfunktion).

Für die numerische Kontrollrechnung wurde als obere Grenze der Wert 100 eingesetzt.

(3) Betrachtet werden die beiden Intervalle [0; a] und [a; +∞[.

Für die Integrale soll gelten: $\left|\int_0^a f_a(x)\,dx\right| = -\int_0^a f_a(x)\,dx = \int_a^{+\infty} f_a(x)\,dx$.

Im Einzelnen ist

$\int_0^a f_a(x)\,dx = -[-(x^2 + (2-a)x + (2-a))\cdot e^{-x}]_0^a$

$= (a^2 + 2a - a^2 + 2 - a)\cdot e^{-a} - (2-a) = (a+2)\cdot e^{-a} - (2-a)$,

$\int_a^{\infty} f_a(x)\,dx = [-(x^2 + (2-a)\cdot x + (2-a))\cdot e^{-x}]_a^{\infty}$

$= 0 - (-(a^2 + (2-a)\cdot a + (2-a))\cdot e^{-a}) = (a+2)\cdot e^{-a}$.

Die beiden Integrale unterscheiden sich nur um den Summanden (2 − a). Damit beide Integrale gleich sind, muss also a = 2 sein.

Kontrollrechnung: Für a = 2 ist $F_2(x) = -x^2 \cdot e^{-x}$ eine Stammfunktion für $f_2(x) = x\cdot(x-2)\cdot e^{-x} = (x^2 - 2x)\cdot e^{-x}$.

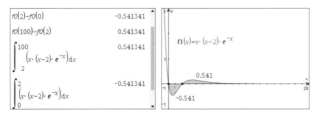

Aufgabe 2 Kettenlinien

Die Graphen der Funktionen vom Typ

$f_a(x) = \frac{a}{2} \cdot (e^{ax} + e^{-ax})$ mit a > 0 werden als Kettenlinien bezeichnet. Die Abbildung rechts zeigt den Graphen für $a = \frac{1}{2}$.

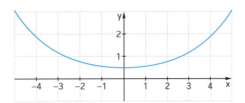

a) Zeigen Sie: Alle Graphen dieses Typs sind achsensymmetrisch zur y-Achse; sie verlaufen durch den Punkt (0 | a) als Tiefpunkt und sind linksgekrümmt. B1 B5 B6 B7

b) Im Folgenden betrachten wir den rechten Ast des Graphen der Funktion g mit

$g(x) = 2 \cdot f_{\frac{1}{2}}(x) = \frac{1}{2} \cdot (e^{\frac{1}{2}x} + e^{-\frac{1}{2}x})$, vgl. Abb. rechts.

Eine der Tangenten an den Graphen verläuft durch den Ursprung (0|0).

Stellen Sie Bedingungen für die Koordinaten des Berührpunkts auf sowie für die Steigung der Tangenten. A4

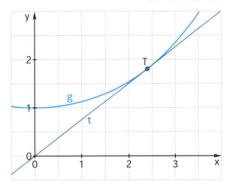

c) Zeigen Sie mithilfe des numerischen Gleichungslösers des GTR, dass gilt:
b ≈ 2,4 und g(b) ≈ 1,81.

Begründen Sie hiermit: Die (ungefähre) Gleichung der Tangente lautet t(x) ≈ 0,7544 x.

Die Abbildung rechts zeigt den Ausschnitt aus einem Planungsentwurf (Maßstab: 1 LE = 1 km). Dargestellt sind zwei Landstraßen, die sich im Ursprung des gewählten Koordinatensystems kreuzen; die zugehörigen Modellierungsfunktionen sind

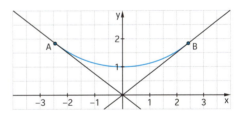

$t_1(x) = 0{,}7544\,x$ und $t_2(x) = -0{,}7544\,x$.

Da die meisten von A kommenden Fahrzeuge an der Kreuzung in Richtung B abbiegen und umgekehrt, soll die Straßenführung dahingehend geändert werden, dass der Straßenverlauf längs der blau eingezeichneten Linie der Modellierungsfunktion g mit

$g(x) = 2 \cdot f_{\frac{1}{2}}(x) = \frac{1}{2} \cdot (e^{\frac{1}{2}x} + e^{-\frac{1}{2}x})$, erfolgt. Die Zufahrt zu und von der Kreuzung soll durch entsprechende Abbiegespuren längs der bisherigen Straßen weiterhin gewährleistet werden.

d) (1) Begründen Sie, dass die geplanten Übergänge nahtlos und knickfrei, aber nicht ruckfrei sind. A7

(2) Der Bereich zwischen der alten und neuen Trasse soll gärtnerisch gestaltet werden. Welches Maß muss in der Ausschreibung für die eingeschlossene Fläche angegeben werden? D2

e) Untersuchen Sie, welche Änderungen sich bzgl. der Krümmungsänderung und des Flächenverbrauchs ergeben, wenn man ausgehend von den bestehenden Geraden (also den Tangentenfunktionen $t_1(x) = 0{,}7544\,x$ und $t_2(x) = -0{,}7544\,x$) eine quadratische Funktion $p(x)$ als alternative Modellierungsfunktion für die Straßenverbindung betrachtet.

C2 D2

Lösung

a) Achsensymmetrie: Zu zeigen ist $f_a(-x) = f_a(x)$ für alle $x \in \mathbb{R}$.

$$f_a(-x) = \frac{a}{2} \cdot (e^{a \cdot (-x)} + e^{-a \cdot (-x)}) = \frac{a}{2} \cdot (e^{-ax} + e^{ax}) = f_a(x).$$

Ableitungen:

$$f_a'(x) = \frac{a}{2} \cdot (e^{ax} \cdot a + e^{-ax} \cdot (-a)) = \frac{a^2}{2} \cdot (e^{ax} - e^{-ax})$$

$$f_a''(x) = \frac{a^2}{2} \cdot (e^{ax} \cdot a - e^{-ax} \cdot (-a)) = a^3 \cdot \frac{1}{2} \cdot (e^{ax} + e^{-ax}) = a^3 \cdot f_a(x)$$

Tiefpunktbestimmung:

notwendige Bedingung: $\quad f_a'(x) = 0 \Leftrightarrow e^{ax} = e^{-ax} \Leftrightarrow ax = -ax \Leftrightarrow 2ax = 0 \Leftrightarrow x = 0$

hinreichende Bedingung: $\quad f_a''(0) = a^3 \cdot f_a(0) = a^3 \cdot 1 > 0$, da $a > 0$,

d. h. an der Stelle $x = 0$ liegt ein lokales Minimum vor mit $f_a(0) = a$.

Da $f_a''(x) = a^3 \cdot f_a(x) \geq a^3 \cdot f_a(0) = a^3 > 0$ folgt, dass alle Graphen dieser Funktionenschar linksgekrümmt sind.

b) Für die Tangentengleichung werden benötigt:
 – ein Punkt des Graphen, der auf der Tangente liegt; hier ist $(0\,|\,0)$ vorgegeben, der Berührpunkt $B(b\,|\,g(b))$ ist noch zu bestimmen;
 – die Steigung der Tangente an den Graphen im Berührpunkt $B(b\,|\,g(b))$.

Die Steigung des Graphen ist durch den Wert der 1. Ableitung an der Stelle $x = b$ gegeben, also

$$g'(b) = \frac{1}{4} \cdot (e^{\frac{1}{2}b} - e^{-\frac{1}{2}b}).$$

Da die Tangente durch den Ursprung verläuft, gilt für die Steigung außerdem, dass sie gleich dem Quotienten

$$\frac{g(b)}{b} = \frac{\frac{1}{2} \cdot (e^{\frac{1}{2}b} + e^{-\frac{1}{2}b})}{b}$$ ist, vgl. das gefärbte Steigungsdreieck in der Abbildung.

Für die gesuchte Stelle b muss also gelten:

$$\frac{\frac{1}{2} \cdot (e^{\frac{1}{2}b} + e^{-\frac{1}{2}b})}{b} = \frac{1}{4} \cdot (e^{\frac{1}{2}b} - e^{-\frac{1}{2}b}).$$

c)

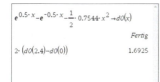
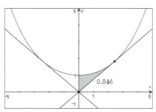

Setzt man die Lösung der Gleichung, also b ≈ 2,4, in die Ableitungsfunktion von g ein, so ergibt sich g'(2,4) ≈ 0,7544. Für die Tangentengleichung ergibt sich somit: t(x) ≈ 0,7544 x.

d) (1) Der Übergang zwischen Tangente und Graph ist wegen der Eigenschaften einer Tangente nahtlos und knickfrei (Graphen verlaufen beide durch den Berührpunkt und die Steigung der Tangente ist durch die Steigung des Graphen definiert). Für die Krümmung der beiden Funktionen an der Stelle x = b gilt:

$t''(b) = 0$, aber $g''(x) = \frac{1}{4} \cdot \left(e^{\frac{1}{2}x} \cdot \frac{1}{2} - e^{-\frac{1}{2}x} \cdot \left(-\frac{1}{2}\right)\right) = \frac{1}{8} \cdot \left(e^{\frac{1}{2}x} + e^{-\frac{1}{2}x}\right) = \frac{1}{4} \cdot g(x)$,

also

$g''(b) = \frac{1}{4} \cdot g(b) \approx 0{,}45$.

(2) Zunächst muss eine Stammfunktion für die Differenzfunktion g(x) – t(x) bestimmt werden: Eine Stammfunktion für $g(x) = \frac{1}{2} \cdot (e^{\frac{1}{2}x} + e^{-\frac{1}{2}x})$ ist $G(x) = e^{\frac{1}{2}x} - e^{-\frac{1}{2}x}$, denn

$G'(x) = e^{\frac{1}{2}x} \cdot \frac{1}{2} - e^{-\frac{1}{2}x} \cdot \left(-\frac{1}{2}\right) = \frac{1}{2} \cdot \left(e^{\frac{1}{2}x} + e^{-\frac{1}{2}x}\right) = g(x)$.

Daher gilt für die zu bestimmende Fläche:

$2 \cdot \int_0^b (g(x) - t(x))\,dx = 2 \cdot \left[e^{\frac{1}{2}x} - e^{-\frac{1}{2}x} - \frac{1}{2} \cdot 0{,}7544\, x^2\right]_0^{2,4} \approx 1{,}69\text{ FE } (= \text{km}^2)$

In der Ausschreibung muss eine Fläche von ca. 1,69 km² = 169 ha angegeben werden.

e) Die Funktion p mit $p(x) = r \cdot x^2 + s$ hat die Ableitung $p'(x) = 2r \cdot x$. Da die Steigung der Tangenten vorgegeben ist (Lage der bisherigen Landstraßen), muss gelten:

$2r = 0{,}7544$, also $r = 0{,}3772$.

Die quadratische Parabel mit $r = 0{,}3772$ hat an der Stelle $b = 1$ die Steigung $p'(1) = 0{,}7544$ und hat dort mit der Tangente den Punkt $B(1 \mid 0{,}7544)$ gemeinsam.

Aus $p(1) = 0{,}3772 \cdot 1 + s = 0{,}7544$ folgt $s = 0{,}3772$,

d. h. die quadratische Parabel hat die Gleichung $p(x) = 0{,}3772 \cdot x^2 + 0{,}3772$, vgl. Grafik.

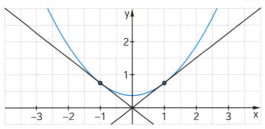

Für die Krümmung an der Übergangsstelle gilt: $p''(1) = 0{,}7544$; hier ist also an der Übergangsstelle eine stärkere Lenkungskorrektur („Ruck") als bei der Kettenlinie erforderlich.

Für die zu gestaltende Fläche zwischen der alternativ geplanten Straße und den bisherigen geradlinigen Straßen ergibt sich:

$$2 \cdot \int_0^1 (p(x) - t(x))\,dx = 2 \cdot \left[\frac{1}{3} \cdot 0{,}3772\, x^3 + 0{,}3772\, x - \frac{1}{2} \cdot 0{,}7544\, x^2\right]_0^1 \approx 0{,}251.$$

Der Flächenverbrauch für die alternativ geplante Straße ist deutlich geringer, vgl. auch die folgende Grafik.

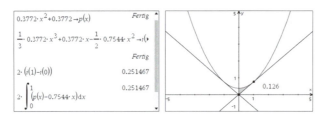

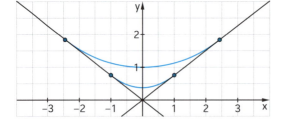

Aufgabe 3 *Deichbau*

Ein Deich ist ein Schutzwall gegen das Meer mit einer steilen Böschung zur Landseite und einer flacheren Böschung an der Seeseite, so dass die auflaufenden Wellen ihre Kraft verlieren.

Die Form eines bestimmten Deichs kann teilweise mithilfe der folgenden Funktion modelliert werden:

$f(x) = 2{,}5 \cdot x^2 \cdot e^{-0{,}5 \cdot x}$ (1 LE = 1 m).

Dabei beschreibt die negative x-Achse im Koordinatensystem den Verlauf des Lands hinter dem Deich, die positive x-Achse die Deichsohle und die Meeresoberfläche.

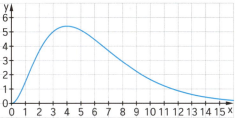

a) Berechnen Sie die Höhe der Deichkrone über Normalnull.

b) Bei einer Notfallübung wird von der Landseite her am Fuß des Deichs (= Ursprung des Koordinatensystems) eine genügend lange Leiter am Deich aufgestellt, die möglichst nahe an die Deichkrone herankommen soll.
Erläutern Sie, wie man herausfinden kann, an welchem Punkt der Deichlinie die Leiter angelegt wird.

Zeigen Sie, dass die Leiter im Punkt $(2 \mid f(2))$ unter einem Winkel von ca. 61,5° angelehnt werden kann.

c) Zeigen Sie, dass an der Stelle $x = 4 + \sqrt{8} \approx 6{,}83$ das maximale Gefälle des Deichs auf der Seeseite vorliegt. Bestimmen Sie den zugehörigen Winkel dieses Gefälles.

d) Zur Festigung des Deichs soll an der Meeresseite die obere Schicht durch Basaltsteine ersetzt werden. Im Rahmen dieser Baumaßnahme soll das Deichprofil so verändert werden, dass zur Meerseite hin eine nicht gekrümmte Ebene entsteht. Der bis zum Wendepunkt rechtsgekrümmte Graph soll nicht in eine Linkskrümmung übergehen, sondern tangential fortgesetzt werden.

Zeigen Sie, dass die Tangente näherungsweise durch die Gleichung
$y = -0{,}794\,x + 9{,}26$ beschrieben werden kann.

Bestimmen Sie die Stelle, an der das neue Profil die Meeresoberfläche (Normalnull) schneidet.

Zeichnen Sie diese Tangente in die o. a. Grafik ein.

e) (1) Geben Sie an, wie die Querschnittsfläche des Deichs oberhalb der Meeresoberfläche bestimmt werden kann, und ermitteln Sie diese näherungsweise mithilfe des GTR.

(2) Um das Integral über die Modellierungsfunktion exakt bestimmen zu können, benötigt man eine Stammfunktion für f.
Zeigen Sie allgemein: Ist $f(x)$ das Produkt einer quadratischen Funktion mit einer Exponentialfunktion mit $y = e^{kx}$, dann findet man eine Stammfunktion F für f mithilfe des Ansatzes $F(x) = (a\,x^2 + b\,x + c) \cdot e^{kx}$.

(3) Bestimmen Sie mithilfe von (2) eine Stammfunktion für die Modellierungsfunktion.

Lösung

a) Die Höhe der Deichkrone entspricht dem Hochpunkt des Graphen. Es gilt:

$f'(x) = 2{,}5 \cdot (2x \cdot e^{-0{,}5 \cdot x} + x^2 \cdot e^{-0{,}5 \cdot x} \cdot (-0{,}5)) = 2{,}5 \cdot (2x - 0{,}5x^2) \cdot e^{-0{,}5 \cdot x}$
$= 2{,}5 \cdot x \cdot e^{-0{,}5 \cdot x} \cdot (2 - 0{,}5x)$

$f''(x) = 2{,}5 \cdot ((2-x) \cdot e^{-0{,}5 \cdot x} + (2x - 0{,}5x^2) \cdot e^{-0{,}5 \cdot x} \cdot (-0{,}5))$
$= 2{,}5 \cdot e^{-0{,}5 \cdot x} \cdot (2 - 2x + 0{,}25x^2)$

notwendige Bedingung: $f'(x) = 0 \Leftrightarrow x = 0 \vee x = 4$
hinreichende Bedingung: $f''(0) = 5 > 0$, d. h. dort liegt ein lokales Minimum vor.

$f''(4) = 2{,}5 \cdot e^{-2} \cdot (2 - 8 + 4) < 0$, d. h. dort ist ein lokales Maximum und es gilt $f(4) \approx 5{,}41$.

Die Höhe der Deichkrone beträgt ca. 5,41 m.
Kontrolle mit dem GTR:

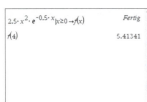 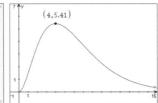

b) Gesucht ist diejenige Tangente an den Graphen der Modellierungsfunktion, die durch den Ursprung verläuft. Für die Steigung $f'(x_0)$ dieser Tangente gilt, dass sie gleich dem Quotienten aus Funktionswert $f(x_0)$ und x_0 selbst ist, vgl. GTR-Screenshot unten.
Zu lösen ist also die Gleichung $f'(x_0) = \frac{f(x_0)}{x_0}$.

Nachweis, dass $x_0 = 2$ eine Lösung ist: $f(2) = 10 \cdot e^{-1}$ und $f'(2) = 5 \cdot e^{-1}$, also $f'(2) = \frac{f(2)}{2}$.

Für den Anstiegswinkel ergibt sich $\tan^{-1}(f'(2)) \approx 61{,}5°$.

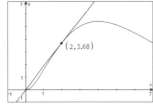 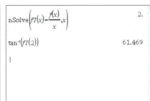

c) Das maximale Gefälle liegt an der Wendestelle des Graphen vor.

notwendige Bedingung: $f''(x) = 2{,}5 \cdot e^{-0{,}5 \cdot x} \cdot (2 - 2x + 0{,}25x^2) = 0 \Leftrightarrow 2 - 2x + 0{,}25x^2 = 0$
$\Leftrightarrow x^2 - 8x = -8 \Leftrightarrow (x-4)^2 = 8 \Leftrightarrow x = 4 \pm \sqrt{8}$.

hinreichende Bedingung: An den beiden Nullstellen der 2. Ableitung liegt jeweils ein VZW der 2. Ableitung vor.

An der infrage kommenden Wendestelle bei $x \approx 6{,}83$ hat der Graph der Modellierungsfunktion eine Steigung von $-0{,}794$. Dies entspricht einem Winkel von $|\tan^{-1}(-0{,}794)| \approx 38{,}5°$.

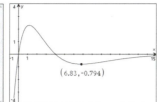

d) Um die Tangentengleichung aufzustellen, benötigen wir die Koordinaten des Wendepunkts sowie die Steigung des Graphen in diesem Punkt:

Aus W(6,83 | 3,84) und m = – 0,794, vgl. Lösung b), folgt:
t(x) = – 0,794 · (x – 6,83) + 3,84 ≈ – 0,794 x + 9,26.

Die Nullstelle der Funktion liegt bei $x \approx \frac{9{,}26}{0{,}794} \approx 11{,}66$.

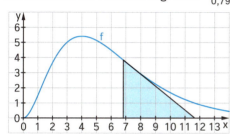

e) (1) Die numerische Flächenbestimmung ergibt:

$$\int_0^{6{,}83} f(x)\,dx + \int_{6{,}83}^{11{,}66} t(x)\,dx$$

$$= \int_0^{6{,}83} f(x)\,dx + \frac{1}{2} \cdot 3{,}84 \cdot (11{,}66 - 6{,}83) \approx 35{,}8 \; (m^2).$$

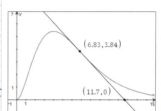

(2) $F(x) = (a x^2 + b x + c) \cdot e^{k \cdot x}$

Ableiten gemäß Produkt- und Kettenregel ergibt:

$F'(x) = (2 a x + b) \cdot e^{k \cdot x} + (a x^2 + b x + c) \cdot e^{k \cdot x} \cdot k$

$\quad\;\; = (a k \cdot x^2 + (2 a + b k) \cdot x + (b + k c)) \cdot e^{k \cdot x}$,

also wieder eine Funktion vom Typ quadratische Funktion mal Exponentialfunktion.

(3) Im Beispiel hier ist k = – 0,5. Daher ergeben sich aus dem Koeffizientenvergleich die folgenden Bedingungen:

a · k = 2,5, also a = –5;
2a + b · k = 0, also –10 – 0,5 b = 0, folglich b = – 20;
b + k c = 0, also –20 – 0,5 c = 0, folglich c = – 40.

Kontrollrechnung: $F(x) = - (5 x^2 + 20 x + 40) \cdot e^{-0{,}5 \cdot x}$ und

$F'(x) = - (10 x + 20) \cdot e^{-0{,}5 \cdot x} - (5 x^2 + 20 x + 40) \cdot e^{-0{,}5 \cdot x} \cdot (-0{,}5)$

$\quad\;\; = (-10 x - 20 + 2{,}5 x^2 + 10 x + 20) \cdot e^{-0{,}5 \cdot x} = 2{,}5 \cdot x^2 \cdot e^{-0{,}5 \cdot x}$

Aufgabe 4 *Verkehrszählungen und Stauprognosen auf der A40*

Zur Beobachtung des Verkehrsaufkommens auf den Autobahnen gibt es sogenannte Dauerzählstellen - das sind fest installierte Geräte, die zählen, wie viele Pkw bzw. Lkw in die jeweilige Richtung vorbeifahren. Auf Basis dieser Daten wird die Verkehrsdichte in Pkw pro Stunde ermittelt.

Die untenstehende Tabelle gibt das Verkehrsaufkommen an einem Werktag von der 6. Stunde (5–6 Uhr) bis zur 19. Stunde (18–19 Uhr) an.

Stunde	6	7	8	9	10	11	12	13	14	15	16	17	18	19
Pkw	742	2153	4011	4347	3788	3540	3553	3957	4668	5259	5364	5476	5412	3999

a) (1) Bestimmen Sie, wie viele Autos im morgentlichen Berufsverkehr von 7–9 Uhr gezählt wurden.
   (2) Berechnen Sie die durchschnittliche Verkehrsdichte (in Pkw/h) in der Zeit von 14–17 Uhr.

Im Folgenden soll das Verkehrsaufkommen in der Zeit zwischen 12 Uhr und 20 Uhr näherungsweise durch die Verkehrsdichtefunktion $f(t) = -120\,t^2 + 3840\,t - 25240$ beschrieben werden. Dabei bezeichnet t die Zeit und f(t) die Verkehrsdichte in Pkw/h.)

Hinweis: Die Verkehrszählung ist ein diskreter Prozess, der einerseits statistischen Schwankungen unterliegt, aber an vergleichbaren Wochentagen ein sehr stabiles Verhalten zeigt. Die Modellierung durch eine stetige Funktion stellt in dieser Hinsicht eine Vereinfachung dar.

b) Berechnen Sie auf Basis des Modells die Verkehrsdichte um 15 Uhr und um 18 Uhr.

c) Ermitteln Sie, zu welchem Zeitpunkt im Modell die größte Verkehrsdichte vorliegt.

Mittags kann die Strecke noch frei befahren werden, doch nachmittags entsteht auf Höhe des Zählpunkts ein Stau, wenn auf den drei Fahrspuren mehr als 4000 Pkw pro Stunde fahren (und keine Geschwindigkeitsbegrenzungen vorgenommen werden).

d) (1) Bestimmen Sie die Zeitpunkte t_1 und t_2, an denen die Verkehrsdichte größer ist als $4000\,\frac{Pkw}{h}$.
   (2) Vom Zeitpunkt t_1 an wächst also der Stau. Berechnen Sie auf Basis des o. a. Modells die maximale Staulänge (= Anzahl der Pkw).
   (3) Interpretieren Sie Ihr Ergebnis und geben Sie die Staulänge in km an (Modellannahmen: Länge eines Pkw: 5 m, Abstand zwischen zwei aufeinander folgender Pkw: 5 m).

Bei erhöhtem Verkehrsaufkommen (also über $4000\,\frac{Pkw}{h}$) wird die Höchstgeschwindigkeit auf $80\,\frac{km}{h}$ reduziert, dann können sogar 5000 Pkw pro Stunde fahren. Diese Verkehrsdichte wird im Modell um 13 Uhr erreicht.

e) (1) Weisen Sie nach, dass sich die Anzahl der Pkws im Stau durch die Funktion
   $A(t) = -40\,t^3 + 1920\,t^2 - 30240\,t + 156800$
   beschreiben lässt ($t \geq 13$).
   (2) Skizzieren Sie den Graphen von A(t). Ermitteln Sie den Zeitpunkt, zu dem sich der Stau vollständig aufgelöst hat. Welche Bedeutung hat das lokale Maximum des Graphen?

Lösung

a) (1) Die Stunde 8 beginnt um 7 Uhr und endet um 8 Uhr, die Stunde 9 reicht von 8 bis 9 Uhr.

In der 8. Stunde wurden von der Dauerzählstelle 4011 Pkw gezählt, in der 9. Stunde waren es 4387 Pkw. Folglich wurden am ausgewählten Werktag zwischen 7 und 9 Uhr insgesamt 4011 + 4347 = 8358 Pkw gezählt.

(2) Die durchschnittliche Verkehrsdichte im Zeitraum von 14 bis 17 Uhr ergibt sich über das (arithmetische) Mittel der Verkehrszählungen.

$$\frac{5259 + 5364 + 5476}{3} = \frac{16099}{3} \approx 5366 \left[\frac{Pkw}{h}\right]$$

Durchschnittlich sind also 5366 Pkw pro Stunde an der Zählstelle in Essen-Kray vorbeigefahren.

b) Berechnung der Funktionswerte: g(15) = 5360 und g(18) = 5000.

Um 15.00 Uhr liegt folglich eine sehr hohe Verkehrsdichte mit 5360 $\frac{Pkw}{h}$ vor, um 18.00 Uhr liegt immer noch eine hohe Verkehrsdichte mit 5000 $\frac{Pkw}{h}$ vor.

c) Zur Bestimmung der höchsten Verkehrsdichte wird das Maximum der gegebenen Funktion berechnet. Dazu wird die Ableitungsfunktion gebildet und auf kritische Werte untersucht (d. h. Werte t_0 mit $f'(t_0) = 0$):

$f'(t) = -240t + 3840$
$f'(t) = 0 \Leftrightarrow -240t + 3840 = 0 \Leftrightarrow t = 16$

An der Stelle t = 16 findet ein Vorzeichenwechsel der Funktion f' von + nach – statt, also liegt an der Stelle ein lokales Maximum vor.

Alternativ: $f''(t) = -240$, also $f''(16) < 0$, d. h., an der Stelle t = 16 liegt ein lokales Maximum vor. Die Verkehrsdichte beträgt um 16 Uhr: f(16) = 5480 $\frac{Pkw}{h}$.

d) (1) Um die Zeitpunkte zu berechnen, an denen die Verkehrsdichte 4000 $\frac{Pkw}{h}$ beträgt, werden die Schnittpunkte des Funktionsgraphen von f mit dem Graphen der konstanten Funktion g mit g(t) = 4000 berechnet:

$f(t) = g(t) \Leftrightarrow -120t^2 + 3840t - 25240 = 4000$
$ \Leftrightarrow -120t^2 + 3840t - 29240 = 0$
$ \Leftrightarrow t_1 \approx 12{,}49 \;\vee\; t_2 \approx 19{,}51$

Die ermittelten Werte müssen nun noch in Uhrzeiten umgerechnet werden. Der Wert t_1 kennzeichnet eine Uhrzeit zwischen 12 und 13 Uhr, der verbleibende Anteil von 0,49 Stunden wird in Minuten umgerechnet: $0{,}49 \cdot 60 = 29{,}4 \approx 29$ [Minuten]. Entsprechend wird $t_2 = 19{,}51$ umgerechnet: der Nachkommateil bezeichnet $0{,}51 \cdot 60 = 30{,}6 \approx 31$ [Minuten]. Also überschreitet zwischen 12.29 Uhr und 19.31 Uhr die Verkehrsdichte die untersuchte Grenze von 4000 $\frac{Pkw}{h}$.

Bestimmung der Schnittstellen mithilfe des numerischen Gleichungslösers des TR bzw. mithilfe der graphischen Darstellung:

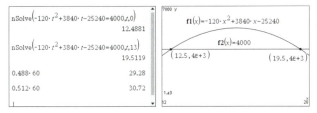

(2) Der Stau entsteht durch den sehr hohen Verkehrsfluss, der über die Autobahn nicht (ab-)fließen kann, es handelt sich also um die Differenz der Verkehrsdichte f(t) zur konstanten Abflussdichte g(t). Dieser Effekt kumuliert sich von 12.29 Uhr bis 19.31 Uhr, so dass unter den Modellannahmen um 19.31 Uhr der maximale Stau erreicht wird. Die maximale Staulänge berechnet sich folglich als Integral über die Differenz der Funktionen f und g mit g(t) = 4000:

$$\int_{t_1}^{t_2} (f(t) - g(t))\, dt = \int_{12,49}^{19,51} (-120 t^2 + 3840 t - 29240)\, dt$$

$$= [-40 t^3 + 1920 t^2 - 29240 t]_{12,49}^{19,51}$$

$$= 6930\ [Pkw]$$

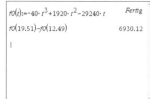

(3) Ein Pkw benötigt mit seiner Länge und dem Abstand zum vorausfahrenden Fahrzeug etwa 10 m Platz, d. h., 6930 Pkw bilden eine Strecke von 69,3 km. Verteilt man diese auf 3 Fahrbahnen (und berücksichtigt in der Rechnung die Lkw nicht), so ergibt sich eine Staulänge von 23,1 km.

e) (1) Die Staulänge ergibt sich (wie in Teilaufgabe d)) über das Integral über die Differenzfunktion f – h mit h(t) = 5000.

Analog zu Teilaufgabe d) werden die Schnittstellen der Funktionsgraphen von f und h bestimmt: Mithilfe des TR ergeben sich $t_1 = 14$ und $t_2 = 18$. In diesem Zeitintervall wächst also der Stau an.

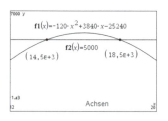

Um die gesuchte Integralfunktion zu bestimmen, muss gemäß Hauptsatz der Differential- und Integralrechnung eine Stammfunktion ermittelt werden. Da eine solche hier angegeben ist, muss nur durch Ableiten nachgewiesen werden, dass die Funktion A eine Stammfunktion von f – h ist.

Es gilt: $A'(t) = -120 t^2 + 3840 t - 30240$. Dies ist genau der Funktionsterm der Differenzfunktion f(t) – h(t).

Die Staulänge L(t) zum Zeitpunkt t ist dann gleich dem Integral über die Funktion f – h im Intervall zwischen 14 Uhr und dem beliebigen Zeitpunkt t, d. h. L(t) = A(t) – A(14).

Da $A(14) = -40 \cdot 14^3 + 1920 \cdot 14^2 - 30240 \cdot 14 + 156800 = 0$, vereinfacht sich die Differenz L(t) = A(t) – A(14) zu A(t).

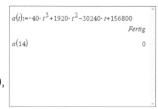

(2) Die Funktion A beschreibt die Staulänge. Der Stau beginnt um 14 Uhr (Nullstelle der Funktion A(t)); er ist aufgelöst, wenn die Funktion die nächste Nullstelle hat.

Mithilfe des TR ermittelt man außer t = 14 dann t = 20. Um 20 Uhr hat sich also der Stau vollständig aufgelöst.

Das lokale Maximum von A(t) liegt beim Zeitpunkt t = 18, da die Verkehrsdichte bis zu diesem Zeitpunkt über dem Wert 5000 $\frac{Pkw}{h}$ liegt.

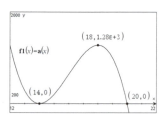

Aufgabe 5 *Staubecken*

Vor einigen Jahren wurde zur Wasserversorgung eines Dorfs ein kleiner See angelegt, in den ein Bach mündet. Wenn der See bis zum Rand gefüllt ist, läuft das Wasser in dem alten Bachbett weiter.

Allerdings kam es immer wieder vor, dass der See gefüllt war und der Bach nach starken Regenfällen über seine Ufer trat. Um zukünftig in solchen Situationen Schäden zu vermeiden, wird überlegt, ob ein Staubecken oberhalb des Dorfes gebaut werden soll, in das das Wasser bei Bedarf umgeleitet werden kann.

Aus Messungen während eines Zeitraums von zehn Stunden nach einem wolkenbruchartigen Regen ergab sich folgende Modellierungsfunktion für die momentane Durchflussrate an der Übergangsstelle vom See zum Bach:

$f(t) = \frac{1}{50} \cdot (t^4 - 20t^3 + 100t^2 + 200)$, $0 \leq t \leq 10$

(Angaben von t in Stunden, von f(t) in 100 m³/h).

Während sonst durchschnittlich eine momentane Durchflussrate von 400 m³/h vorliegt, wuchs diese nach dem Wolkenbruch auf über 1600 m³/h an.

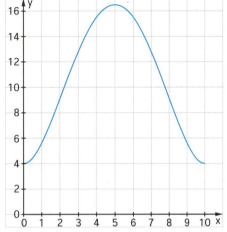

a) Der Graph der Modellierungsfunktion ist symmetrisch zu einer Parallelen zur y-Achse. Erläutern Sie, wie man dies nachweisen könnte. **B1**

b) Bestimmen Sie rechnerisch den Zeitpunkt, zu dem die Durchflussrate ihr Maximum annimmt und ermitteln Sie diesen maximalen Wert. **B6**

c) Welche Bedeutung haben die beiden Wendepunkte des Graphen im Sachzusammenhang? Bestimmen Sie deren Koordinaten. **B7**

d) (1) Zeigen Sie, dass $F(t) = \frac{1}{250} \cdot t^5 - \frac{1}{10} t^4 + \frac{2}{3} t^3 + 4t$ eine Stammfunktion für f ist. **D1**

   (2) Welche zusätzliche Regenmenge müsste das geplante Staubecken in Folge des o. a. Starkregens auffangen können? **D3**

   (3) Skizzieren Sie den Graphen von F(t) im Intervall $0 \leq t \leq 10$.

   (4) Welche Bedeutung hat die Wendestelle des Graphen von F? **D1 B6**

   (5) Welche Bedeutung hat der Quotient $\frac{F(5) - F(0)}{5}$ im Sachzusammenhang? **D4**

e) Man plant, dass das Staubecken im Extremfall eine doppelt so große Menge Wasser aufnehmen soll wie nach dem oben modellierten Wolkenbruch. Entwickeln Sie einen Funktionsterm g(t), durch den dann die zugehörige momentane Durchflussrate modelliert werden kann.

Lösung

a) Verschiebt man den Graphen um 5 Einheiten nach links, dann ergibt sich ein Graph der achsensysmmetrisch zur y-Achse ist. Der zugehörige Funktionsterm

$$f^*(t) = f(t+5) = \frac{1}{50} \cdot ((t+5)^4 - 20(t+5)^3 + 100(t+5)^2 + 200)$$

enthält dann nur noch Potenzen von x mit geraden Exponenten.

Hinweis: Die Berechnung des Terms wird nicht verlangt; es ergibt sich
$f^*(t) = \frac{1}{50} \cdot (t^4 - 50t^2 + 825)$.

b) $f'(t) = \frac{1}{50} \cdot (4t^3 - 60t^2 + 200t) = \frac{4}{50} \cdot t \cdot (t^2 - 15t + 50)$

$f''(t) = \frac{1}{50} \cdot (12t^2 - 120t + 200) = \frac{6}{25} \cdot \left(t^2 - 10t + \frac{50}{3}\right)$

notwendige Bedingung: $f'(t) = 0 \Leftrightarrow t = 0 \vee t^2 - 15t + 50 = 0$
$\Leftrightarrow t = 0 \vee (t - 7{,}5)^2 = 6{,}25$
$\Leftrightarrow t = 0 \vee t = 5 \vee t = 10$

hinreichende Bedingung: $f''(0) = 4 > 0$, $f''(5) = -2 < 0$, $f''(10) = 4 > 0$.

An der Stelle $t = 5$ liegt ein lokales (und absolutes) Maximum vor mit $f(5) = 16{,}5$, das ist eine momentane Zuflussrate von 1650 m³/h.

c) *notwendige Bedingung*: $f''(t) = 0 \Leftrightarrow t^2 - 10t + \frac{50}{3} = 0 \Leftrightarrow (t-5)^2 = \frac{25}{3} \Leftrightarrow t = 5 \pm \sqrt{\frac{25}{3}} \approx 5 \pm 2{,}89$

hinreichende Bedingung: Da der Graph von $f''(t)$ eine nach oben geöffnete quadratische Parabel ist, liegt an den beiden Nullstellen der 2. Ableitung ein VZW von + nach − bzw. von − nach + vor.

Die Wendepunkte von f haben die Koordinaten (2,11 | 9,56) und (7,89 | 9,56).

Zum Zeitpunkt $t_1 \approx 2{,}11 \approx 2$ Std. 7 Min. nimmt der Zufluss der Regenmenge am stärksten zu, zum Zeitpunkt $t_2 \approx 7{,}89 \approx 7$ Std. 53 Min. nimmt der Zufluss der Regenmenge am stärksten ab.

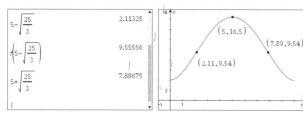

d) (1) Nachweis der Stammfunktion beispielsweise durch Ableiten von

$F(t) = \frac{1}{250} \cdot t^5 - \frac{1}{10} t^4 + \frac{2}{3} t^3 + 4t$:

$F'(t) = \frac{5}{250} \cdot t^4 - \frac{4}{10} t^3 + 2t^2 + 4 = \frac{1}{50} \cdot (t^4 - 20t^3 + 100t^2 + 200) = f(t)$

(2) Die zusätzliche Regenmenge ergibt sich aus dem Integral der Modellierungsfunktion über dem gesamten Intervall, vermindert um die üblicherweise durchlaufende Wassermenge, also durch Integration der Differenzfunktion f(t) − 4:

$$\int_0^{10} (f(t) - 4)\, dt = \left[\frac{1}{250} \cdot t^5 - \frac{1}{10} t^4 + \frac{2}{3} t^3 \right]_0^{10} = \frac{200}{3} \approx 66{,}7$$

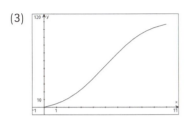

Im betrachteten Zeitraum fließt eine zusätzliche Regenmenge von ca. 6700 m³ in den Bach.

(3)

t	0	1	2	3	4	5	6	7	8	9	10
F(t)	0	4,6	11,9	22,9	37,2	53,3	69,5	83,8	94,8	102,1	106,7

(4) Die Wendestelle des Graphen von F entspricht dem lokalen Maximum des Graphen von f, d. h. dem Zeitpunkt, zu dem die Intensität des Wasserzuflusses wieder zurückgeht.

(5) Die Differenz F(5) − F(0) gibt an, welche Wassermenge insgesamt im Zeitraum der ersten fünf Stunden vom See in den Bach fließt, der Quotient $\frac{F(5) - F(0)}{5} = \frac{32}{3} \approx 10{,}7$ beschreibt daher die mittlere Zuflussmenge pro Stunde; das sind ca. 1070 $\frac{m^3}{h}$.

e) Die Verdopplung der Regenmenge bezieht sich auf die über die üblichen 400 $\frac{m^3}{h}$ hinausgehende Menge. Verdoppelt wird also die Differenz f(t) − 4, d. h.
g(t) = 2 · (f (t) − 4) + 4 = 2 · f(t) − 4 ,

also g(t) = $\frac{1}{25}$ · (t⁴ − 20 t³ + 100 t² + 200) − 4 = $\frac{1}{25}$ · (t⁴ − 20 t³ + 100 t² + 100).

Kontrollen mit dem GTR:

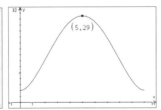

Aufgabe 6 *Getreidesilo*

Die folgende Abbildung zeigt in Blau den Füllstand f(t) eines Getreidesilos einer landwirtschaftlichen Genossenschaft im Laufe eines 12-Stunden-Tages (Zeitangaben in Stunden, Füllstand in Volumeneinheiten (VE)). Der unten in Schwarz eingezeichnete Graph gibt die jeweilige momentane Änderungsrate (in VE/h) wieder.

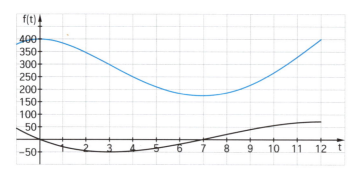

a) (1) Markieren Sie im Graphen den Zeitpunkt im Intervall $0 \leq t \leq 12$, zu dem sich der Füllstand am stärksten ändert. Begründen Sie Ihre Entscheidung.

(2) Ermitteln Sie die ungefähre mittlere Änderungsrate während der ersten vier Stunden.

(3) Markieren Sie den ungefähren Zeitpunkt, in dem die Bedingung $f(t_0 + 2) = f(t_0) - 50$ erfüllt ist. Beschreiben Sie mit Worten, was diese Bedingung im Sachzusammenhang bedeutet.

b) Bei einem anderen Getreidesilo kann die Änderungsrate im gleichen Zeitraum mithilfe der Funktion g mit $g(t) = -\frac{1}{3}t^3 + 9t^2 - 42t$ modelliert werden.

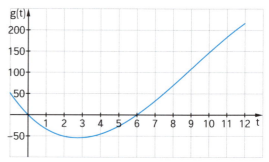

(1) Welche Aussage über den Füllstand des Silos ist richtig, welche ist falsch? Begründen Sie Ihre Antwort.
(A) Die geringste Füllmenge des Silos ist nach 6 Stunden erreicht.
(B) Nach 12 Stunden ist das Silo stärker gefüllt als zu Beginn.
(C) Nach 6 Stunden ist die Füllmenge genauso groß wie zu Beginn (also zum Zeitpunkt $t = 0$).
(D) Im Intervall $6 \leq t \leq 12$ nimmt die Füllmenge nahezu gleichmäßig (linear) zu.

(2) Zum Zeitpunkt $t = 0$ betrug der Füllstand des Silos 300 VE. Bestimmen Sie eine Funktion G(t), mit der der Füllstand zum Zeitpunkt t mit $0 \leq t \leq 12$ modelliert werden kann.

(3) Ermitteln Sie mithilfe des WTR den jeweiligen Füllstand nach $t = 1, 2, 3, \ldots, 12$ Stunden und skizzieren Sie den Graphen.

(4) Ermitteln Sie mithilfe der Skizze aus (3) den Zeitpunkt, zu dem im Silo die gleiche Füllmenge enthalten ist wie zu Beginn.

(5) Angenommen, man hätte – anders als in (2) – bzgl. die Füllmenge die Information, dass nach 6 Stunden 300 VE im Silo enthalten sind. Wie berechnet man dann die Füllmenge zu Beginn? Bestimmen Sie diese. **D1 D4**

Lösung

a) (1) Gesucht sind die Wendepunkte von f(t), also die Extrempunkte von f'(t); diese liegen bei t = 3 und bei t = 12. Da der Betrag des Funktionswerts f'(3) kleiner ist als der an der Stelle t = 12, also |f'(3)| < |f'(12)|, liegt die stärkste Änderung zum Zeitpunkt t = 12 vor.

Hinweis: Die folgende Berechnung der Nullstellen der 2. Ableitung (notwendige Bedingung) ist in der Aufgabenstellung nicht verlangt, aber zur Kontrolle möglich: f''(t) = 0 ⇔ $-x^2 + 15x - 36 = 0$ ⇔ $(x - 7,5)^2 = 20,25$ ⇔ x = 3 ∨ x = 12.

(2) $\frac{f(4) - f(0)}{4 - 0} \approx \frac{250 - 400}{4} = -37,5$ (VE/h)

(3) Gesucht ist ein Zeitpunkt t_0, für den gilt, dass die Füllmenge um 50 VE größer ist als 2 Stunden danach; ein solcher Zeitpunkt liegt also in dem Bereich, in dem der Graph streng monoton fällt. Es gilt $t_0 \approx 4,5$, vgl. Grafik.

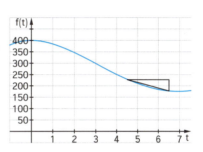

b) (1) Aussage A ist richtig, da während der ersten 6 Stunden die Änderungsrate negativ ist, die Füllmenge also ständig verringert wird.
Aussage B ist richtig, denn die Gesamtänderung ist positiv (Fläche oberhalb der t-Achse, also für 6 ≤ t ≤ 12, ist größer als die Fläche unterhalb der t-Achse, also 0 ≤ t ≤ 6).
Aussage C ist falsch, vgl. Aussage A.
Aussage D ist falsch, denn wenn die Änderungsrate für größer werdendes t näherungsweise linear wächst bedeutet dies, dass die Füllmenge quadratisch wächst.

(2) Gesucht ist eine Stammfunktion G von g mit G(0) = 300:

Aufleiten von $g(t) = -\frac{1}{3}t^3 + 9t^2 - 42t$: $G_0(t) = -\frac{1}{12}t^4 + 3t^3 - 21t^2$.

Da $G_0(0) = 0$, ist die gesuchte Stammfunktion gegeben durch

$G(t) = -\frac{1}{12}t^4 + 3t^3 - 21t^2 + 300$.

(3) Mithilfe des WTR werden die gewünschten Funktionswerte berechnet und im Koordinatensystem eingetragen, danach der Graph skizziert.

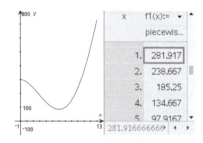

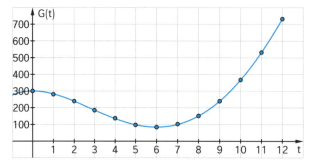

(4) Der Grafik ist zu entnehmen, dass ungefähr nach $9\frac{1}{2}$ Stunden die ursprüngliche Füllmenge wieder erreicht ist.

(5) Gesucht ist eine Stammfunktion $G(t) = -\frac{1}{12}t^4 + 3t^3 - 21t^2 + C$ mit $G(6) = 300$.

Durch Einsetzen von $t = 6$ kann die Integrationskonstante C ermittelt werden. Mithilfe des WTR erhält man $G(6) = G_0(6) + C = -216 + C$, also $C = 516$. Die Füllmenge zu Beginn betrug 516 VE.

Aufgabe 7 *Marienkirche in Dortmund*

Die Turmspitze der Marienkirche in Dortmund hat eine quadratische Grundfläche ABCD (die Seitenlänge werde mit 8 m angenommen), auf der vier senkrecht gemauerte gleichseitige Dreiecke stehen; die vierteiligen Dachflächen der Turmspitze sind rautenförmig.

Ein lokales Koordinatensystem ist so festgelegt, dass die Straßenebene durch $z = 0$ bestimmt ist und die Ecken A, B, C, D folgende Koordinaten haben:
$A(-4|-4|z)$, $B(+4|-4|z)$, $C(+4|+4|z)$ und $D(-4|+4|z)$, mit $z > 0$.

Die Turmspitze liegt 42,50 m über dem Straßenniveau.

a) Bestimmen Sie die Koordinaten der oberen Eckpunkte P_{AB}, P_{BC}, P_{CD}, P_{DA} der gleichseitigen Dreiecke zunächst in Abhängigkeit von z sowie die Koordinaten der Turmspitze S (auf der das Kreuz steht). Geben Sie die Koordinaten der Eckpunkte der Grundfläche auch numerisch an. (Angaben mit 2 Dezimalstellen).
   [Kontrollergebnis: $z = 28{,}64$] **E1**

   Aus der Formelsammlung:
   Für die Höhe h im gleichseitigen Dreieck mit Seitenlänge a gilt:
   $h = \frac{a}{2} \cdot \sqrt{3}$.

b) Bestimmen Sie die Gleichung für die Dachfläche, die den Punkt A enthält, in Parameterform. **F3**

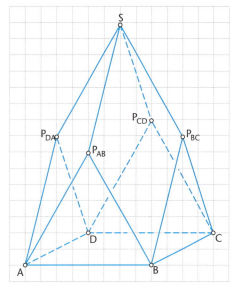

c) Das Kreuz auf der Turmspitze soll durch vier Laserstrahler so beleuchtet werden, dass der Strahl genau über die zum Kreuz führenden Dachkanten führt und diese zusätzlich beleuchtet. Die Laserstrahler sollen ebenerdig montiert werden. Berechnen Sie, in welcher Entfernung von der Turmmitte die Strahler zu montieren sind, und bestimmen Sie den Winkel α, den die Strahlen gegenüber dem Straßenniveau haben. Führen Sie Ihre Untersuchungen für *einen* der vier Laserstrahler durch. **F1 F4 G1**

d) (1) Berechnen Sie die Innenwinkel β und γ der Rauten.
   (2) **nur eA:** Bestimmen Sie die Neigung δ der rautenförmigen Dachflächen gegenüber dem Grundniveau. **G2**

e) Bestimmen Sie das Volumen des Dachraums der Turmspitze oberhalb des Quadrats ABCD (die Dicke der Mauern und des Dachs werden vernachlässigt). **G4**

f) Die Statik der Dachkonstruktion soll durch Stützbalken verstärkt werden. Diese verbinden die Mitten der Rauten mit dem jeweils gegenüberliegenden Eckpunkt des Grundquadrats ABCD. Bestimmen Sie die Länge dieser Balken (die sich im Innern der Kirchturmspitze gegenseitig durchdringen) sowie deren Neigungswinkel ε mithilfe der Methoden der Vektorgeometrie. **E5 G1**

Lösung

a) Koordinaten der oberen Eckpunkte der gleichseitigen Dreiecke: Für die Höhe h im gleichseitigen Dreieck gilt: $h = \frac{a}{2} \cdot \sqrt{3}$, also hier $h = \frac{8}{2} \cdot \sqrt{3} = 4 \cdot \sqrt{3} \approx 6{,}93$ m.

Die oberen Eckpunkte der Dreiecke haben daher die Koordinaten $P_{AB}(0|-4|z+6{,}93)$, $P_{BC}(4|0|z+6{,}93)$, $P_{CD}(0|4|z+6{,}93)$, $P_{DA}(-4|0|z+6{,}93)$.

Die Turmspitze S liegt dann noch einmal 6,93 m höher, wie sich aus der Rautenform der Dachflächen ergibt.
Da die Turmspitze über der Mitte des Quadrats ABCD liegt, gilt für deren Koordinaten: $S(0|0|42{,}50)$.

Da sich für die eigentliche Turmspitze eine Höhe von $2 \cdot 6{,}93$ m $= 13{,}86$ m ergibt, muss gelten:
$z = 42{,}50 - 13{,}86 = 28{,}64$.

Es gilt also: $A(-4|-4|28{,}64)$, $B(+4|-4|28{,}64)$, $C(+4|+4|28{,}64)$ und $D(-4|+4|28{,}64)$ sowie
$P_{AB}(0|-4|35{,}57)$, $P_{BC}(4|0|35{,}57)$, $P_{CD}(0|4|35{,}57)$, $P_{DA}(-4|0|35{,}57)$.

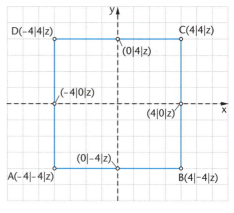

b) Die Dachflächen-Ebene wird aufgespannt durch die beiden Vektoren, die vom Eckpunkt A ausgehen und zu je zwei benachbarten Punkten P_{AB} und P_{DA} führen.
Für die Ebene, die den Punkt A enthält, gilt also:

$$E_A: \vec{x} = \overrightarrow{OA} + r \cdot \overrightarrow{AP_{DA}} + s \cdot \overrightarrow{AP_{AB}} = \begin{pmatrix} -4 \\ -4 \\ 28{,}64 \end{pmatrix} + r \cdot \begin{pmatrix} -4-(-4) \\ 0-(-4) \\ 35{,}57-28{,}64 \end{pmatrix} + s \cdot \begin{pmatrix} 0-(-4) \\ -4-(-4) \\ 35{,}57-28{,}64 \end{pmatrix} =$$

$$= \begin{pmatrix} -4 \\ -4 \\ 28{,}68 \end{pmatrix} + r \cdot \begin{pmatrix} 0 \\ 4 \\ 6{,}93 \end{pmatrix} + s \cdot \begin{pmatrix} 4 \\ 0 \\ 6{,}93 \end{pmatrix}.$$

c) Gesucht wird die Gerade, die sich aus der Verlängerung z. B. der Strecke zwischen P_{AB} und S ergibt, also:

$$g_{AB}: \vec{x} = \overrightarrow{OP_{AB}} + r \cdot \overrightarrow{P_{AB}S} = \begin{pmatrix} 0 \\ -4 \\ 35{,}57 \end{pmatrix} + r \cdot \begin{pmatrix} 0-0 \\ 0-(-4) \\ 42{,}50-35{,}57 \end{pmatrix}$$

$$= \begin{pmatrix} 0 \\ -4 \\ 35{,}57 \end{pmatrix} + r \cdot \begin{pmatrix} 0 \\ 4 \\ 6{,}93 \end{pmatrix}.$$

Diese Gerade schneidet die x_1-x_2-Ebene genau dann, wenn $x_3 = 0$, also wenn
$35{,}57 + 6{,}93 \cdot r = 0$, d. h. für $r \approx -5{,}133$.
Einsetzen dieses Parameterwerts in der Geradengleichung ergibt die Koordinaten des Montagepunkts des Laserstrahlers:

$$\vec{x} = \begin{pmatrix} 0 \\ -4 \\ 35{,}57 \end{pmatrix} + (-5{,}133) \cdot \begin{pmatrix} 0 \\ 4 \\ 6{,}93 \end{pmatrix} = \begin{pmatrix} 0 \\ -24{,}532 \\ 0 \end{pmatrix}.$$

Der Laserstrahler müsste ca. 24,53 m von der Turmmitte entfernt montiert werden.

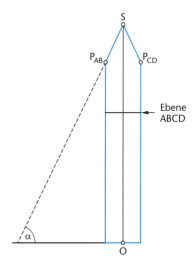

Der zu bestimmende Winkel α wird bestimmt durch den Richtungsvektor der Geraden und einen Vektor, der vom Montagepunkt des Laserstrahlers auf den Ursprung des Koordinatensystems weist:

$$\cos(\alpha) = \frac{\left\|\begin{pmatrix}0\\24{,}53\\0\end{pmatrix} * \begin{pmatrix}0\\4\\6{,}93\end{pmatrix}\right\|}{24{,}53 \cdot \sqrt{4^2 + 6{,}93^2}} \approx \frac{98{,}12}{196{,}28} \approx 0{,}500 \Rightarrow \alpha \approx 60{,}0°.$$

Alternativ ist auch eine Argumentation möglich, dass das Dreieck $P_{AB}P_{CD}S$ gleichseitig ist und daher in diesem Dreieck, also auch am Montagepunkt, ein Winkel von 60° auftritt.

d) (1) Innenwinkel β der Rauten = Winkel zwischen den Richtungsvektoren der Ebene E_A:

$$\cos(\beta) = \frac{\left\|\begin{pmatrix}0\\4\\6{,}93\end{pmatrix} * \begin{pmatrix}0\\0\\6{,}93\end{pmatrix}\right\|}{\sqrt{4^2 + 6{,}93^2} \cdot \sqrt{4^2 + 6{,}93^2}} \approx \frac{48{,}0249}{64{,}0249} \approx 0{,}7501 \Rightarrow \beta \approx 41{,}4°.$$

Der Komplementärwinkel der Raute ist γ = 180° − β = 180°− 41,4° = 138,6°.

(2) (**nur eA**): Neigungswinkel δ der Dachfläche = Winkel zwischen einem Normalenvektor der Ebene, die durch ABCD geht (parallel zur x_1-x_2-Ebene) und zu einem Normalenvektor der Ebene E_A:

$$\cos(\delta) = \frac{\left\|\begin{pmatrix}0\\0\\1\end{pmatrix} * \begin{pmatrix}6{,}93\\6{,}93\\-4\end{pmatrix}\right\|}{\sqrt{1^2} \cdot \sqrt{6{,}93^2 + 6{,}93^2 + (-4)^2}} \approx \frac{4}{10{,}5854} \approx 0{,}3779 \Rightarrow \delta \approx 67{,}8°,$$

denn offensichtlich ist der Vektor $\vec{n_1} = \begin{pmatrix}6{,}93\\6{,}93\\-4\end{pmatrix}$ ein Normalenvektor zu den beiden

Richtungsvektoren der Ebene, da gilt $\begin{pmatrix}0\\4\\6{,}93\end{pmatrix} * \begin{pmatrix}6{,}93\\6{,}93\\-4\end{pmatrix} = 0$ und $\begin{pmatrix}4\\0\\6{,}93\end{pmatrix} * \begin{pmatrix}6{,}93\\6{,}93\\-4\end{pmatrix} = 0.$

e) Man betrachtet getrennt das Volumen des Körpers bis zu den Punkten P_{AB}, P_{BC}, P_{CD}, P_{DA} und der darauf sitzenden quadratischen Pyramide mit Seitenlänge $4\sqrt{2}$ und der Höhe 6,93 m. Der untere Teilkörper ergibt sich, wenn man vom Volumen eines Quader mit quadratischer Grundfläche (Seitenlänge 8 m) und Höhe 6,93 m die Volumina von vier Pyramiden subtrahiert, deren Grundfläche rechtwinklig ist (Kathetenlänge 4 m) und deren Höhe 6,93 m.

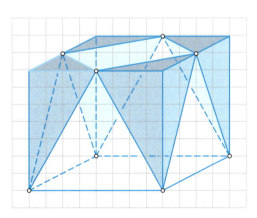

Insgesamt ergibt sich:

$V = 8^2 \cdot 6{,}93 - 4 \cdot \left(\frac{1}{3} \cdot \frac{1}{2} \cdot 4^2 \cdot 6{,}93\right) + \frac{1}{3} \cdot (4\sqrt{2})^2 \cdot 6{,}93 \approx 443{,}5 \text{ m}^3.$

f) Einer der Balken verbindet den Mittelpunkt $M_A(-2|-2|35{,}57)$ der Strecke $P_{DA}P_{AB}$ mit dem gegenüber liegenden Punkt $C(+4|+4|28{,}64)$. Die Länge dieses Balkens, also die Länge des Vektors $\overrightarrow{CM_A} = \begin{pmatrix}-6\\-6\\6{,}93\end{pmatrix}$, ist $\sqrt{(-6)^2 + (-6)^2 + 6{,}93^2} \approx 10{,}96$ m.

Der Neigungswinkel ε des Balkens ergibt sich aus dem Winkel zwischen dem Vektor $\overrightarrow{CM_A} = \begin{pmatrix} -6 \\ -6 \\ 6{,}93 \end{pmatrix}$ und dem Verbindungsvektor $\overrightarrow{CA} = \begin{pmatrix} -8 \\ -8 \\ 0 \end{pmatrix}$ von C nach A:

$$\cos(\varepsilon) = \frac{\begin{pmatrix} -6 \\ -6 \\ 6{,}93 \end{pmatrix} * \begin{pmatrix} -8 \\ -8 \\ 0 \end{pmatrix}}{\sqrt{(-6)^2 + (-6)^2 + 6{,}93^2} \cdot \sqrt{(-8)^2 + (-8)^2 + 0^2}} \approx \frac{96}{123{,}948} \approx 0{,}7745 \Rightarrow \varepsilon \approx 39{,}2°.$$

Aufgabe 8 Die Scheune

Die Abbildung zeigt eine Scheune mit einem Pultdach. Die Eckpunkte haben die Koordinaten A(6|0|0), B(6|10|0), C(0|10|0), F(6|0|3), G(6|10|3), H(0|10|4), K(0|0|4).

Auf dem Boden des Hauses wird ein 5 m langes, senkrecht stehendes Schornsteinrohr aufgestellt. Zur Vereinfachung betrachten wir bei der geometrischen Beschreibung dieses Schornsteinrohres nur

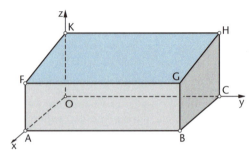

den im Schornsteininneren verlaufenden Teil seiner Symmetrieachse. Der Fuß des Schornsteinrohres befindet sich dann im Punkt I(4|7|0). Eine Längeneinheit entspricht einem Meter.

a) Berechnen Sie den Rauminhalt der Scheune und die Größe ihrer Dachfläche.

b) Die schräg verlaufende Dachfläche liege in der Ebene E.

   (1) Geben Sie für die Ebene E eine Parameterdarstellung an.
   (2) Untersuchen Sie, ob der Punkt P(1,5|7,5|3,75) auf E liegt.
   (3) Bestimmen Sie den Neigungswinkel des Daches.
   (4) (**nur eA**) Bestimmen Sie eine Koordinatengleichung für die Ebene E.
   (5) (**nur eA**) Berechnen Sie den Abstand der Spitze des Schornsteinrohres vom Dach.

c) Eine Sicherheitsvorschrift besagt, dass das Schornsteinrohr mindestens 2 m aus dem Dach herausragen muss.
Bestimmen Sie den Punkt, in dem das Schornsteinrohr die Dachfläche durchstößt und begründen Sie Ihre Entscheidung, ob die Sicherheitsvorschrift eingehalten wird. Berechnen Sie, wie viel Prozent des Schornsteinrohres sich außerhalb des Daches befinden.

d) Paralleles Sonnenlicht fällt in Richtung des Vektors $\vec{v} = \begin{pmatrix} -1 \\ 2 \\ -3 \end{pmatrix}$ ein.

   (1) Hierdurch entsteht in der xy-Ebene eine Schattenlinie der Kante KH und hiermit ein im Schatten liegendes Parallelogramm OCH'K'.
   Bestimmen Sie die Koordinaten der Schattenpunkte K' und H' sowie den Flächeninhalt des Schattenbereichs OCH'K'.
   (2) Berechnen Sie den Schattenpunkt der Spitze des Schornsteinrohres auf der Dachfläche.

Lösung

a) Wir fassen das Gebäude als Prisma auf mit Grundfläche BCHG und Höhe AB. Die Grundfläche ist ein Trapez mit den parallelen Seiten BG und CH sowie der Flächenhöhe BC. Das Volumen des Prismas beträgt

$$V = \frac{1}{2} \cdot (|\vec{BG}| + |\vec{CH}|) \cdot |\vec{BC}| \cdot |\vec{AB}| = \frac{1}{2} \cdot (3\,m + 4\,m) \cdot 6\,m \cdot 10\,m = 210\,m^3.$$

Die fehlende Kantenlänge der Dachfläche erhält man als Länge des Vektors $\vec{GH} = \begin{pmatrix} -6 \\ 0 \\ 1 \end{pmatrix}$

zu $\sqrt{37}$ m. Damit beträgt der Flächeninhalt der Dachfläche A = 10 · $\sqrt{37}$ ≈ 60,83 m².

b) (1) Die Ebene E wird beispielsweise aufgespannt durch die Vektoren $\vec{FG}$ und $\vec{FK}$, also

$$E: \vec{x} = \begin{pmatrix} 6 \\ 0 \\ 3 \end{pmatrix} + r \begin{pmatrix} 0 \\ 1 \\ 0 \end{pmatrix} + s \begin{pmatrix} -6 \\ 0 \\ 1 \end{pmatrix}.$$

(2) Wenn der Punkt P in der Ebene E liegt, muss es Parameterwerte r uns s geben, so dass das lineare Gleichungssystem

$$\begin{vmatrix} 6 + 0\,r - 6\,s = 1{,}5 \\ 0 + 1\,r + 0\,s = 7{,}5 \\ 3 + 0\,r + 1\,s = 3{,}75 \end{vmatrix} \text{ erfüllt ist.}$$

Aus der 2. Gleichung des Gleichungssystems liest man unmittelbar ab, dass r = 7,5 ist, und aus der 1. und der 3. Gleichung des Gleichungssystems ergibt sich übereinstimmend: s = 0,75.

(3) Der Neigungswinkel des Daches kann ermittelt werden als Winkel zwischen dem

Vektor $\vec{FK} = \begin{pmatrix} 0 - 6 \\ 0 - 0 \\ 4 - 3 \end{pmatrix} = \begin{pmatrix} -6 \\ 0 \\ 1 \end{pmatrix}$ und dem Vektor $\vec{AO} = \begin{pmatrix} 0 - 6 \\ 0 - 0 \\ 0 - 0 \end{pmatrix} = \begin{pmatrix} -6 \\ 0 \\ 0 \end{pmatrix}$:

$$\cos(\alpha) = \frac{\begin{pmatrix} -6 \\ 0 \\ 1 \end{pmatrix} * \begin{pmatrix} -6 \\ 0 \\ 0 \end{pmatrix}}{\sqrt{37} \cdot 6} = \frac{36}{\sqrt{37} \cdot 6} = \frac{6}{\sqrt{37}}, \text{ also gilt } \alpha \approx 9{,}5°.$$

(4) An den Richtungsvektoren kann man direkt einen Normalenvektor der Ebene ablesen:

$\vec{n} = \begin{pmatrix} 1 \\ 0 \\ 6 \end{pmatrix}$. Hiermit ergibt sich (beispielsweise mithilfe der Koordinaten des Punkts F):

$$\begin{pmatrix} 1 \\ 0 \\ 6 \end{pmatrix} * \begin{pmatrix} x \\ y \\ z \end{pmatrix} = \begin{pmatrix} 1 \\ 0 \\ 6 \end{pmatrix} * \begin{pmatrix} 6 \\ 0 \\ 3 \end{pmatrix} = 24, \text{ also } x + 6\,z = 24.$$

(5) Die Spitze des Schornsteins liegt im Punkt S(4|7|5).
Gesucht ist der Schnittpunkt des Lotes zur Dachfläche mit der Dachfläche.
Das Lot lässt sich durch folgende Parameterdarstellung beschreiben:

$$l: \vec{x} = \begin{pmatrix}4\\7\\5\end{pmatrix} + t \cdot \begin{pmatrix}1\\0\\6\end{pmatrix}.$$

Gemeinsame Punkte von l und E erfüllen das Gleichungssystem:

$$\begin{pmatrix}4\\7\\5\end{pmatrix} + t \cdot \begin{pmatrix}1\\0\\6\end{pmatrix} = \begin{pmatrix}6\\0\\3\end{pmatrix} + r \cdot \begin{pmatrix}0\\1\\0\end{pmatrix} + s \cdot \begin{pmatrix}-6\\0\\1\end{pmatrix} \Leftrightarrow \begin{vmatrix}0r - 6s - 1t = -2\\1r + 0s + 0t = 7\\0r + 1s - 6t = 2\end{vmatrix}$$

$$\Leftrightarrow \begin{vmatrix}36s + 6t = 12\\r = 7\\1s - 6t = 2\end{vmatrix} \Leftrightarrow \begin{vmatrix}37s = 14\\r = 7\\1s - 6t = 2\end{vmatrix} \Leftrightarrow \begin{vmatrix}s = \frac{14}{37}\\r = 7\\t = -\frac{10}{37}\end{vmatrix}$$

Einsetzen der Parameterwerte in die Parameterdarstellung der Lotgerade (und zur Kontrolle in die Parameterdarstellung der Ebene) ergibt den Punkt F(3,73|7|3,38).

Der Abstand ergibt sich daher aus der Wurzel aus
$(3{,}73 - 4)^2 + (7 - 7)^2 + (3{,}38 - 5)^2 = 2{,}6973$,
beträgt also ungefähr 1,64 m.

Lösung mithilfe des GTR (Ausgabe der Lösung des Gleichungssystems als Brüche oder Dezimalzahlen) – auch das Einsetzen der Parameterwerte kann mit GTR-Unterstützung erfolgen:

c) Den Schnittpunkt Q der Ebene E mit der Geraden $g: \vec{x} = \begin{pmatrix}4\\7\\0\end{pmatrix} + t \cdot \begin{pmatrix}0\\0\\1\end{pmatrix}$, welche die

Symmetrieachse des Schornsteinrohrs beschreibt, erhält man durch Gleichsetzen mit der Parameterdarstellung der Ebene, also durch das lineare Gleichungssystem:

$$\begin{pmatrix}4\\7\\0\end{pmatrix} + t \cdot \begin{pmatrix}0\\0\\1\end{pmatrix} = \begin{pmatrix}6\\0\\3\end{pmatrix} + r \cdot \begin{pmatrix}0\\1\\0\end{pmatrix} + s \cdot \begin{pmatrix}-6\\0\\1\end{pmatrix} \Leftrightarrow \begin{vmatrix}0r - 6s + 0t = -2\\1r - 0s + 0t = 7\\0r + 1s - 1t = -3\end{vmatrix}$$

Die Parameterwerte lassen sich unmittelbar ablesen: $s = \frac{1}{3}$; $r = 7$ und $t = \frac{10}{3}$

Einsetzen der Parameterwerte in die Parameterdarstellung der Gerade (und zur Kontrolle in die Parameterdarstellung der Ebene) ergibt also:

$$\vec{q} = \begin{pmatrix}4\\7\\0\end{pmatrix} + \frac{10}{3} \cdot \begin{pmatrix}0\\0\\1\end{pmatrix} = \begin{pmatrix}4\\7\\\frac{10}{3}\end{pmatrix} \text{ und } Q\left(4\,\middle|\,7\,\middle|\,\frac{10}{3}\right).$$

Da das Schornsteinrohr also nur 1,67 m aus dem Dach herausragt, ist die Sicherheitsvorschrift nicht erfüllt.

Es liegen $1 - \frac{\frac{10}{3}}{5} \approx 33\,\%$ des Schornsteins außerhalb des Dachs.

d) (1) Der Sonnenstrahl durch K kann beschrieben werden durch die Parameterdarstellung

$$\vec{x} = \begin{pmatrix} 0 \\ 0 \\ 4 \end{pmatrix} + r \cdot \begin{pmatrix} -1 \\ 2 \\ -3 \end{pmatrix}$$

Der Spurpunkt dieser Geraden mit der xy-Ebene ergibt sich aus der 3. Komponente:

$4 + r \cdot (-3) = 0 \Leftrightarrow r = \frac{4}{3}$, also K' $\left(-\frac{4}{3} \mid \frac{8}{3} \mid 0\right)$.

Analog ergibt sich H' $\left(-\frac{4}{3} \mid \frac{38}{3} \mid 0\right)$.

Das Parallelogramm hat (wie die Scheune) die Breite 10; die Höhe ist durch den Betrag der x-Koordinaten gegeben, d. h. der Flächeninhalt des Schattenbereichs beträgt $10 \cdot \frac{4}{3} \approx 13{,}3$ m².

(2) Den Schattenpunkt R der Schornsteinspitze auf der Dachfläche erhält man als

Schnittpunkt der Gerade $k: \vec{x} = \begin{pmatrix} 4 \\ 7 \\ 5 \end{pmatrix} + t \cdot \begin{pmatrix} -1 \\ 2 \\ -3 \end{pmatrix}$ mit der Ebene E,

also als Lösung des linearen Gleichungssystems

$$\begin{pmatrix} 4 \\ 7 \\ 5 \end{pmatrix} + t \cdot \begin{pmatrix} -1 \\ 2 \\ -3 \end{pmatrix} = \begin{pmatrix} 6 \\ 0 \\ 3 \end{pmatrix} + r \cdot \begin{pmatrix} 0 \\ 1 \\ 0 \end{pmatrix} + s \cdot \begin{pmatrix} -6 \\ 0 \\ 1 \end{pmatrix} \Leftrightarrow \begin{vmatrix} 0r - 6s + 1t = -2 \\ 1r + 0s - 2t = 7 \\ 0r + 1s + 3t = 2 \end{vmatrix}$$

$$\Leftrightarrow \begin{vmatrix} -6s + t = -2 \\ r - 2t = 7 \\ 6s + 18t = 12 \end{vmatrix} \Leftrightarrow \begin{vmatrix} -6s + t = -2 \\ r - 2t = 7 \\ 19t = 10 \end{vmatrix} \Leftrightarrow \begin{vmatrix} s = \frac{8}{19} \\ r = \frac{153}{19} \\ t = \frac{10}{19} \end{vmatrix}$$

Lösung mithilfe des GTR einschl. der Berechnung des Schattenpunkts:

```
linSolve({4-t=6-6·s
         {7+2·t=r   ,{r,s,t})
         {5-3·t=3+s
         {8.05263,0.421053,0.526316}

[4+0.526316·-1]        [3.47368]
[7+0.526316· 2]        [8.05263]
[5+0.526316·-3]        [3.42105]
```

Einsetzen der Parameterwerte in die Parameterdarstellung der Gerade (und zur Kontrolle in die Parameterdarstellung der Ebene) ergibt R (3,47|8,05|3,42).

Aufgabe 9 *Atomium*

In der belgischen Hauptstadt Brüssel steht das als Wahrzeichen für die Weltausstellung 1958 gebaute *Atomium*. Es stellt eine Vergrößerung der Elementarzelle eines Eisenkristalls dar und zeigt somit die Anordnung von neun Eisenatomen zueinander. Die Eisenatome werden durch Kugeln symbolisiert, die Verbindungsstreben stellen das sogenannte Gitter dar, das die geometrische Anordnung der Atome zueinander verdeutlicht. Hier handelt es sich um einen Würfel, in dessen Zentrum ein Eisenatom sitzt. Im Inneren einiger der Kugeln befinden sich ein Restaurant und mehrere Ausstellungsräume. Das Atomium ist eine der bekanntesten Sehenswürdigkeiten der Stadt.

Von den Eckpunkten des Atomiums sind die Koordinaten der Kugeln A(4|0|3), C(0|5|0), F(−3|0|4) und H(1|5|7) bekannt. Die Kugel B liegt im Ursprung eines dreidimensionalen Koordinatensystems, dessen x-y-Ebene nicht dem Erdboden entspricht. Die mit H bezeichnete Kugel befindet sich – bezogen auf den Erdboden – senkrecht über B.

a) Bestimmen Sie die Koordinaten der Eckpunkte D, E und G.

b) Geben Sie die Koordinaten der Kugel im Zentrum des Atomiums an.

c) Berechnen Sie den Winkel, den eine Außenkante des Atomiums und eine diese Außenkante schneidende Diagonale des Atomiums einschließen.

d) Die Kugeln und Verbindungsrohre des Atomiums sollen mit einem neuen Schutzanstrich versehen werden. Die Rohre haben einen Durchmesser von 3 Längeneinheiten (LE). Die Kugeln an den Eckpunkten werden zur Vereinfachung als punktförmig angenommen, dafür werden 15 % mehr Farbe als für die Rohre benötigt bestellt.

Bestimmen Sie die benötigte Menge an Farbe, wenn man für 5 Flächeneinheiten (FE) einen Liter Farbe benötigt.

e) **Nur gA:** Wie oben angegeben, befindet sich die Kugel H – bezogen auf den Erdboden – senkrecht über der Kugel B.
Eine Parameterdarstellung der Fläche, die den Erdboden bestimmt, kann daher dadurch ermittelt werden, dass man irgendwelche zwei (nicht kollineare) Vektoren als Richtungsvektoren für die Bodenebene sucht, die senkrecht zu BH sind.

Geben Sie zwei solcher Vektoren an und stellen Sie damit eine mögliche Parameterdarstellung der Bodenebene auf.

f) **Nur eA:** Erläutern Sie, dass der Erdboden im gewählten Koordinatensystem durch die Ebene mit der Gleichung $E_{Erdboden}: x + 5y + 7z = 0$ beschrieben werden kann.

g) **Nur eA:** Geben Sie eine Parameterdarstellung der Ebene $E_{Erdboden}$ an.

h) Über die Kugel im Punkt H fällt paralleles Sonnenlicht mit der Richtung $\vec{u} = \begin{pmatrix} 10 \\ 7 \\ -15 \end{pmatrix}$ ein.

Berechnen Sie die Koordinaten des Schattenpunkts auf dem Erdboden und (**nur eA**) in welchem Winkel der Lichtstrahl auf den Erdboden trifft. Bestimmen Sie zudem die Länge des Schattens auf dem Erdboden.

Anlässlich des 65. Geburtstags des Atomiums im Jahre 2023 wird eine Lasershow geplant. Als Projektionsfläche sollen die Außenflächen des Atomiums dienen, die für diesen Zweck mit Planen abgehängt werden. Einer der Laserstrahlen soll im Mittelpunkt der Außenfläche ABCD unter einem Winkel von 90° auftreffen; der zugehörige Projektor soll auf dem Erdboden montiert werden.

i) **Nur eA:** Berechnen Sie, welchen Abstand dieser Projektor zum Mittelpunkt der Außenfläche ABCD besitzt und in welchem Winkel zum Erdboden der Projektor eingestellt werden muss. (F5) (F8) (G3) (G5)

Lösung

a) Da B im Ursprung liegt, sind alle von B ausgehenden Vektoren gleich den Ortvektoren der Endpunkte, d.h. $\vec{BA} = \vec{OA}$ usw.

Berechnung der Ortsvektoren der Punkte D, E, G:

$\vec{OD} = \vec{BD} = \vec{BA} + \vec{AD} = \vec{BA} + \vec{BC} = \begin{pmatrix} 4 \\ 0 \\ 3 \end{pmatrix} + \begin{pmatrix} 0 \\ 5 \\ 0 \end{pmatrix} = \begin{pmatrix} 4 \\ 5 \\ 3 \end{pmatrix}$, also D(4|5|3).

$\vec{OE} = \vec{BE} = \vec{BA} + \vec{AE} = \vec{BA} + \vec{BF} = \begin{pmatrix} 4 \\ 0 \\ 3 \end{pmatrix} + \begin{pmatrix} -3 \\ 0 \\ 4 \end{pmatrix} = \begin{pmatrix} 1 \\ 0 \\ 7 \end{pmatrix}$, also E(1|0|7).

$\vec{OG} = \vec{BG} = \vec{BC} + \vec{CG} = \vec{BC} + \vec{BF} = \begin{pmatrix} 0 \\ 5 \\ 0 \end{pmatrix} + \begin{pmatrix} -3 \\ 0 \\ 4 \end{pmatrix} = \begin{pmatrix} -3 \\ 5 \\ 4 \end{pmatrix}$, also G(−3|5|4).

b) Die Mittelkugel liegt im Mittelpunkt der Strecke BH:

$\vec{OM} = \frac{1}{2} \cdot (\vec{OB} + \vec{OH}) = \frac{1}{2} \cdot \begin{pmatrix} 1 \\ 5 \\ 7 \end{pmatrix} = \begin{pmatrix} 0,5 \\ 2,5 \\ 3,5 \end{pmatrix}$, also M(0,5|2,5|3,5).

c) Es stehen eine Vielzahl an Kanten und Diagonalen zur Auswahl, da durch den symmetrischen Körper an jeder Ecke der gleiche Winkel zur Diagonale entsteht. Exemplarisch wird hier der Winkel ∢HBC berechnet:

$\cos(\alpha) = \frac{|\vec{BH} * \vec{BC}|}{|\vec{BH}| \cdot |\vec{BC}|} = \frac{\left|\begin{pmatrix} 1 \\ 5 \\ 7 \end{pmatrix} * \begin{pmatrix} 0 \\ 5 \\ 0 \end{pmatrix}\right|}{\left|\begin{pmatrix} 1 \\ 5 \\ 7 \end{pmatrix}\right| \cdot \left|\begin{pmatrix} 0 \\ 5 \\ 0 \end{pmatrix}\right|} = \frac{25}{\sqrt{75} \cdot 5} = \frac{5}{\sqrt{75}} \quad \Rightarrow \quad \alpha = \cos^{-1}\left(\frac{5}{\sqrt{75}}\right) \approx 54{,}74°.$

Der Winkel zwischen der Raumdiagonalen und einer Seitenkante beträgt ca. 54,74°.

d) Alle Verbindungsrohre können als Zylinder modelliert werden, deren Mantelfläche gesucht ist. Es gilt: $M_{Zylinder} = 2\pi r \cdot h = \pi d \cdot h$.

Für die Seitenkanten ergibt sich: Die Länge h einer Seitenkante beträgt 5 LE, da

$|\vec{BC}| = \left|\begin{pmatrix} 0 \\ 5 \\ 0 \end{pmatrix}\right| = \sqrt{25} = 5$, und der Durchmesser ist 3 LE. Für die Oberfläche aller zwölf

Verbindungsrohre, die die Außenkanten des Atomiums bilden, erhält man:

$O_{Seitenkanten} = 12 \cdot M_{Zylinder} = 12 \cdot (\pi \cdot 3 \cdot 5) = 180\pi$.

Für die Länge einer der vier Raumdiagonalen berechnet man: $|\vec{BH}| = \left|\begin{pmatrix} 1 \\ 5 \\ 7 \end{pmatrix}\right| = \sqrt{75}$.

Für deren Oberfläche erhält man: $O_{Raumdiagonalen} = 4 \cdot (\pi \cdot 3 \cdot \sqrt{75} = 12 \cdot \sqrt{75} \cdot \pi$.

Daraus ergibt sich: $O_{gesamt} = 180\pi + 12 \cdot \sqrt{75} \cdot \pi \approx 891{,}97$.

Die zu streichende Oberfläche beträgt also ca. 892 FE, das entspricht also $5 \frac{L}{FE} \cdot 892 \text{ FE} = 4460 \text{ L}$ Farbe zuzüglich 15 % für die Kugeln.

Insgesamt müssen also 4460 L · 1,15 = 5129 L Farbe bestellt werden.

e) Da der Vektor $\overrightarrow{BH}$ senkrecht auf dem Erdboden steht, gilt für jeden Ortsvektor $\begin{pmatrix} a \\ b \\ c \end{pmatrix}$ in der Ebene des Erdbodens das Orthogonalitätskriterium: $\begin{pmatrix} 1 \\ 5 \\ 7 \end{pmatrix} * \begin{pmatrix} a \\ b \\ c \end{pmatrix} = 0$.

Es gibt unendlich viele solcher zu $\overrightarrow{BH}$ orthogonalen Vektoren – die Gleichung $1a + 5b + 7c = 0$ ist unterbestimmt. Setzt man für zwei der drei Variablen eine (möglichst geschickt gewählte) Zahl ein, so kann man die dritte Variable berechnen und erhält einen orthogonalen Vektor.

Wählt man zum Beispiel für den ersten Vektor a = –5 und c = 0, so ergibt sich b = 1, damit die Gleichung erfüllt ist. Der orthogonale Vektor lautet dann: $\vec{v} = \begin{pmatrix} -5 \\ 1 \\ 0 \end{pmatrix}$.

Wählt man z. B. b = 0 und c = 1, dann ist a = –7. Man erhält einen zweiten Vektor: $\vec{w} = \begin{pmatrix} -7 \\ 0 \\ 1 \end{pmatrix}$.

Die beiden Vektoren sind nicht kollinear zueinander und daher kann man eine Parametergleichung für den Erdboden erstellen: $E_{Erdboden}: \vec{x} = \overrightarrow{OB} + r \cdot \vec{v} + s \cdot \vec{w} = r \cdot \begin{pmatrix} -5 \\ 1 \\ 0 \end{pmatrix} + s \cdot \begin{pmatrix} -7 \\ 0 \\ 1 \end{pmatrix}$.

f) Die Ebenengleichung ist in der Normalenform $n_1 \cdot x + n_2 \cdot y + n_3 \cdot z = d$ gegeben. Die Komponenten eines Normalenvektors der Ebene können also direkt abgelesen werden.

Es gilt: $\vec{n} = \begin{pmatrix} 1 \\ 5 \\ 7 \end{pmatrix}$. Man erkennt sofort, dass dieses gleich dem Vektor $\overrightarrow{BH}$ ist, welcher nach Konstruktion senkrecht auf dem Erdboden (nicht der x-y-Ebene) steht. Aus der Lage des Eckpunkts B (auf dem Erdboden und außerdem im Ursprung) ergibt sich für die Koordinatengleichung $\vec{x} * \vec{n} = \overrightarrow{OB} * \vec{n} = 0 = d$.

Damit ist $x + 5y + 7z = 0$ eine gültige Ebenengleichung für den Erdboden, auf dem das Atomium steht.

g) Eine Parameterdarstellung der Ebene kann man beispielsweise dadurch finden, indem man die Spurpunkte der Ebene ermittelt
- $S_x(0|7|-5)$, da $0 \cdot 1 + 5 \cdot 7 + 7 \cdot (-5) = 0$
- $S_y(7|0|-1)$, da $7 \cdot 1 + 5 \cdot 0 + 7 \cdot (-1) = 0$
- $S_z(5|-1|0)$, da $5 \cdot 1 + 5 \cdot (-1) + 7 \cdot 0 = 0$

Hieraus folgt $E_{Erdboden}: \vec{x} = \overrightarrow{OS_y} + r \cdot \overrightarrow{S_y S_z} + s \cdot \overrightarrow{S_y S_x} = \begin{pmatrix} 7 \\ 0 \\ -1 \end{pmatrix} + r \cdot \begin{pmatrix} 5-7 \\ -1-0 \\ 0-(-1) \end{pmatrix} + s \cdot \begin{pmatrix} 0-7 \\ 7-0 \\ -5-(-1) \end{pmatrix}$

$= \begin{pmatrix} 7 \\ 0 \\ -1 \end{pmatrix} + r \cdot \begin{pmatrix} -2 \\ -1 \\ 1 \end{pmatrix} + s \cdot \begin{pmatrix} -7 \\ 7 \\ -4 \end{pmatrix}$

Alternativ kann man irgendwelche nicht kollineare Vektoren wählen, die orthogonal zu $\overrightarrow{BH}$ sind und somit als Richtungsvektoren der Bodenflächenebene geeignet sind, beispielsweise $\vec{x} = \begin{pmatrix} 0 \\ 0 \\ 0 \end{pmatrix} + r \cdot \begin{pmatrix} 5 \\ -1 \\ 0 \end{pmatrix} + s \cdot \begin{pmatrix} 7 \\ 0 \\ -1 \end{pmatrix}$.

Aufgabe 9

h) Der Lichtstrahl über die Spitze H des Atomiums zum Erdboden kann durch eine Gerade mit $\overrightarrow{BH}$ als Stützvektor und $\vec{u}$ als Richtungsvektor modelliert werden:

$$g: \vec{x} = \begin{pmatrix} 1 \\ 5 \\ 7 \end{pmatrix} + t \cdot \begin{pmatrix} 10 \\ 7 \\ -15 \end{pmatrix}$$

Den Schattenpunkt erhält man als Schnittpunkt dieser Geraden und der Bodenflächenebene.

gA: $E_{Erdboden}: \vec{x} = r \cdot \begin{pmatrix} 5 \\ -1 \\ 0 \end{pmatrix} + s \cdot \begin{pmatrix} 7 \\ 0 \\ -1 \end{pmatrix}$

Der Schnittansatz $\begin{pmatrix} 1 \\ 5 \\ 7 \end{pmatrix} + t \cdot \begin{pmatrix} 10 \\ 7 \\ -15 \end{pmatrix} = r \cdot \begin{pmatrix} 5 \\ -1 \\ 0 \end{pmatrix} + s \cdot \begin{pmatrix} 7 \\ 0 \\ -1 \end{pmatrix}$ führt auf das lineare

Gleichungssystem $\begin{vmatrix} 5r + 7s = 10t + 1 \\ -r = 7t + 5 \\ -s = -15t + 7 \end{vmatrix}$. Die Variablen r und s kann man in der oberen

Gleichung ersetzen und erhält die Lösung

$r = -\frac{55}{4}$; $s = \frac{47}{4}$; $t = \frac{5}{4}$.

Alternativ ist auch eine Lösung des Gleichungssystems mithilfe des TR möglich.

```
linSolve({5·r+7·s=10·t+1, -r=7·t+5, -s=-15·t+7}, {r,s,t})
                                              {-55/4, 47/4, 5/4}

√((13.5)² + (13.75)² + (-11.75)²)              22.5693
```

eA: $E_{Erdboden}: x + 5y + 7z = 0$

Aus der Parameterdarstellung von g erhält man komponentenweise:
x = 1 + 10 t, y = 5 + 7 t und z = 7 − 15 t. Einsetzen in die Koordinatengleichung ergibt
1 · (1 + 10 t) + 5 · (5 + 7 t) + 7 · (7 − 15 t) = 0, also 75 − 60 t = 0 und weiter $t = \frac{5}{4}$.

Durch Einsetzen in eine der beiden Parameterdarstellungen (oder als Probe in beide) erhält man dann für den Schattenpunkt S die Koordinaten (13,5 | 13,75 | −11,75), denn:

$\overrightarrow{OS} = \begin{pmatrix} 1 \\ 5 \\ 7 \end{pmatrix} + \frac{5}{4} \cdot \begin{pmatrix} 10 \\ 7 \\ -15 \end{pmatrix} = \begin{pmatrix} 13{,}50 \\ 13{,}75 \\ -11{,}75 \end{pmatrix}$.

Die Länge des Schattens beträgt somit $|\overrightarrow{OS}| \approx 22{,}57$ LE.

Nur eA: Der gesuchte Winkel ist ein Winkel zwischen einer Gerade g und der Erdboden-Ebene. Es gilt:

$$\sin(\varphi) = \frac{|\vec{u} * \vec{n}_{Erdboden}|}{|\vec{u}| \cdot |\vec{n}_{Erdboden}|} = \frac{\left\| \begin{pmatrix} 10 \\ 7 \\ -15 \end{pmatrix} * \begin{pmatrix} 1 \\ 5 \\ 7 \end{pmatrix} \right\|}{\left\| \begin{pmatrix} 10 \\ 7 \\ -15 \end{pmatrix} \right\| \cdot \left\| \begin{pmatrix} 1 \\ 5 \\ 7 \end{pmatrix} \right\|} = \frac{|-60|}{\sqrt{374} \cdot \sqrt{75}}$$

```
sin⁻¹(60 / (√374 · √75))              20.9927
```

$\Rightarrow \varphi \approx 20{,}99°$.

Das Licht trifft in einem Winkel von ungefähr 21° auf den Erdboden.

i) Die quadratische Außenfläche wird durch die Punkte A, B, C und D festgelegt. Da sich die Diagonalen im Mittelpunkt eines Quadrats schneiden und die Diagonalen dabei jeweils halbiert werden, sind der Mittelpunkt der Außenfläche und der Mittelpunkt zweier gegenüberliegender Eckpunkte identisch:

$$\overrightarrow{OM}_{\text{Außenfläche}} = \overrightarrow{OM}_{AC} = \frac{1}{2} \cdot \begin{pmatrix} 4 \\ 0 \\ 3 \end{pmatrix} + \begin{pmatrix} 0 \\ 5 \\ 0 \end{pmatrix} = \begin{pmatrix} 2 \\ 2,5 \\ 1,5 \end{pmatrix}$$

Der Laserstrahl soll in $\overrightarrow{OM}_{AC}$ in einem 90°-Winkel auftreffen, d. h., der Laserstrahl steht senkrecht auf der Ebene ABCD. Die Richtung des Laserstrahls ist also durch einen Normalenvektor der Ebene ABCD bestimmt:

$$\vec{n}_{ACE} = \overrightarrow{BA} \times \overrightarrow{BC} = \begin{pmatrix} 4 \\ 0 \\ 3 \end{pmatrix} * \begin{pmatrix} 0 \\ 5 \\ 0 \end{pmatrix} = \begin{pmatrix} -15 \\ 0 \\ 20 \end{pmatrix} = 5 \cdot \begin{pmatrix} -3 \\ 0 \\ 4 \end{pmatrix}$$

Hieraus ergibt sich die Parameterdarstellung der Gerade, durch die der Laserstrahl beschrieben wird:

$$g: \vec{x} = \begin{pmatrix} 2 \\ 2,5 \\ 1,5 \end{pmatrix} + p \cdot \begin{pmatrix} -3 \\ 0 \\ 4 \end{pmatrix} = \begin{pmatrix} 2 - 3p \\ 2,5 \\ 1,5 + 4p \end{pmatrix}$$

Der Standort des Projektors ist der Schnittpunkt P von g mit der Erdbodenebene $(x + 5y + 7z = 0)$. Einsetzen der Komponenten in die Koordinatengleichung ergibt:

$1 \cdot (2 - 3p) + 5 \cdot (2,5) + 7 \cdot (1,5 + 4p) = 0 \Leftrightarrow (2 + 12,5 + 10,5) + 25p = 0 \Leftrightarrow p = -1$.

Und damit: $\overrightarrow{OP} = \begin{pmatrix} 2 \\ 2,5 \\ 1,5 \end{pmatrix} - 1 \cdot \begin{pmatrix} -3 \\ 0 \\ 4 \end{pmatrix} = \begin{pmatrix} 5 \\ 2,5 \\ -2,5 \end{pmatrix}$

Der Abstand d des Projektors zum Mittelpunkt der Außenfläche ist dann:

$$d = \left| -\frac{1}{5} \cdot \begin{pmatrix} -15 \\ 0 \\ 20 \end{pmatrix} \right| = \sqrt{3^2 + 0^2 + (-4)^2} = 5.$$

Die Winkeleinstellung des Projektors ist durch den Winkel zwischen dem Richtungsvektor der Geraden g und des Normalenvektors der Ebene E_{Erdboden} gegeben:

$$\sin(\varphi) = \frac{\left\| \begin{pmatrix} 1 \\ 5 \\ 7 \end{pmatrix} * \begin{pmatrix} -3 \\ 0 \\ 4 \end{pmatrix} \right\|}{\left\| \begin{pmatrix} 1 \\ 5 \\ 7 \end{pmatrix} \right\| \cdot \left\| \begin{pmatrix} -3 \\ 0 \\ 4 \end{pmatrix} \right\|} = \frac{25}{\sqrt{75} \cdot 5} \Rightarrow \varphi = \sin^{-1}\left(\frac{25}{\sqrt{75} \cdot 5}\right) \approx 35{,}26°.$$

Der Projektor steht also im Punkt $P(5 \mid 2,5 \mid -2,5)$ in einem Abstand von 5 LE zum Mittelpunkt der Außenfläche ABCD und wird auf den Winkel von 35,26° zum Erdboden eingestellt.

Aufgabe 10 Tetraeder im Koordinatensystem

Die Ebene E ist gegeben durch die Koordinatengleichung $E: x_1 + 2x_2 + 3x_3 = 6$.

a) Bestimmen Sie die Spurpunkte S_1, S_2, S_3 der Ebene, also die Schnittpunkte der Ebene mit den Koordinatenachsen. Fertigen Sie eine Skizze an. **F4**

b) Bestimmen Sie Parameterdarstellungen für die Spurgeraden g_{12}, g_{23}, g_{31} der Ebene, also für die Schnittgeraden der Ebene mit den Koordinatenebenen. **F1**

c) Bestimmen Sie die Innenwinkel im Dreieck $S_1S_2S_3$. **G1**

d) **nur eA:** Bestimmen Sie die Winkel, die die Ebene E mit den drei Koordinatenebenen bildet. **G2**

e) Die Punkte S_1, S_2, S_3 und O sind Eckpunkte eines Tetraeders. Das Volumen dieser Pyramide kann elementar berechnet werden.

   (1) Führen Sie diese elementaren Berechnungen durch und zeigen Sie V = 6 (Volumeneinheiten). **G4**

   (2) **nur eA:** Die Information V = 6 kann man nutzen, den Flächeninhalt A des Dreiecks $S_1S_2S_3$ zu ermitteln. Bestimmen Sie diesen Flächeninhalt. **G5**

   (3) **nur eA:** Den Flächeninhalt eines Dreiecks kann man auch mithilfe der elementaren Formel $A = \frac{1}{2} \cdot$ Länge der Grundseite $\cdot$ Länge der Höhe bestimmen. Bestimmen Sie die Länge der Strecke S_1S_2 (als Grundseite des Dreiecks) sowie die Länge der zugehörigen (Flächen-)Höhe. **E5 G6**

f) **nur eA:** Die Ebene E gehört zu einer Schar von Ebenen mit $E_k: x_1 + 2x_2 + 3x_3 = 6k$, $k \in \mathbb{R}$.

   (1) Welche Aussagen lassen sich hinsichtlich der Lage der Ebenen dieser Schar machen?

   (2) Was gilt hier für in den Teilaufgaben b) und c) betrachteten Winkel?

   (3) Was gilt für das Volumen V_k der Tetraeder und für die Flächeninhalte A_k der durch die Spurpunkte festgelegte Dreiecke? **G4**

Lösung

a) Der Punkt S_1 liegt auf der x_1-Achse, d. h. für diesen gilt $x_2 = x_3 = 0$, also ist $x_1 = 6$ und somit gilt: $S_1(6|0|0)$. Analog folgt $S_2(0|3|0)$ und $S_3(0|0|2)$.

b) $g_{12}: \vec{x} = \begin{pmatrix} 6 \\ 0 \\ 0 \end{pmatrix} + r \cdot \begin{pmatrix} -6 \\ 3 \\ 0 \end{pmatrix}$; $g_{23}: \vec{x} = \begin{pmatrix} 0 \\ 3 \\ 0 \end{pmatrix} + s \cdot \begin{pmatrix} 0 \\ -3 \\ 2 \end{pmatrix}$;

$g_{31}: \vec{x} = \begin{pmatrix} 0 \\ 0 \\ 2 \end{pmatrix} + s \cdot \begin{pmatrix} 6 \\ 0 \\ -2 \end{pmatrix}$

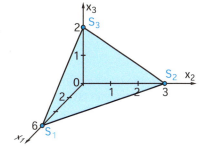

c) Innenwinkel bei S_1: $\cos^{-1}\left(\dfrac{\left|\begin{pmatrix}-6\\3\\0\end{pmatrix}*\begin{pmatrix}-6\\0\\2\end{pmatrix}\right|}{\sqrt{45}\cdot\sqrt{40}}\right) \approx 31{,}95°$, bei S_2: $\cos^{-1}\left(\dfrac{\left|\begin{pmatrix}6\\-3\\0\end{pmatrix}*\begin{pmatrix}0\\-3\\2\end{pmatrix}\right|}{\sqrt{45}\cdot\sqrt{13}}\right) \approx 68{,}15°$,

bei S_3: $\cos^{-1}\left(\dfrac{\left|\begin{pmatrix}0\\3\\-2\end{pmatrix}*\begin{pmatrix}6\\0\\-2\end{pmatrix}\right|}{\sqrt{13}\cdot\sqrt{40}}\right) \approx 79{,}90°$ (oder als Ergänzungswinkel $180° - 31{,}95° - 68{,}15° = 79{,}90°$).

$\cos^{-1}\left(\dfrac{36}{\sqrt{45}\cdot\sqrt{40}}\right)$ 31.9481

$\cos^{-1}\left(\dfrac{9}{\sqrt{45}\cdot\sqrt{13}}\right)$ 68.1546

$\cos^{-1}\left(\dfrac{4}{\sqrt{40}\cdot\sqrt{13}}\right)$ 79.8974

d) Die Winkel zwischen den Ebenen werden bestimmt durch die zugehörigen Normalenvektoren, also durch

$\vec{n} = \begin{pmatrix}1\\2\\3\end{pmatrix}$ sowie $\vec{e}_1 = \begin{pmatrix}1\\0\\0\end{pmatrix}, \vec{e}_2 = \begin{pmatrix}0\\1\\0\end{pmatrix}, \vec{e}_3 = \begin{pmatrix}0\\0\\1\end{pmatrix}$.

Winkel zwischen E und x_2x_3-Ebene: $\cos^{-1}\left(\dfrac{\left|\begin{pmatrix}1\\2\\3\end{pmatrix}*\begin{pmatrix}1\\0\\0\end{pmatrix}\right|}{\sqrt{14}\cdot 1}\right) \approx 74{,}50°$,

E und x_1x_3-Ebene: $\cos^{-1}\left(\dfrac{\left|\begin{pmatrix}1\\2\\3\end{pmatrix}*\begin{pmatrix}0\\1\\0\end{pmatrix}\right|}{\sqrt{14}\cdot 1}\right) \approx 57{,}69°$; E und x_1x_2-Ebene: $\cos^{-1}\left(\dfrac{\left|\begin{pmatrix}1\\2\\3\end{pmatrix}*\begin{pmatrix}0\\0\\1\end{pmatrix}\right|}{\sqrt{14}\cdot 1}\right) \approx 36{,}70°$.

$\cos^{-1}\left(\dfrac{1}{\sqrt{14}}\right)$ 74.4986

$\cos^{-1}\left(\dfrac{2}{\sqrt{14}}\right)$ 57.6885

$\cos^{-1}\left(\dfrac{3}{\sqrt{14}}\right)$ 36.6992

e) (1) In den drei Koordinatenebenen liegen jeweils rechtwinklige Dreiecke und die Höhe der Tetraeder ist durch die Punkte auf den Achsen festgelegt:

Grundfläche in der x_1x_2-Ebene, Höhe auf der x_3-Achse: $V = \dfrac{1}{3}\cdot\left(\dfrac{1}{2}\cdot 6\cdot 3\right)\cdot 2 = 6$,

Grundfläche in der x_2x_3-Ebene, Höhe auf der x_1-Achse: $V = \dfrac{1}{3}\cdot\left(\dfrac{1}{2}\cdot 2\cdot 3\right)\cdot 6 = 6$,

Grundfläche in der x_1x_3-Ebene, Höhe auf der x_2-Achse: $V = \dfrac{1}{3}\cdot\left(\dfrac{1}{2}\cdot 6\cdot 2\right)\cdot 3 = 6$.

(2) Die vierte Möglichkeit, das Volumen des Tetraeders zu berechnen, ist:

$V = \frac{1}{3} \cdot$ Flächeninhalt A des Dreiecks $S_1S_2S_3 \cdot$ Abstand d des Ursprungs von der Ebene E

Der Abstand d des Ursprungs von der Ebene E ergibt sich aus der Darstellung der Ebene in der HESSE'schen Normalenform:

$E: \dfrac{x_1 + 2x_2 + 3x_3 - 6}{\sqrt{14}} = 0.$

Einsetzen der Koordinaten des Ursprungs ergibt für die Höhe des Tetraeders

$d = \dfrac{|-6|}{\sqrt{14}} \approx 1{,}6.$ Hieraus ergibt sich $A = \dfrac{3V}{d} = \dfrac{18 \cdot \sqrt{14}}{6} = 3 \cdot \sqrt{14} \approx 11{,}22$

(3) Die Länge der Strecke S_1S_2 ist: $\left\| \begin{pmatrix} -6 \\ 3 \\ 0 \end{pmatrix} \right\| = \sqrt{45}$.

Die Höhe des Dreiecks ist gleich dem Abstand des Punktes S_3 von der Geraden durch S_1 und S_2. Gesucht ist also der Fußpunkt F des Lotes von S_3 (0|0|2) auf die Gerade

$g_{12}: \vec{x} = \begin{pmatrix} 6 \\ 0 \\ 0 \end{pmatrix} + r \cdot \begin{pmatrix} -6 \\ 3 \\ 0 \end{pmatrix}.$

Für den Fußpunkt F gilt, dass der Verbindungsvektor $\overrightarrow{S_3F}$ und der Richtungsvektor der Geraden zueinander orthogonal sind:

$\overrightarrow{S_3F} * \begin{pmatrix} -6 \\ 3 \\ 0 \end{pmatrix} = \begin{pmatrix} 6 - 6r \\ 3r \\ -2 \end{pmatrix} * \begin{pmatrix} -6 \\ 3 \\ 0 \end{pmatrix} = (6 - 6r) \cdot (-6) + 9r = -36 + 36r + 9r = 45r - 36 = 0.$

Dies gilt für $r = \dfrac{36}{45} = 0{,}8.$

Einsetzen in die Parameterdarstellung der Geraden ergibt

$\overrightarrow{OF} = \begin{pmatrix} 6 \\ 0 \\ 0 \end{pmatrix} + 0{,}8 \cdot \begin{pmatrix} -6 \\ 3 \\ 0 \end{pmatrix} = \begin{pmatrix} 1{,}2 \\ 2{,}4 \\ 0 \end{pmatrix}.$

Somit gilt für die Länge h der Höhe S_3F: $h = \sqrt{1{,}2^2 + 2{,}4^2 + (-2)^2} = \sqrt{11{,}2}$.

Schließlich ergibt sich so für den Flächeninhalt des Dreiecks:

$A = \frac{1}{2} \cdot \sqrt{45} \cdot \sqrt{11{,}2} = \frac{1}{2} \cdot \sqrt{504} = \sqrt{126} = 3 \cdot \sqrt{14} \approx 11{,}22.$

f) (1) Alle Ebenen der Ebenenschar sind zueinander parallel. Die Spurpunkte haben entsprechend die Koordinaten S_{1k} (6 k | 0 | 0). Analog folgt S_{2k} (0 | 3 k | 0) und S_{3k} (0 | 0 | 2 k).

(2) Da die Ebenen zueinander parallel sind, treten dieselben Winkel auf wie oben.

(3) Da alle benötigten Längen mit dem Faktor multipliziert werden, ist das Volumen k^3-mal so groß, also $V_k = 6 \cdot k^3$, und entsprechend gilt für den Flächeninhalt des Dreiecks $S_{1k}S_{2k}S_{3k}$: $A_k = 3k^2 \cdot \sqrt{14} \approx 11{,}22 \cdot k^2.$

Aufgabe 11 *Gesundheitstests*

Für die Teilnahme am Schulunterricht muss ein Gesundheits-Schnelltest absolviert werden. Eine wichtige Rolle hinsichtlich der Qualität eines Schnelltests ist die *Spezifität* des Tests, d. h. die Wahrscheinlichkeit, dass eine Testperson, die gesund ist, auch tatsächlich ein negatives Testergebnis erhält.

Die hier benutzten Gesundheits-Schnelltests haben eine Spezifität von 96 %, d. h., in den übrigen 4 % der Fälle erhalten Getestete ein falsch-positives Testergebnis.
Da die Kinder zur dann zur Schule gehen sollen, wenn sie sich gesund fühlen, soll in den Teilaufgaben a) und b) davon ausgegangen werden, dass alle diese Kinder gesund sind.

a) Eine Schulklasse mit 28 Kindern muss vor dem Unterricht einen solchen Gesundheitstest vornehmen.
   (1) Begründen Sie, warum die Zufallsgröße X: *Anzahl der negativ getesteten Kinder* als binomialverteilt angesehen werden kann.
   (2) Berechnen Sie die Wahrscheinlichkeit, dass alle 28 Kinder ein negatives Testergebnis erhalten und daher am Unterricht teilnehmen dürfen.
   (3) Ermitteln Sie die Wahrscheinlichkeit, dass mehr als drei Kinder ein positives Testergebnis erhalten.

b) Insgesamt besuchen 850 Schülerinnen und Schüler die Schule, die alle einen solchen Gesundheits-Schnelltest absolvieren müssen.

   Bestimmen Sie die Wahrscheinlichkeit dafür, dass …
   (1) … weniger als 800 Testergebnisse negativ sind.
   (2) … mindestens 820 und höchstens 830 Testergebnisse negativ sind.
   (3) Berechnen Sie die Wahrscheinlichkeit, dass die Anzahl negativer Testergebnisse sich vom Erwartungswert um höchstens zwei Standardabweichungen unterscheidet.
   (4) Ermitteln Sie die Anzahl der Gesundheitstests, die durchgeführt werden müssen, bis mit einer Wahrscheinlichkeit von mindestens 99,9 % mindestens ein falsch-positives Testergebnis vorliegt.

c) Die sog. *Prävalenz* des Tests beträgt 0,5 %, d. h., 0,5 % der Bevölkerung sind von der Krankheit betroffen, die durch den Schnelltest nachgewiesen werden soll.
   Die *Sensitivität* eines Schnelltests gibt die Wahrscheinlichkeit dafür an, dass eine erkrankte Testperson auch ein tatsächlich positives Testergebnis erhält.

   Bei den hier verwendeten Gesundheits-Schnelltests beträgt diese Sensitivität 99 %, d. h., in 1 % der Fälle erhalten Getestete ein falsch-negatives Testergebnis.

   (1) Stellen Sie den Zusammenhang zwischen der Qualität des Schnelltests und den möglichen Testergebnissen in einem zweistufigen Baumdiagramm sowie in einer Vierfeldertafel dar.
   (2) Ermitteln Sie auf Grundlage der gegebenen Daten die Wahrscheinlichkeit, dass eine Testperson mit negativem Ergebnis tatsächlich erkrankt ist.
   (3) Bestimmen Sie die Wahrscheinlichkeit, dass bei der Durchführung der Schnelltests falsche Testergebnisse auftreten.
   (4) Vergleichen Sie die Wahrscheinlichkeiten für das Auftreten von falsch-positiven und von falsch-negativen Ergebnissen und beziehen Sie Stellung zu diesem Verhältnis.

d) Ein anderer Anbieter behauptet, dass die Spezifität seiner Schnelltests sogar 97 % beträgt – diese Aussage begründet er mit dem Ergebnis einer Stichprobe mit 850 Personen: 825 der nachweislich nicht infizierten Probanden dieser Stichprobe hatten ein richtig-negatives Testergebnis, 25 ein falsch-positives Ergebnis.

  (1) Bestimmen Sie ein 99 %-Konfidenzintervall für die tatsächlich zugrunde liegende Spezifität des Schnelltests des anderen Anbieters.
  (2) Wie viele tatsächlich nicht infizierte Personen müssten getestet werden, damit man die Spezifität des Schnelltests auf einen Prozentpunkt genau bestimmen kann (Sicherheitswahrscheinlichkeit 99 %)?
  Untersuchen Sie dies für verschiedene Spezifitätswerte und erläutern Sie die hierbei sich ergebenden unterschiedlichen notwendigen Stichprobenumfänge.

e) Für die Auswertung des Gesundheitstests wird die auf den Teststreifen aufgetragene Menge an Testflüssigkeit (in Millilitern) benötigt. In einer Stichprobe von 20 untersuchten Teststreifen ergeben sich folgende auf 0,1 ml gerundete Mengen:

Flüssigkeitsmenge (in ml)	0,3	0,4	0,5	0,6	0,7	0,8	0,9
Häufigkeit in der Stichprobe	1	2	4	6	3	2	2

  (1) Stellen Sie den Sachverhalt in einem Histogramm dar.
  (2) Berechnen Sie den Mittelwert und die Standardabweichung der aufgetragenen Menge an Testflüssigkeit.

f) Für die Brauchbarkeit des Gesundheitstests ist es wichtig, dass auf dem Teststreifen mindestens 0,5 ml Testflüssigkeit aufgetragen wurden. Es soll angenommen werden, dass die Zufallsgröße X: *Menge der aufgetragenen Testflüssigkeit (in ml)* normalverteilt ist mit den Parametern µ = 0,62 und σ = 0,07.

  (1) Ermitteln Sie den Anteil unbrauchbarer Teststreifen. Bestimmen Sie die zu erwartende Anzahl unbrauchbarer Teststreifen, wenn 850 Kinder der Schule getestet werden.
  (2) Bestimmen Sie das untere und das obere Quartil der Testflüssigkeitsmenge auf den Teststreifen.
  (3) Begründen Sie, ob es für die Brauchbarkeit der Tests wichtiger ist, bei einem verbesserten Test den Mindestwert der Testflüssigkeitsmenge auf 0,45 ml abzusenken oder die Standardabweichung auf 0,04 ml zu verkleinern.

Lösung

a) (1) Da der Gesundheitstest nur die beiden Ergebnisse „positiv" und „negativ" hat und die Spezifität des Tests unabhängig von der getesteten Person 96 % beträgt, handelt es sich hierbei um ein Bernoulli-Experiment. Das Testen mehrerer Personen kann demzufolge durch eine Bernoulli-Kette modelliert werden und somit ist die Zufallsgröße X: *Anzahl der negativ getesteten Kinder* binomialverteilt mit dem Parameter p = 0,96.

  (2) Für n = 28 gilt: $P(X = 28) = \binom{28}{28} \cdot 0{,}96^{28} \cdot 0{,}04^{0} = 0{,}96^{28} \approx 0{,}319$.

  Mit einer Wahrscheinlichkeit von knapp 32 % erhalten alle 28 Kinder ein negatives Testergebnis und dürfen demzufolge am Unterricht teilnehmen.

(3) Mehr als drei Kinder mit positivem Testergebnis bedeutet weniger als 25 mit einem negativen Testergebnis: P(X < 25) ≈ 0,024 = 2,4 %.

Alternativ kann man (2) und (3) auch mit der binomialverteilten Zufallsgröße Y: *Anzahl der positiv getesteten Kinder* mit den Parameterwerten n = 28 und p = 0,04 berechnen: P(Y = 0) ≈ 0,319 und P(Y > 3) = 1 − P(Y ≤ 3) ≈ 0,024

b) Die Anzahl der getesteten Personen beträgt nun n = 850.

(1) P(X < 800) ≈ 0,003, d. h., die Wahrscheinlichkeit beträgt nur etwa 0,3 %.

(2) P(820 ≤ X ≤ 830) ≈ 0,272 = 27,2 %.

(3) Für den Erwartungswert gilt μ = n · p = 816, für die Standardabweichung σ = $\sqrt{n \cdot p \cdot (1-p)}$ ≈ 5,71.

Somit ist das gesuchte Intervall der negativ Getesteten [805 ; 827] und die gesuchte Wahrscheinlichkeit

P(μ − 2σ ≤ X ≤ μ + 2σ) = P(804,58 ≤ X ≤ 827,42) = P(805 ≤ X ≤ 827) ≈ 0,957 = 95,7 %.

(4) Gesucht ist P(Y ≥ 1) ≥ 0,999 oder nach der Komplementärregel:
P(Y = 0) = $0{,}96^n$ ≤ 0,001 ⇔ n ≥ $\frac{\ln(0{,}001)}{\ln(0{,}96)}$ ≈ 169,2 (vgl. TR).

Mit dem TR erhält man also das Ergebnis, dass P(Y ≥ 1) ≤ 0,999 für n = 169 und P(Y ≥ 1) ≥ 0,999 für n = 170 gilt. Also müssten mindestens 170 Tests durchgeführt werden, um mit einer Wahrscheinlichkeit von mindestens 99,9 % mindestens ein falsch-positives Ergebnis zu erhalten.

c) (1) Vierfeldertafel und Baumdiagramm

	Krankheit liegt vor	Krankheit liegt nicht vor	gesamt
Test positiv	0,495 %	3,98 %	4,475%
Test negativ	0,005 %	95,52 %	95,525 %
gesamt	0,5 %	99,5 %	100 %

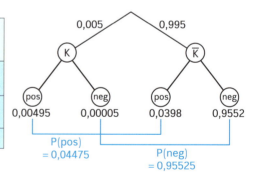

(2) $P_{neg}(K) = \frac{P(K \cap neg)}{P(neg)} = \frac{0{,}00005}{0{,}95525}$ ≈ 0,000052

Die Wahrscheinlichkeit, dass eine Person mit negativem Testergebnis tatsächlich erkrankt ist, beträgt nur 0,0052 %.

(3) Die Wahrscheinlichkeit für ein falsch-positives Testergebnis beträgt 3,98 %, die Wahrscheinlichkeit für ein falsch-negatives Testergebnis dagegen nur 0,005 %.

(4) $\frac{0{,}0398}{0{,}00005} = 796$, d. h., es ist ungefähr 800-mal so wahrscheinlich, ein falsch-positives Ergebnis zu erhalten wie ein falsch-negatives. Der – individuell ärgerliche – Fall „falsch-positiv" wird normalerweise mit einem weiteren Test mit höherer Spezifität überprüft, bevor es zu weiteren Konsequenzen wie z. B. Quarantäne-Maßnahmen kommt. Der für die Allgemeinheit viel gefährlichere Fall, dass jemand die Erkrankung unbemerkt weiterverbreiten kann, tritt dagegen beim betrachteten Gesundheitstest viel seltener ein.

d) (1) Mit einer Wahrscheinlichkeit von 99 % unterscheidet sich der unbekannte Erwartungswert μ = 850 · p von der Anzahl der richtig-negativen Ergebnisse des Tests um höchstens 2,58 σ. Gesucht sind also alle Erfolgswahrscheinlichkeiten p, für die gilt: μ − 2,58 σ ≤ 825 ≤ μ + 2,58 σ.

Lösung der Ungleichung:
– mit dem numerischen Gleichungslöser (links)
– mit der graphischen Methode (rechts)

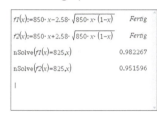 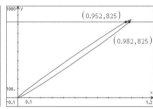

p = 0,952 ist die kleinste und p = 0,982 ist die größte Erfolgswahrscheinlichkeit, innerhalb deren 99 %-Umgebung das Stichprobenergebnis X = 825 liegt, d. h., das Intervall 0,952 ≤ p ≤ 0,982 enthält alle in Frage kommenden Werte für die Spezifität des Schnelltests, für die X = 825 ein verträgliches Stichprobenergebnis darstellt.

(2) Aus der Ungleichung für die Breite der 99 %-Umgebung $2{,}58 \cdot \sqrt{\frac{p \cdot (1-p)}{n}} \le 0{,}01$ ergibt sich $n \ge 2{,}58^2 \cdot \frac{p \cdot (1-p)}{0{,}01^2}$. Wenn man p ≈ 0,97 ansetzt, ergibt sich n ≥ 1938, für p ≈ 0,98 ergibt sich n ≥ 1305, für p ≈ 0,99 ergibt sich n ≥ 659 als notwendiger Stichprobenumfang. Je näher der tatsächliche Wert der Spezifität bei 100 % liegt, umso dichter liegen die untere und obere Grenze des Konfidenzintervalls beieinander, was zur Folge hat, dass für größere Werte der Spezifität kleinere Stichproben genommen werden müssen.

$(2{,}58)^2 \cdot \frac{0{,}97 \cdot 0{,}03}{(0{,}01)^2}$ 1937.01

$(2{,}58)^2 \cdot \frac{0{,}98 \cdot 0{,}02}{(0{,}01)^2}$ 1304.65

$(2{,}58)^2 \cdot \frac{0{,}99 \cdot 0{,}01}{(0{,}01)^2}$ 658.984

e) (1) Histogramm:

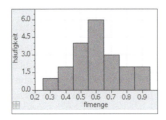

(2) Der Mittelwert der Testflüssigkeitsmenge ist 0,61 ml bei einer empirischen Standardabweichung von etwa 0,158 [ml].

	$\{0.3, 0.4, 0.5, 0.6, 0.7, 0.8, 0.9\}$
$h := \{1,2,4,6,3,2,2\}$	$\{1,2,4,6,3,2,2\}$

OneVar fl,h: stat.results

"Titel"	"Statistik mit einer Varia"
"x̄"	0.61
"Σx"	12.2
"Σx²"	7.94
"sx := Sn-1x"	0.161897
"σx := σnx"	0.157797

f) (1) Die Zufallsgröße X: *Menge der aufgetragenen Testflüssigkeit (in ml)* ist normalverteilt mit den Parameterwerten μ = 0,62 und σ = 0,07. Ein Streifen ist unbrauchbar, wenn er weniger als 0,5 ml Testflüssigkeit enthält. Die Wahrscheinlichkeit dafür liegt hierfür bei 4,3 %. Bei 850 durchgeführten Tests sind etwa 37 unbrauchbaren Teststreifen zu erwarten.

(2) Das untere Quartil liegt bei etwa 0,573 ml und das obere Quartil bei etwa 0,667 ml, d.h., die Teststreifen enthalten in einem Viertel der Fälle weniger als 0,573 ml Flüssigkeit, in einem Viertel der Fälle aber auch mehr als 0,667 ml.

normCdf(0,0.5,0.62,0.07)	0.043238
normCdf(-∞,0.5,0.62,0.07)	0.043238
0.043238· 850	36.7523
invNorm(0.25,0.62,0.07)	0.572786
invNorm(0.75,0.62,0.07)	0.667214
normCdf(-∞,0.45,0.62,0.07)	0.007579
normCdf(-∞,0.5,0.62,0.04)	0.00135

(3) Beide Verbesserungen führten zu einer deutlichen Abnahme unbrauchbarer Teststreifen. Ließe sich die Mindestmenge der Testflüssigkeit auf 0,45 ml senken, so wären nur noch knapp 0,8 % unbrauchbar. Noch geringer ist der Anteil bei einer Verringerung der Standardabweichung auf 0,04 ml. In diesem Fall wären – trotz Mindestmenge von 0,5 ml – sogar nur etwa 0,1 % der Teststreifen unbrauchbar.

Aufgabe 12 *Raucher in Deutschland*

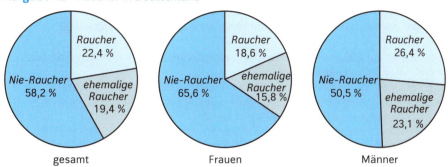

Im Rahmen des Mikrozensus 2017 wurde in umfangreichen repräsentativen Stichproben u. a. das gesundheitsrelevante Verhalten der Bevölkerung Deutschlands (ab 15 Jahren) untersucht. Aus den Grafiken ist zu entnehmen, wie hoch die Anteile der Raucher bzw. Nichtraucher in der Bevölkerung sind.

a) Wie lässt sich aus den Angaben der drei Grafiken erschließen, dass (ca.) 51,0 % der erfassten Personen weiblichen Geschlechts sind?

(*Hinweis*: Auftretende Rundungsfehler können vernachlässigt werden.)

b) Bei den Nichtrauchern (N) unterscheidet man Personen, die noch nie geraucht haben (NR), und Personen, die mit dem Rauchen aufgehört haben (ER).

(1) Stellen Sie die Informationen den Zusammenhang zwischen Geschlecht und Rauchergewohnheiten in einer 6-Feldertafel mit relativen Häufigkeiten zusammen.

Eine zufällig ausgewählte Person ist Nichtraucher. Mit welcher Wahrscheinlichkeit handelt es sich um

(2) eine männliche Person,

(3) eine Frau, die mit dem Rauchen aufgehört hat?

c) Betrachten Sie bzgl. der Rauchergewohnheiten im Folgenden nur die beiden Merkmalausprägungen Raucher (R) und Nichtraucher (N). Ergänzen Sie die fehlenden Wahrscheinlichkeiten im Baumdiagramm. Geben Sie die in dem Baumdiagramm enthaltenen Informationen in Form eines kurzen Zeitungstexts wieder.

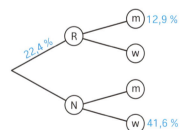

d) Aus den Untersuchungen des Mikrozensus ging u. a. auch hervor, dass ca. 30,9 % der Männer unter 40 Jahren rauchen. Eine Stichprobe von 400 Männern unter 40 Jahren wird genommen.
– Bestimmen Sie ein 95 %-Prognose-Intervall für
  (1) die Anzahl der Raucher in dieser Stichprobe,
  (2) den Anteil der Raucher in dieser Stichprobe.
– Mit welcher Wahrscheinlichkeit wird man in der Stichprobe
  (3) genau 123 Raucher finden,
  (4) mehr als 135 Raucher finden?

e) In einer umfangreichen Stichprobe wurden u. a. 320 Personen erfasst, die als Familienstand „geschieden" angaben. Von diesen gaben 137 an, dass sie rauchen. Ist der Anteil der Raucher unter den Geschiedenen signifikant höher als in der Gesamtbevölkerung? K1

f) Repräsentativ sollen 300 ehemalige Raucher befragt werden, nach welchen Methoden sie von ihrer Gewohnheit abgekommen sind.
Wie viele Personen (ab 15 Jahren) müssen für eine Zufallsstichprobe mindestens ausgewählt werden, damit man mit einer Wahrscheinlichkeit von mindestens 90 % mindestens 300 ehemalige Raucher befragen kann? J4

Lösung

a) Bezeichnet man mit x den Anteil der Frauen, dann ergibt sich (vgl. das folgende Baumdiagramm)

- aus den Angaben über die Nie-Raucher (NR):
$0{,}656 \cdot x + 0{,}505 \cdot (1 - x) = 0{,}582$, also $0{,}151 \cdot x = 0{,}077 \Leftrightarrow x \approx 0{,}510$

- aus den Angaben über die Raucher (R):
$0{,}186 \cdot x + 0{,}264 \cdot (1 - x) = 0{,}224$, also $0{,}078 \cdot x = 0{,}040 \Leftrightarrow x \approx 0{,}513$

- aus den Angaben über die ehemaligen Raucher (ER):
$0{,}158 \cdot x + 0{,}231 \cdot (1 - x) = 0{,}194$, also $0{,}073 \cdot x = 0{,}037 \Leftrightarrow x \approx 0{,}507$

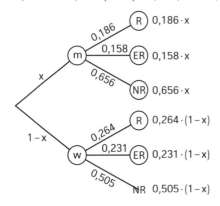

b) (1)

	Raucher	Ehemalige Raucher	Nie-Raucher	gesamt
weiblich	$0{,}51 \cdot 0{,}186 \approx 0{,}095$	$0{,}51 \cdot 0{,}158 \approx 0{,}081$	$0{,}51 \cdot 0{,}656 \approx 0{,}335$	0,510
männlich	$0{,}49 \cdot 0{,}264 \approx 0{,}129$	$0{,}49 \cdot 0{,}231 \approx 0{,}113$	$0{,}49 \cdot 0{,}505 \approx 0{,}247$	0,490
gesamt	0,224	0,194	0,582	1

(2) $P_N(m) = \dfrac{P(N \cap m)}{P(N)} = \dfrac{0{,}49 \cdot (0{,}231 + 0{,}505)}{0{,}194 + 0{,}582} = \dfrac{0{,}113 + 0{,}247}{0{,}776} = \dfrac{0{,}360}{0{,}776} \approx 0{,}464 = 46{,}4\,\%$

(3) $P_N(w \cap ER) = \dfrac{P(w \cap ER)}{P(N)} = 0{,}51 \cdot 0{,}158 / 0{,}776 = 0{,}081 / 0{,}776 \approx 0{,}104 = 10{,}4\,\%$

c)

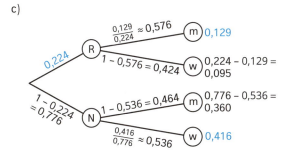

möglicher Text:
- 22,4 % der Einwohner Deutschlands (über 15 Jahre) gehören zu den Rauchern, davon sind 57,6 % Männer. Der Anteil der Männer unter den Nichtrauchern beträgt 46,4 %.

oder

- 77,6 % der Einwohner Deutschlands (über 15 Jahre) sind Nichtraucher, davon sind 53,6 % Frauen. Der Anteil der Frauen unter den Rauchern beträgt 42,4 %.

d) (1) Den Vorgang kann man mithilfe einer Binomialverteilung modellieren, da der Umfang der Stichprobe klein ist im Vergleich zum Umfang der Gesamtheit aller Männer unter 40 Jahren in Deutschland (ca. 12,5 Mio.).

$n = 400$; $p = 0{,}309$; $\mu = n \cdot p = 123{,}6$; $\sigma = \sqrt{400 \cdot 0{,}309 \cdot 0{,}691} \approx 9{,}24$; $1{,}96\,\sigma \approx 18{,}1$

95 %-Prognoseintervall: $\mu - 1{,}96\,\sigma \approx 105{,}5$; $\mu + 1{,}96\,\sigma \approx 141{,}7$

Runden nach der sicheren Seite ergibt: Mit einer Wahrscheinlichkeit von ca. 95 % wird die Anzahl der Raucher zwischen 105 und 142 (einschl.) liegen.

Kontrollrechnung: $P(105 \leq X \leq 142) \approx 0{,}960 = 96{,}0\,\%$; $P(106 \leq X \leq 141) \approx 0{,}949 = 94{,}9\,\%$

(2) Das 95 %-Prognoseintervall für Anteile ergibt sich durch Division der Anzahlen durch n = 400, also:

$P\left(\dfrac{105{,}5}{400} \leq \dfrac{X}{n} \leq \dfrac{142}{400}\right) = P\left(26{,}4\,\% \leq \dfrac{X}{n} \leq 35{,}5\,\%\right) \approx 0{,}96$

oder direkt (Abweichung bei der oberen Grenze):

$P\left(0{,}309 - 1{,}96 \cdot \sqrt{\dfrac{0{,}309 \cdot 0{,}691}{400}} \leq \dfrac{X}{n} \leq 0{,}309 + 1{,}96 \cdot \sqrt{\dfrac{0{,}309 \cdot 0{,}691}{400}}\right)$

$\approx P\left(26{,}4\,\% \leq \dfrac{X}{n} \leq 35{,}4\,\%\right) \approx 0{,}96$

(3) $P(X = 123) \approx 0{,}043 = 4{,}3\,\%$ (4) $P(X > 135) = P(X \geq 136) \approx 0{,}01 = 1{,}0\,\%$

400 · 0,309	123.6
$\sqrt{400 \cdot 0{,}309 \cdot 0{,}691}$	9.24162
123.6 − 1,96 · 9.2416232340428	105.486
123.6 + 1,96 · 9.2416232340428	141.714
binomCdf(400,0.309,105,142)	0.960354
binomCdf(400,0.309,106,141)	0.94871

binomPdf(400,0.309,123)	0.043102
binomCdf(400,0.309,136,400)	0.099663

e) Wir modellieren den Vorgang mithilfe einer Binomialverteilung, da der Umfang der Stichprobe klein ist im Vergleich zur Gesamtheit aller Einwohner Deutschlands. Wenn der Familienstand „geschieden" keinen Einfluss auf das Raucher/Nichtraucher-Verhalten hat, dann müsste die Anzahl der Raucher unter den als „geschieden" bezeichneten Personen verträglich sein mit p = 0,224.

$n = 320$; $p = 0{,}224$; $\mu = 320 \cdot 0{,}224 = 71{,}68$; $\sqrt{320 \cdot 0{,}224 \cdot 0{,}776} \approx 7{,}46$ und $\mu + 1{,}64\,\sigma \approx 83{,}9$.

Eine signifikante Abweichung nach oben kann man mithilfe des Werts von $\mu + 1{,}64\,\sigma$ überprüfen, denn zufällig liegen nur in 5 % der Fälle Stichprobenergebnisse oberhalb von $\mu + 1{,}64\,\sigma$.

Wenn der Familienstand keinen Einfluss auf das Verhalten hat, dann treten Werte oberhalb von 83,9 zufällig nur mit einer Wahrscheinlichkeit von ca. 5 % auf. Das Stichprobenergebnis X = 112 liegt deutlich oberhalb von 83,9 – weicht also signifikant ab.

```
320· 0.224                                    71.68
√320· 0.224· 0.776                          7.45813
71.68+1.64· 7.4581284515621                 83.9113
nSolve(|320· x−112|=1.96· √320· x· (1−x) ,x)
                                             0.2998
nSolve(|320· x−112|=1.96· √320· x· (1−x) ,x,▸
                                           0.403759
```

nur eA: *Alternativ* kann man auch zu X = 112 und n = 320 ein 95 %-Vertrauensintervall für den unbekannten Anteil p bestimmen.
Dazu kann man – wie im Screenshot ablesbar – so vorgehen, dass man die Gleichung $|320\,p - 112| = 1{,}96 \cdot \sqrt{320 \cdot p \cdot (1-p)}$ löst. Das 95 %-Vertrauensintervall umfasst alle Anteile, die zwischen p = 0,300 und p = 0,403 liegen.

Man stellt fest: Der Anteil p = 0,224 liegt deutlich außerhalb des Intervalls.

Zur Information: Beim Mikrozensus 2017 ergaben sich folgende Anteile: Bei den verheirateten Personen beträgt der Anteil der Raucher nur 19,0 %, unter den ledigen 27,7 %, und unter den geschiedenen sind es sogar 35,1 %.

f) Da der Anteil der ehemaligen Raucher 19,4 % beträgt, muss ein Mindeststichprobenumfang n so bestimmt werden, dass $P(X \geq 300) \geq 0{,}9$.

Durch systematisches Probieren findet man einen Mindeststichprobenumfang von n = 1686.

```
1−binomCdf(1600,0.194,0,300)        0.733015
1−binomCdf(1700,0.194,0,300)        0.964991
1−binomCdf(1690,0.194,0,300)        0.954977
1−binomCdf(1685,0.194,0,300)        0.949149
1−binomCdf(1686,0.194,0,300)        0.950361
|
```

Alternativ kann man die Sigma-Regeln anwenden:
Mit einer Wahrscheinlichkeit von ca. 90 % liegt ein Stichprobenergebnis oberhalb von $\mu - 1{,}64\,\sigma$, d. h., die Ungleichung $\mu - 1{,}64\,\sigma \geq 300$ ist zu lösen, hier also $n \cdot 0{,}194 - 1{,}64 \cdot \sqrt{n \cdot 0{,}194 \cdot 0{,}806} \geq 300$.

```
nSolve(0.194· x−1.64· √x· 0.194· 0.806 =300▸
                                     1683.55
1−binomCdf(1684,0.194,0,300)        0.947912
1−binomCdf(1685,0.194,0,300)        0.949149
1−binomCdf(1686,0.194,0,300)        0.950361
```

Da die Sigma-Regeln nur den ungefähren Wert liefern, muss der so ermittelte Mindeststichprobenumfang noch überprüft und hier leicht korrigiert werden.

Aufgabe 13 *Wachstum von Kleinkindern*

a) Die WHO (World Health Organization) veröffentlichte auf der Grundlage umfassender internationaler Erhebungen die folgende Grafik. Dabei gibt beispielsweise die Kurve, die mit „85 th" bezeichnet ist, die 85 %-Perzentile an, d. h. 85 % der Jungen in dem betreffenden Alter haben maximal diese Körpergröße. Die Zufallsgröße kann näherungsweise als normalverteilt angesehen werden.
Begründen Sie, warum man aus den Daten für 2 Jahre alte Jungen errechnen kann, dass der Erwartungswert μ ≈ 87,8 cm und die Standardabweichung σ ≈ 3,1 cm beträgt.

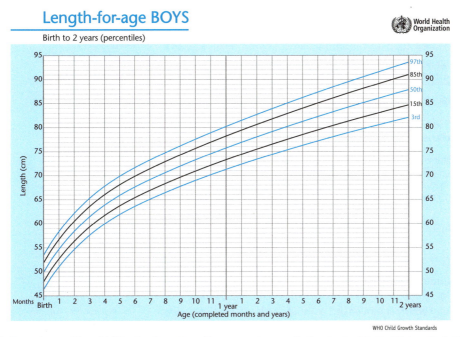

b) Berechnen Sie mithilfe der Angaben über μ und σ aus Teilaufgabe b) die Wahrscheinlichkeit, dass ein zufällig ausgewählter 2-jähriger Junge mindestens 85 cm groß ist und höchstens 90 cm.

c) Aus der Grafik oben kann man ablesen, dass 85 % der 10 Monate alten Jungen größer sind als 71 cm. Mit welcher Wahrscheinlichkeit findet man in einer Zufallsstichprobe unter 120 Jungen dieses Alters mehr als 100 Jungen, die größer sind als 71 cm?

d) In der Stichprobe unter 120 Jungen wurde auch der Kopfumfang gemessen und dabei festgestellt, dass 84 der Kinder einen Kopfumfang von mindestens 44 cm hatten. Bestimmen Sie ein 90 %-Vertrauensintervall für den Anteil der Kinder in der Gesamtheit mit dieser Eigenschaft. Was gibt dieses Intervall an?

Lösung

a) Aus der Grafik lassen sich für 2-jährige Jungen ungefähr die folgenden Werte entnehmen:

Perzentil	3rd	15th	50th	85th	97th
Körpergewicht in kg	82,0	84,6	87,8	91,0	93,6

Hieraus ergibt sich unmittelbar der Erwartungswert von $\mu \approx 87{,}8$ cm.
Außerdem gilt für normalverteilte Zufallsgrößen X:
$P(X \leq \mu - 1{,}036\,\sigma) \approx 15\,\%$ sowie $P(X \leq \mu - 1{,}881\,\sigma) \approx 3\,\%$ und aus Symmetriegründen
$P(X \leq \mu + 1{,}036\,\sigma) \approx 85\,\%$ sowie $P(X \leq \mu + 1{,}881\,\sigma) \approx 97\,\%$.

Diese Tabellenwerte der Normalverteilung kann man im GTR ablesen, indem man bei der inversen standardisierten Normalverteilung (also $\mu = 0$ und $\sigma = 1$) abfragt, um das Wievielfache der Standardabweichung man vom Erwartungswert abweichen muss, um kumuliert 3 % bzw. 97 % und 15 % bzw. 85 % der Ergebnisse zu erfassen.

invNorm(0.03,0,1)	-1.88079
invNorm(0.97,0,1)	1.88079
invNorm(0.15,0,1)	-1.03643
invNorm(0.85,0,1)	1.03643

Folglich ergibt sich:

aus $\mu \approx 87{,}8$ cm und $\mu - 1{,}036\,\sigma \approx 84{,}6$ cm: $1{,}036\,\sigma \approx 3{,}2$ cm $\Leftrightarrow \sigma \approx 3{,}09$ cm
und aus $\mu \approx 87{,}8$ cm und $\mu - 1{,}881\,\sigma \approx 82{,}0$ cm: $1{,}881\,\sigma \approx 5{,}8$ cm $\Leftrightarrow \sigma \approx 3{,}08$ cm.

b) Mithilfe der Parameter $\mu \approx 87{,}8$ cm und $\sigma \approx 3{,}1$ cm kann die gesuchte Wahrscheinlichkeit berechnet werden:

normCdf(85,90,87.8,3.1)	0.577845

$P(85{,}0\text{ cm} \leq X \leq 90{,}0\text{ cm})$

$\approx \Phi\left(\dfrac{90{,}0 - 87{,}8}{3{,}1}\right) - \Phi\left(\dfrac{85{,}0 - 87{,}8}{3{,}1}\right) \approx 0{,}578.$

c) Die betrachtete Zufallsgröße Y: *Anzahl der 10 Monate alten Jungen, die größer sind als 71 cm* ist binomialverteilt mit Erfolgswahrscheinlichkeit $p = 0{,}85$. Daher berechnet sich die gesuchte Wahrscheinlichkeit für den 120-stufigen BERNOULLI-Versuch wie folgt:

binomCdf(120,0.85,0,100)	0.341383
1−binomCdf(120,0.85,0,100)	0.658617

$P(Y > 100) = 1 - P(Y \leq 100) \approx 65{,}9\,\%$

d) Mit einer Wahrscheinlichkeit von 90 % unterscheidet sich die relative Häufigkeit in der Stichprobe vom Anteil p in der Gesamtheit um höchstens $1{,}64\,\dfrac{\sigma}{n}$. Unter der Voraussetzung, dass das vorliegende Stichprobenergebnis tatsächlich in der 90 %-Umgebung des Erwartungswerts liegt, können in Frage kommende Anteile p bestimmt werden.

Das Lösungsintervall der Ungleichung kann mithilfe des numerischen Gleichungslösers des GTR bestimmt werden:

$$\text{nSolve}\left(\left|\dfrac{84}{120} - x\right| = 1{.}64 \cdot \sqrt{\dfrac{x \cdot (1-x)}{120}}, x\right)$$
$$0.627624$$

Das Intervall $0{,}628 \leq p \leq 0{,}763$ enthält alle Anteile p der Gesamtheit, in deren 90 %-Umgebung das Stichprobenergebnis liegt.

$$\text{nSolve}\left(\left|\dfrac{84}{120} - x\right| = 1{.}64 \cdot \sqrt{\dfrac{x \cdot (1-x)}{120}}, x, 0.7\right)$$
$$0.763607$$

Um beide Lösungen zu erhalten, muss der Suchalgorithmus mit einem höheren Anfangswert erneut gestartet werden.

Aufgabe 14 *Überraschungen mit Pralinen*

Bei einem Weihnachtsbasar, dessen Erlös für ein Kinderdorf zur Verfügung gestellt wird, wird ein Pralinen-Glückspiel angeboten. Die Betreiber des Spiels kaufen bei einem Pralinen-Produzenten Kiloware mit einzeln eingewickelten Pralinen zum Stückpreis von 0,20 €.
Bei dem Spiel wird ein Glücksrad gedreht; an die Spielteilnehmer werden so viele Pralinen „ausgezahlt", wie die Zahl im Sektor anzeigt, auf dem der Zeiger stehen bleibt. Der Spieleinsatz beträgt 1 €.

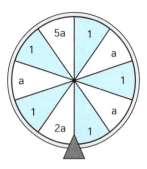

a) Ermitteln Sie den zu erwartenden Gewinn pro Spiel.

Für welche Werte von $a \in \mathbb{N}$ wird der Zweck des Spiels noch erfüllt, nämlich, dass dem Kinderdorf Geld zur Verfügung gestellt werden kann? **J2**

b) Der Pralinen-Produzent tritt im nächsten Jahr selbst als Sponsor des Weihnachtsbasars auf und mischt unter die Kiloware auch ein Drittel Marzipan-Pralinen, deren Stückpreis deutlich höher ist. Da auch diese einzeln eingepackt sind, hängt es vom Zufall ab, wie viele dieser besonderen Pralinen unter den jeweils gewonnenen Pralinen sind.

Berechnen Sie die Wahrscheinlichkeit, dass unter 20 beim Glücksspiel gewonnenen Pralinen
(1) genau 6 Marzipan-Pralinen,
(2) mehr als 4, aber weniger als 10 Marzipan-Pralinen sind. **J3**

c) Bestimmen Sie die Mindestanzahl an Pralinen, die man gewinnen muss, damit darunter mit einer Wahrscheinlichkeit von mindestens 99 % mindestens eine Marzipan-Praline ist. **J4**

d) Der Süßwarenhersteller hat in seinem Angebot auch Pralinen-Überraschungseier mit jeweils fünf Pralinen, wovon eine oder zwei Marzipan-Pralinen sind. Jedes vierte Ei ist – nach seinen Angaben – mit lauter Marzipan-Pralinen gefüllt.

Eine Verbraucherzentrale erhält Hinweise, die diese Angabe des Herstellers in Frage stellen. Um den Beschwerden nachzugehen, sollen insgesamt 120 dieser Überraschungseier in verschiedenen Supermärkten gekauft und kontrolliert werden.

Es stellt sich heraus, dass nur 27 der 120 Überraschungseier mit lauter Marzipan-Pralinen gefüllt sind. Welche Folgerung kann man hieraus ziehen (Sicherheitswahrscheinlichkeit 90 %)?

e) Zum Verkaufssortiment des Pralinen-Produzenten gehören auch besondere Schokoriegel mit einem angegebenen Mindestgewicht von 30 g. Bei der Produktion dieser Schokoriegel wird darauf geachtet, dass diese im Mittel ein Gewicht von $\bar{x} = 31$ g haben.

Ermitteln Sie die Wahrscheinlichkeit dafür, dass ein zufällig ausgewählter Riegel tatsächlich das angegebene Mindestgewicht hat. Dabei sei angenommen, dass das Gewicht der Schokoriegel normalverteilt ist mit einer Standardabweichung von 0,6 g. **J6**

Lösung

a) Die Zufallsgröße X: *Anzahl der gewonnenen Pralinen* hat die folgende Wahrscheinlichkeitsverteilung:

X = k	1	a	2a	5a
P(X = k)	0,5	0,3	0,1	0,1

Der Erwartungswert dieser Wahrscheinlichkeitsverteilung ist
$\mu = 0{,}5 \cdot 1 + 0{,}3 \cdot a + 0{,}1 \cdot 2a + 0{,}1 \cdot 5a = 0{,}5 + a$.

Da vom Spieleinsatz 1,00 € fünf Pralinen gekauft werden können, muss gelten $0{,}5 + a < 5$, also $a < 4{,}5$, d. h. $a \leq 4$, damit durch das Glücksspiel ein Gewinn erzielt werden kann.

Infrage kommen also die Beschriftungen des Glücksrads mit a = 1, a = 2, a = 3 oder a = 4 (wobei die Möglichkeit a = 1 sicherlich weniger attraktiv ist).

b) Die Zufallsgröße Y: *Anzahl der Marzipan-Pralinen* ist binomialverteilt mit $p = \frac{1}{3}$.

(1) $P(X = 6) \approx 0{,}182$

(2) $P(4 < Y < 10) = P(Y \leq 9) - P(Y \leq 4) \approx 0{,}757$

binomPdf$\left(20, \frac{1}{3}, 6\right)$	0.182129
binomCdf$\left(20, \frac{1}{3}, 5, 9\right)$	0.756593

c) Das Ereignis mindestens eine Marzipan-Praline unter n gewonnenen Pralinen (Y ≤ 1) ist das Gegenereignis von keine Marzipan-Praline (Y = 0).

$P(Y = 0) = \left(\frac{2}{3}\right)^n$, also $P(Y \geq 1) = 1 - \left(\frac{2}{3}\right)^n$.

Die Bedingung $1 - \left(\frac{2}{3}\right)^n \geq 0{,}99$ ist erfüllt, wenn $\left(\frac{2}{3}\right)^n \leq 0{,}01$,

also wenn $n \geq \frac{\ln(0{,}01)}{\ln\left(\frac{2}{3}\right)} \approx 11{,}36$.

$\frac{\ln(0.01)}{\ln\left(\frac{2}{3}\right)}$	11.3577

Wenn man mindestens 12 Pralinen gewonnen hat, dann ist die Wahrscheinlichkeit, dass darunter mindestens eine Marzipan-Praline ist, mindestens 99 %.

d) Mit einer Wahrscheinlichkeit von 90 % unterscheidet sich der unbekannte Erwartungswert µ = 120 · p von der Anzahl der besonderen Überraschungseier um höchstens 1,64 σ. Gesucht sind also alle Erfolgswahrscheinlichkeiten p, für die gilt:
µ − 1,64 σ ≤ 27 ≤ µ + 1,64 σ.

Lösung der Ungleichung:
– mit dem numerischen Gleichungslöser (links)
– mit der graphischen Methode (rechts)

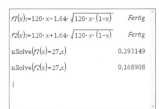
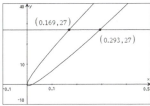

Das Stichprobenergebnis ist mit allen Anteilen verträglich, die zwischen 16,9 % und 29,3 % liegen. Es kann also durchaus sein, dass tatsächlich 25 % der Überraschungseier ausschließlich mit Marzipan-Pralinen gefüllt sind.

e) Zu bestimmen ist die Wahrscheinlichkeit, dass ein zufällig ausgewählter Schokoriegel ein Gewicht von weniger als 30 g hat. Mithilfe des WTR findet man, dass diese Wahrscheinlichkeit ungefähr 4,8 % beträgt.

Original-Prüfungsaufgaben 2020 zum Pflichtteil

Grundlegendes Anforderungsniveau:

Aufgabe P1 *grundlegendes Anforderungsniveau*

Betrachtet wird die Funktion f mit $f(x) = x \cdot e^x$, $x \in \mathbb{R}$.

a) Geben Sie die Nullstelle von f an.

b) Weisen Sie nach, dass die Funktion F mit $F(x) = (x-1) \cdot e^x$ eine Stammfunktion von f ist.

c) Berechnen Sie den Inhalt der Fläche, die vom Graphen von f, der x-Achse und den Geraden zu $x = 0$ und $x = 1$ eingeschlossen wird.

Aufgabe P2 *grundlegendes Anforderungsniveau*

Betrachtet werden die Funktionen f_a mit $f_a(x) = 2x^3 - 6x + a$, $x \in \mathbb{R}$, $a \in \mathbb{R}$.

Es gilt $f_a'(x) = 6x^2 - 6$.

Jeder Graph von f_a hat einen Wendepunkt und zwei Extrempunkte.

a) Zeigen Sie, dass der Wendepunkt immer auf der y-Achse liegt.

b) Bestimmen Sie alle Werte für den Parameter a, sodass ein Extrempunkt auf der x-Achse liegt.

Aufgabe P3 *grundlegendes Anforderungsniveau*

Überprüfungen in einer Kleinstadt haben gezeigt, dass ein Viertel der Radfahrenden keinen Helm trägt.

a) Geben Sie einen Term an, mit dem die Wahrscheinlichkeit dafür berechnet werden kann, dass unter 75 zufällig ausgewählten Radfahrenden genau 20 keinen Helm tragen.

b) Untersuchen Sie, wie viele Radfahrende man mindestens überprüfen muss, damit die Wahrscheinlichkeit, nur Radfahrende mit Helm anzutreffen, kleiner als $\frac{1}{2}$ ist.

Aufgabe P4 *grundlegendes Anforderungsniveau*

Ein Lichtstrahl verläuft vom Punkt $L(-3|-1|3)$ ausgehend in Richtung $\vec{e} = \begin{pmatrix} 1 \\ 0 \\ -1 \end{pmatrix}$.

Das Licht fällt auf einen Spiegel, der in der xy-Ebene liegt, und wird an diesem reflektiert.

a) Weisen Sie nach, dass das Licht im Punkt $A(0|-1|0)$ auf die xy-Ebene trifft.

b) Begründen Sie, dass der reflektierte Lichtstrahl die Richtung $\vec{r} = \begin{pmatrix} 1 \\ 0 \\ 1 \end{pmatrix}$ hat.

c) Überprüfen Sie, ob das Licht durch den Punkt $P(7|-1|7)$ verläuft.

Lösungen

Lösung Aufgabe P1 *grundlegendes Anforderungsniveau*

a) $f(x) = 0 \Leftrightarrow x = 0$

b) Nachweis durch Ableiten der angegebenen Funktion gemäß Produktregel:
$F'(x) = 1 \cdot e^x + (x-1) \cdot e^x = (1 + x - 1) \cdot e^x = x \cdot e^x = f(x)$

c) Im Intervall $[0;1]$ verläuft der Graph oberhalb der x-Achse, daher gilt:
$$A = \int_0^1 f(x)\,dx = F(1) - F(0) = 0 - (-1) = 1.$$

Lösung Aufgabe P2 *grundlegendes Anforderungsniveau*

a) Untersucht werden muss nur die notwendige Bedingung, da die Existenz der Wendepunkte im Aufgabentext steht:
$f_a''(x) = 12x = 0 \Leftrightarrow x = 0$

Alle Punkte mit der x-Koordinate 0 liegen auf der y-Achse.

b) $f_a'(x) = 0 \Leftrightarrow 6x^2 = 6 \Leftrightarrow x^2 = 1 \Leftrightarrow x = -1 \ \vee \ x = 1$

$f_a(-1) = -2 - (-6) + a = a + 4 = 0 \Leftrightarrow a = -4$

$f_a(1) = 2 - 6 + a = a - 4 = 0 \Leftrightarrow a = 4$

Für $a = -1$ und für $a = +1$ liegen die Extrempunkte auf der x-Achse.

Lösung Aufgabe P3 *grundlegendes Anforderungsniveau*

Binomialansatz mit $p = 0{,}25$

a) X: *Anzahl der Radfahrenden ohne Helm*
$P(X = 20) = \binom{75}{20} \cdot 0{,}25^{20} \cdot 0{,}75^{55}$

b) P(alle n Radfahrenden mit Helm) $= P(X = 0) = \binom{n}{0} \cdot 0{,}25^0 \cdot 0{,}75^n$

$n = 1: \ 0{,}75^1 = 0{,}75; \quad n = 2: \ 0{,}75^2 = \frac{9}{16} > \frac{1}{2}; \quad n = 3: \ 0{,}75^3 = \frac{27}{64} < \frac{1}{2}.$

Mindestens drei Radfahrende müssen überprüft werden.

Lösung Aufgabe P4 *grundlegendes Anforderungsniveau*

a) Parameterdarstellung des Lichtstrahls: $\vec{x} = \begin{pmatrix} -3 \\ -1 \\ 3 \end{pmatrix} + s \cdot \begin{pmatrix} 1 \\ 0 \\ -1 \end{pmatrix} = \begin{pmatrix} -3+s \\ -1 \\ 3-s \end{pmatrix}$.

Für Punkte der xy-Ebene gilt: z = 0, also 3 − s = 0, d. h. s = 3.

Einsetzen von s = 3 in die Parameterdarstellung der Geraden ergibt (0|−1|0).

Alternativ: Punktprobe für den angegebenen Punkt.

b) Beim Spiegeln an der xy-Ebene erhält die z-Komponente des Richtungsvektors das entgegengesetzte Vorzeichen, also $\vec{r} = \begin{pmatrix} 1 \\ 0 \\ 1 \end{pmatrix}$.

c) Zu prüfen ist, ob der Punkt P auf dem einfallenden oder dem reflektierten Strahl liegt:

$\begin{pmatrix} -3+s \\ -1 \\ 3-s \end{pmatrix} = \begin{pmatrix} 7 \\ -1 \\ 7 \end{pmatrix} \Leftrightarrow \begin{vmatrix} s = 10 \\ 0 = 0 \\ s = -4 \end{vmatrix}$.

Der Punkt liegt nicht auf dem einfallenden Strahl.

Parameterdarstellung des reflektierten Strahls:

$\vec{x} = \begin{pmatrix} 0 \\ -1 \\ 0 \end{pmatrix} + t \cdot \begin{pmatrix} 1 \\ 0 \\ 1 \end{pmatrix} = \begin{pmatrix} t \\ -1 \\ t \end{pmatrix}$.

Punktprobe:

$\begin{pmatrix} t \\ -1 \\ t \end{pmatrix} = \begin{pmatrix} 7 \\ -1 \\ 7 \end{pmatrix} \Leftrightarrow \begin{vmatrix} t = 7 \\ 0 = 0 \\ t = 7 \end{vmatrix}$.

Der Punkt P liegt auf dem reflektierten Strahl.

Erhöhtes Anforderungsniveau:

Aufgabe P1 *erhöhtes Anforderungsniveau*

Betrachtet wird die Funktion f mit $f(x) = x \cdot e^x$, $x \in \mathbb{R}$.

a) Geben Sie die Nullstelle von f an.

b) Weisen Sie nach, dass die Funktion F mit $F(x) = (x-1) \cdot e^x$ eine Stammfunktion von f ist.

c) Berechnen Sie den Inhalt der Fläche, die vom Graphen von f, der x-Achse und den Geraden zu x = 0 und x = 1 eingeschlossen wird.

Aufgabe P2 *erhöhtes Anforderungsniveau*

a) Weisen Sie nach, dass sich die Graphen der beiden auf $\mathbb{R}$ definierten Funktionen f und g mit $f(x) = 2e^{x-2} - 1$ und $g(x) = -2e^{x-2} + 1$ in genau einem Punkt schneiden.

b) Gegeben sind die Funktion h mit $h(x) = a \cdot e^{x-2} + b$ mit a, b, $x \in \mathbb{R}$, $a \neq 0$, die Gerade zu $y = 3x - 5$ und ein Punkt S(2|1).

Berechnen Sie Werte für a und b so, dass die Gerade eine Tangente an den Graphen von h im Punkt S darstellt.

Aufgabe P3 *erhöhtes Anforderungsniveau*

Gegeben sind die Funktionen f_a mit

$f_a(x) = a \cdot (x+3) \cdot (x+3) \cdot (x-3) = a \cdot (x^3 + 3x^2 - 9x - 27)$, $x \in \mathbb{R}$, $a > 0$.

a) Begründen Sie, dass jeder Graph von f_a die x-Achse einmal schneidet und ein weiteres Mal berührt.

b) Berechnen Sie den Parameterwert a so, dass die y-Koordinate des Tiefpunktes –3,2 beträgt.

Aufgabe P4 *erhöhtes Anforderungsniveau*

Überprüfungen in einer Kleinstadt haben gezeigt, dass ein Viertel der Radfahrenden keinen Helm trägt.

a) Geben Sie einen Term an, mit dem die Wahrscheinlichkeit dafür berechnet werden kann, dass unter 75 zufällig ausgewählten Radfahrenden genau 20 keinen Helm tragen.

b) Untersuchen Sie, wie viele Radfahrende man mindestens überprüfen muss, damit die Wahrscheinlichkeit, mindestens eine radfahrende Person ohne Helm anzutreffen, größer als $\frac{1}{2}$ ist.

Aufgabe P5 *erhöhtes Anforderungsniveau*

Ein Lichtstrahl verläuft vom Punkt L(–3|–1|3) ausgehend in Richtung $\vec{e} = \begin{pmatrix} 1 \\ 0 \\ -1 \end{pmatrix}$.

Das Licht fällt auf einen Spiegel, der in der xy-Ebene liegt, und wird an diesem reflektiert.

a) Weisen Sie nach, dass das Licht im Punkt A(0|–1|0) auf die xy-Ebene trifft. **F1 F4**

b) Überprüfen Sie, ob das Licht durch den Punkt P(7|–1|7) verläuft. **F1**

c) Der gesamte in dieser Aufgabe beschriebene Verlauf des Lichtes liegt in einer Ebene. Geben Sie für diese Ebene eine Gleichung in Koordinatenform an. **F3 F6**

Lösungen

Lösung Aufgabe P1 *erhöhtes Anforderungsniveau*

siehe grundlegendes Niveau

Lösung Aufgabe P2 *erhöhtes Anforderungsniveau*

a) $2e^{x-2} - 1 = -2e^{x-2} + 1 \Leftrightarrow 2 \cdot (2e^{x-2} - 1) = 0 \Leftrightarrow e^{x-2} = \frac{1}{2} \Leftrightarrow x - 2 = \ln\left(\frac{1}{2}\right)$

$\Leftrightarrow x = 2 + \ln\left(\frac{1}{2}\right) = 2 - \ln(2)$

Die Gleichung hat nur eine Lösung; daher gibt es genau eine Schnittstelle.

Alternativ kann die Frage mithilfe von Monotonieüberlegungen beantwortet werden: Der Graph von f(x) ist streng monoton steigend, der von g(x) streng monoton fallend; diese beiden Graphen können sich nur in *einem* Punkt schneiden.

b) y = 3x – 5 ist Tangente an den Graphen von h(x):

$h(2) = a \cdot e^{2-2} + b = a + b = 1$

$h'(x) = a \cdot e^{x-2}$ mit $h'(2) = a \cdot e^{2-2} = a = 3$.

Aus a = 3 folgt b = –2; die gesuchten Parameterwerte sind also a = 3 und b = –2.

Lösung Aufgabe P3 *erhöhtes Anforderungsniveau*

a) Die Funktionen der Schar haben eine doppelte Nullstelle bei x = –3 (d. h. die Graphen berühren die x-Achse) und eine einfache Nullstelle bei x = 3.

b) Da a > 0, ist der globale Verlauf des Graphen wie folgt: Der Graph steigt aus dem Minus-Unendlichen bis zur Berührstelle x = –3 an der x-Achse (lokaler Hochpunkt) und hat dann einen Tiefpunkt, der zwischen x = –3 und der Nullstelle bei x = +3 liegt.

Notwendige Bedingung: $f_a'(x) = a \cdot (3x^2 + 6x - 9) = 0 \Leftrightarrow x^2 + 2x - 3 = 0 \Leftrightarrow (x + 3)(x - 1) = 0$
$\Leftrightarrow x = -3 \vee x = +1$

Funktionswert an der Stelle x = 1: $f_a(1) = a \cdot (1 + 3 - 9 - 27) = -32 \cdot a$.

Für $a = \frac{1}{10} = 0{,}1$ ergibt sich der gewünschte Funktionswert von –3,2.

Lösung Aufgabe P4 *erhöhtes Anforderungsniveau*

a) Binomialansatz mit p = 0,25

X: *Anzahl der Radfahrenden ohne Helm*

$P(X = 20) = \binom{75}{20} \cdot 0{,}25^{20} \cdot 0{,}75^{55}$

b) P(mindestens ein(e) Radfahrende(r) ohne Helm) = $P(X \geq 1) = 1 - P(X = 0) = 1 - 0{,}75^n$

n = 1: $1 - 0{,}75^1 = 0{,}25$; n = 2: $1 - 0{,}75^2 = \frac{7}{16} < \frac{1}{2}$; n = 3: $1 - 0{,}75^3 = \frac{37}{64} > \frac{1}{2}$.

Mindestens drei Radfahrende müssen überprüft werden.

Lösung Aufgabe P5 *erhöhtes Anforderungsniveau*

a) Parameterdarstellung des Lichtstrahls: $\vec{x} = \begin{pmatrix} -3 \\ -1 \\ 3 \end{pmatrix} + s \cdot \begin{pmatrix} 1 \\ 0 \\ -1 \end{pmatrix} = \begin{pmatrix} -3+s \\ -1 \\ 3-s \end{pmatrix}$.

Für Punkte der xy-Ebene gilt: z = 0, also 3 − s = 0, d. h. s = 3.
Einsetzen von s = 3 in die Parameterdarstellung der Geraden ergibt (0 | −1 | 0).
Alternativ: Punktprobe für den angegebenen Punkt.

b) Beim Spiegeln an der xy-Ebene erhält die z-Komponente des Richtungsvektors das entgegengesetzte Vorzeichen, also $\vec{r} = \begin{pmatrix} 1 \\ 0 \\ 1 \end{pmatrix}$.

Zu prüfen ist, ob der Punkt P auf dem einfallenden oder dem reflektierten Strahl liegt:

$\begin{pmatrix} -3+s \\ -1 \\ 3-s \end{pmatrix} = \begin{pmatrix} 7 \\ -1 \\ 7 \end{pmatrix} \Leftrightarrow \begin{vmatrix} s = 10 \\ 0 = 0 \\ s = -4 \end{vmatrix}$

Der Punkt liegt nicht auf dem einfallenden Strahl.

Parameterdarstellung des reflektierten Strahls:

$\vec{x} = \begin{pmatrix} 0 \\ -1 \\ 0 \end{pmatrix} + t \cdot \begin{pmatrix} 1 \\ 0 \\ 1 \end{pmatrix} = \begin{pmatrix} t \\ -1 \\ t \end{pmatrix}$

Punktprobe:

$\begin{pmatrix} t \\ -1 \\ t \end{pmatrix} = \begin{pmatrix} 7 \\ -1 \\ 7 \end{pmatrix} \Leftrightarrow \begin{vmatrix} t = 7 \\ 0 = 0 \\ t = 7 \end{vmatrix}$

Der Punkt P liegt auf dem reflektierten Strahl.

c) Parameterdarstellung der Ebene: $\vec{x} = \begin{pmatrix} 0 \\ -1 \\ 0 \end{pmatrix} + s \cdot \begin{pmatrix} 1 \\ 0 \\ -1 \end{pmatrix} + t \cdot \begin{pmatrix} 1 \\ 0 \\ 1 \end{pmatrix}$

Ein Normalenvektor der Ebene ist offensichtlich gegeben durch $\vec{n} = \begin{pmatrix} 0 \\ 1 \\ 0 \end{pmatrix}$.

Koordinatengleichung der Ebene: $\vec{x} * \begin{pmatrix} 0 \\ 1 \\ 0 \end{pmatrix} = \begin{pmatrix} 0 \\ -1 \\ 0 \end{pmatrix} * \begin{pmatrix} 0 \\ 1 \\ 0 \end{pmatrix} = -1$, also y = −1.

Original-Prüfungsaufgaben 2020 zum Wahlteil

Aufgabe 1A *Analysis – grundlegendes Anforderungsniveau*

Eine Minigolfbahn enthält als Hindernis eine Welle.

Die auf ℝ definierte Funktion f mit
$f(x) = 0{,}5x^4 - 4x^3 + 11x^2 - 12x + 4{,}5$ beschreibt für $1 \leq x \leq 3$ modellhaft die Seitenansicht der Welle.

Für $x \leq 1$ und $x \geq 3$ sind die Abschnitte der Bahn waagerecht und in der Seitenansicht durch die x-Achse gegeben. Alle Angaben haben die Einheit Meter (m).
Eine dreidimensionale Ansicht ist in Abbildung 1 dargestellt.

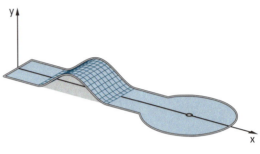

Abbildung 1

a) (1) Bestimmen Sie die maximale Höhe der Bahn.

   (2) Untersuchen Sie, ob der Übergang zur Welle an der Stelle $x = 1$ sprung- und knickfrei ist.

   Die größte Steigung der Bahn soll den Wert 0,8 nicht überschreiten.
   (3) Entscheiden Sie, ob die Minigolfbahn diese Bedingung erfüllt, und begründen Sie Ihre Entscheidung.

b) Der Ball wird modellhaft als punktförmig angenommen. Bei einem festen Schlag hebt er am Punkt $P(1{,}42 \mid f(1{,}42))$ von der Bahn ab. Seine Flugbahn ab dem Punkt P kann näherungsweise durch die Parabel q mit $q(x) = -0{,}28x^2 + 1{,}56x - 1{,}42$ beschrieben werden.

   (1) Zeigen Sie, dass der Ball nicht direkt im Loch bei $x = 5$ landet.

   (2) Berechnen Sie den Winkel, unter dem der Ball auf die Bahn trifft.

   (3) Bestimmen Sie den maximalen vertikalen Abstand des Balles von der Welle.

c) Das Hindernis soll auf einer Seite verkleidet werden. Die Kosten der Verkleidung betragen pro Quadratmeter 40 €.

   (1) Berechnen Sie die Kosten für die Seitenverkleidung.

   Die Seitenverkleidung soll so wie in Abbildung 2 dargestellt gestrichen werden. Der zur Mitte der Verkleidung symmetrische Farbstreifen soll 0,3 m² groß sein.

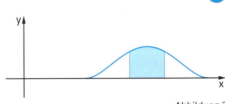

Abbildung 2

   (2) Erläutern Sie, dass man die Breite dieses Streifens mithilfe der
   Gleichung $\int_{2}^{k} f(x)\,dx = 0{,}15$ berechnen kann.

d) Unabhängig vom Sachzusammenhang gilt für eine nicht konstante ganzrationale Funktion g:
   - Ihr Graph ist achsensymmetrisch zur Geraden mit x = 2.
   - $g'(1) = 0$.

   Entscheiden Sie, welchen Grad g mindestens haben muss, und begründen Sie Ihre Entscheidung.

Lösung

a) (1) Mithilfe des GTR ergibt sich, dass bei x = 2 der maximale Wert angenommen wird mit f(2) = 0,5.

Formaler Nachweis:
Notwendige Bedingung: $f'(x) = 2x^3 - 12x^2 + 22x - 12 = 0$.

Nach der Abbildung in der Aufgabenstellung ist zu vermuten, dass der Graph achsensymmetrisch zu x = 2 ist, und dass dort eine Extremstelle vorliegt.

Dies kann man durch Einsetzen in die Ableitung überprüfen:
$f'(2) = 16 - 48 + 44 - 12 = 0$.

(2) *Sprungfreier Übergang*: Es muss gelten f(1) = 0 und f(3) = 0, was stimmt, vgl. Screenshot oben.

Ruckfreier Übergang: Es muss gelten f'(1) = 0 und f'(3) = 0, was stimmt, vgl. folgenden Screenshot.

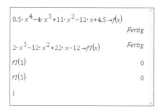
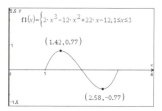

(3) Mithilfe des GTR ergibt sich, dass die Wendestellen, also die lokalen Extremstellen von f'(x) an den Stellen x ≈ 1,42 bzw. x ≈ 2,58 liegen. Dort beträgt die Steigung f'(1,42) ≈ 0,77 bzw. f'(2,58) ≈ –0,77, also beides betraglich kleiner als 0,8.

b) (1) Da g(5) ≠ 0, landet der Ball nicht direkt im Loch bei
x = 5, sondern vorher (g(5) ≈ –0,62).
g(x) = 0 ⇔ x ≈ 1,146 ∨ x ≈ 4,425
(die erste Nullstelle liegt vor der Stelle des Abschlags).

(2) Steigung an der Auftreffstelle: g'(4,425) ≈ –0,918 ;
hierzu gehört ein Winkel von
$\tan^{-1}(-0,918) \approx -42,56°$.

(3) Zu untersuchen ist das Maximum der Differenzfunktion q(x) – f(x) im Intervall
[1,42 ; 3], also zwischen der Abschlagstelle und dem Ende der Bodenwelle. Mithilfe
des GTR ergibt sich eine maximale Differenz von 0,742 bei x ≈ 2,97, also kurz vor dem
Ende der Bodenwelle.

Im Screenshot links sind die Graphen von f(x) und q(x) zur Veranschaulichung
abgebildet.

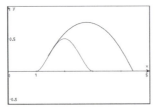
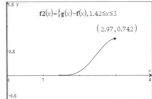

c) (1) Mithilfe des GTR ergibt sich für die Fläche A ≈ 0,533 m² und hieraus Kosten
von ca. 21,33 €.

(2) Wegen der Symmetrie des Farbstreifens zu x = 2 genügt die Betrachtung des Intervalls von x = 2 an nach rechts mit der Hälfte des angegebenen Flächeninhalts von
insgesamt 0,3 m².

Lösung (nicht verlangt): Der Screenshot rechts zeigt den Lösungsansatz und die
Lösung, darunter die Bestätigung der Lösung.

Hinweis: Ohne Benutzung eines GTR wäre eine Gleichung 5. Grades zu lösen:

$$\int_2^a f(x)\,dx = \left[0,1\,x^5 - x^4 + \frac{11}{3} x^3 - 6x^2 + 4,5x\right]_2^a = 0,15.$$

d) Eine nicht konstante ganzrationale Funktion, deren Graph achsensymmetrisch ist zu
x = 2, muss an der Stelle x = 2 eine Extremstelle haben; zusätzlich zu den Stellen mit
horizontaler Tangente bei x = 1 wegen der Symmetrie auch bei x = 3; somit muss die
Ableitungsfunktion mindestens drei Nullstellen haben, also die ursprüngliche Funktion
mindestens den Grad 4.

Aufgabe 1B *Analysis – grundlegendes Anforderungsniveau*

Beim maschinellen Lernen simuliert man das Verhalten von menschlichen Nervenzellen. Dabei entscheidet eine künstliche Zelle mithilfe einer sogenannten Aktivierungsfunktion, ob sie ein Signal ausgibt. Die Funktion f mit $f(x) = -0{,}25\,x^3 + 0{,}75\,x^2$, $0 \leq x \leq 2$, ist eine mögliche Aktivierungsfunktion. x wird als Eingangswert und f(x) als Aktivitätsmaß bezeichnet.

a) (1) Berechnen Sie für den Eingangswert $x = 0{,}5$ das Aktivitätsmaß.

   (2) Markieren Sie in Abbildung 1 den Bereich auf der x-Achse, für den das Aktivitätsmaß mindestens 0,25 und höchstens 0,75 beträgt.

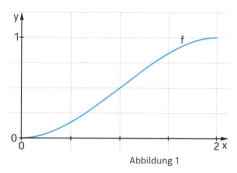

Abbildung 1

   (3) Berechnen Sie die Eingangswerte, für die
   - das Aktivitätsmaß 0,4 überschritten wird,
   - die lokale Änderungsrate des Aktivitätsmaßes mit der durchschnittlichen Änderungsrate auf dem Intervall [0 ; 2] übereinstimmt.

b) Eine Aktivierungsfunktion soll die folgenden Kriterien erfüllen:
   (1) Die Steigung des Funktionsgraphen in der Intervallmitte ist maximal.
   (2) Der Inhalt der Fläche zwischen dem Funktionsgraphen und der x-Achse im Intervall [0 ; 1] ist kleiner als $\frac{1}{5}$ des Inhalts der Fläche zwischen dem Funktionsgraphen und der x-Achse im gesamten Intervall.

   Entscheiden Sie, ob f im Intervall [0 ; 2] diese Kriterien erfüllt, und begründen Sie Ihre Entscheidung.

c) Unabhängig vom Sachkontext werden nun die auf ganz $\mathbb{R}$ definierten Funktionen f_a mit $f_a(x) = x^3 - a \cdot x^2 + x$, $a > 0$, betrachtet. Es gilt $f_a'(x) = 3x^2 - 2a \cdot x + 1$.

   Die Gleichung $f_a(x) = 0$ hat in Abhängigkeit von a die Lösungen
   $x_1 = 0$, $x_2 = \frac{a}{2} - \frac{1}{2}\sqrt{a^2 - 4}$ und $x_3 = \frac{a}{2} + \frac{1}{2}\sqrt{a^2 - 4}$.

   (1) Bestimmen Sie den Wert von a, für den der Graph von f_a genau zwei Nullstellen hat.

   (2) Berechnen Sie den Wert von a, für den $x = 2$ eine Nullstelle ist.

   (3) Bestimmen Sie den Wert von a, für den eine der drei Nullstellen genau in der Mitte zwischen den beiden anderen liegt.

   Jeder Graph von f_a, $a > 0$, hat einen Wendepunkt $\left(\frac{a}{3} \mid f_a\left(\frac{a}{3}\right)\right)$.

   (4) Untersuchen Sie, ob es einen Wert von a gibt, sodass die Tangente an den Graphen von f_a im Wendepunkt die x-Achse unter einem Winkel von 45° schneidet.

Lösung

a) (1) f(0,5) ≈ 0,156

(2) Ungefähr im Intervall 0,65 ≤ x ≤ 1,35 liegen die Funktionswerte zwischen 0,25 und 0,75.

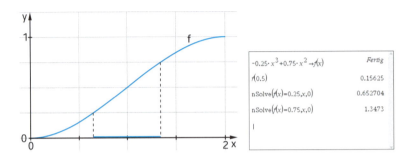

Hinweis: Die numerische Bestimmung ist nicht verlangt, es genügt das Einzeichnen und Ablesen am Graphen.

(3) Die durchschnittliche Änderungsrate im Intervall [0; 2] beträgt $\frac{f(2) - f(0)}{2} = 0{,}5$.

Mithilfe des numerischen Gleichungslösers des GTR findet man heraus, dass die lokale Änderungsrate bei x ≈ 0,42 sowie bei x ≈ 1,58 ebenfalls gleich 0,5 ist.

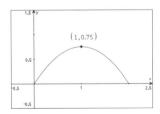

Hinweis: Für eine exakte Lösung ist die quadratische Gleichung
$-0{,}75\,x^2 + 1{,}5\,x = 0{,}5$ zu lösen, also $x^2 - 2x = -\frac{2}{3} \Leftrightarrow x = 1 \pm \sqrt{\frac{1}{3}}$.

b) (1) Wie der Screenshot des Graphen von f'(x) zeigt, liegt das Maximum der Ableitungsfunktion tatsächlich in der Mitte des Intervalls [0; 2].

Rechnerischer Nachweis: f'(x) = −0,75 x² + 1,5 x; der Graph ist eine nach unten geöffnete quadratische Parabel, deren Scheitelpunkt (maximale Steigung von f(x)) liegt in der Mitte symmetrisch zu den beiden Nullstellen bei x = 0 und x = 2, also bei x = 1. *Alternativ* Nachweis mithilfe der 2. Ableitung: f''(x) = −1,5 x + 1,5 = 0 ⇔ x = 1.

(2) Mithilfe des GTR bestimmt man die beiden Flächen; die erste Teilfläche ist tatsächlich kleiner als ein Fünftel der Gesamtfläche (0,1875 < 0,2).

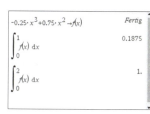

c) (1) f_a hat genau zwei Nullstellen, wenn x_2 und x_3 zusammenfallen, d. h. wenn $a^2 - 4 = 0$, also (wegen der Voraussetzung a > 0) wenn a = 2.

(2) $f_a(2) = 8 - 4a + 2 = 10 - 4a = 0 \Leftrightarrow a = 2{,}5$

(3) Die Nullstellen x_2 und x_3 liegen beide im positiven Bereich, wobei $x_2 < x_3$, denn die Wurzel ist stets kleiner als a. Daher muss wegen $x_1 = 0$ die Bedingung $2 \cdot x_2 = x_3$ überprüft werden, also

$$2 \cdot \left(\frac{a}{2} - \frac{1}{2} \cdot \sqrt{a^2 - 4}\right) = \frac{a}{2} + \frac{1}{2} \cdot \sqrt{a^2 - 4} \Leftrightarrow \frac{a}{2} - \frac{3}{2} \cdot \sqrt{a^2 - 4} = 0 \Leftrightarrow a = 3 \cdot \sqrt{a^2 - 4}$$

Durch Quadrieren erhält man $a^2 = 9 \cdot a^2 - 36$, also $8a^2 = 36 \Leftrightarrow a^2 = 4{,}5 \Leftrightarrow a \approx 2{,}12$. Diese Lösung kann auch mithilfe des GTR bestimmt werden:

```
nSolve(2·(a/2 - 1/2·√(a²-4)) = a/2 + 1/2·√(a²-4), a)
                                                    2.12132
```

(4) Steigung des Graphen an der Stelle $x = \frac{a}{3}$:

$f'_a\left(\frac{a}{3}\right) = \frac{a^2}{3} - \frac{2}{3}a^2 + 1 = -\frac{a^2}{3} + 1$.

Einem Schnittwinkel von 45° entspricht eine Steigung von +1 oder von −1.

Da a > 0 ist, kommt also nur die Steigung −1 infrage. Gesucht ist daher die Lösung der Gleichung $-\frac{a^2}{3} + 1 = -1$, also $a^2 = 6$; wegen a > 0 erfüllt also a ≈ 2,45 die Bedingung.

Aufgabe 1A *Analysis – erhöhtes Anforderungsniveau*

Eine Minigolfbahn enthält als Hindernis eine Doppelwelle.

Die Seitenansicht der Doppelwelle wird mit den auf ℝ definierten Funktionen f und g modellhaft beschrieben durch

$f(x) = 0{,}5\,x^4 - 4\,x^3 + 11\,x^2 - 12\,x + 4{,}5$ für $1 \le x \le 3$ und

$g(x) = 0{,}25\,x^4 - 4\,x^3 + 23{,}5\,x^2 - 60\,x + 56{,}25$ für für $1 \le x \le 3$.

modellhaft die Seitenansicht der Welle.

Für $x \le 1$ und $x \ge 5$ sind die Abschnitte der Bahn waagerecht und in der Seitenansicht durch die x-Achse gegeben. Alle Angaben haben die Einheit Meter (m). Eine dreidimensionale Ansicht der 1,25 m breiten Minigolfbahn ist in Abbildung 1 dargestellt.

Abbildung 1

a) (1) Bestimmen Sie die maximale Höhe der Bahn.

   (2) Untersuchen Sie, ob der Übergang von der ersten zur zweiten Welle sprungfrei ist.

   (3) Die größte Steigung der Bahn soll den Wert 0,8 nicht überschreiten.

      Entscheiden Sie, ob die erste Welle der Minigolfbahn diese Bedingung erfüllt, und begründen Sie Ihre Entscheidung.

b) Nach einem Regenschauer steht das Wasser zwischen den beiden Wellen 5 cm hoch.

   (1) Berechnen Sie, wie viele Liter Wasser sich dort gesammelt haben.

Der Ball wird modellhaft als punktförmig angenommen. Er wird so fest geschlagen, dass er am Punkt $P(1{,}42\,|\,f(1{,}42))$ tangential von der Bahn abhebt. Er fliegt dann parabelförmig und erreicht seine maximale Höhe an der Stelle $x = 3$.

   (2) Bestimmen Sie eine Funktionsgleichung, die näherungsweise die Flugparabel beschreibt.
      (Zur Kontrolle: $q(x) = -0{,}24\,x^2 + 1{,}46\,x - 1{,}36$)

   (3) Zeigen Sie, dass der fliegende Ball den Hochpunkt der zweiten Welle überwindet.

c) Das Hindernis soll im Bereich $1 \le x \le 5$ neu gestaltet werden. Es soll aus drei jeweils 40 cm hohen Wellen bestehen und am Anfang und Ende waagerecht an den Rest der Bahn anschließen.

   (1) Bestimmen Sie hierfür eine passende Funktionsgleichung der Form
      $h(x) = a \cdot \sin(b \cdot x) + 0{,}2$ mit $a, b \in \mathbb{R}$.

Das Hindernis soll seitlich verkleidet werden.

   (2) Erläutern Sie ohne weitere Rechnung und mithilfe einer Skizze, dass der Flächeninhalt der Verkleidung auf einer der beiden Seiten durch den Term $4 \cdot 0{,}2$ berechnet werden kann.

d) Unabhängig vom Sachzusammenhang wird die Funktionenschar s_k mit

$$s_k(x) = x^5 - k^2 \cdot x^3 + k^2 \cdot x, \; x \in \mathbb{R}, \; k > 0,$$

betrachtet. Für einen Wert von k ist ein Ausschnitt des Graphen von s_k und ein Ausschnitt des zugehörigen Ableitungsgraphen in Abbildung 2 dargestellt.

Ermitteln Sie mithilfe der Abbildung und ohne weitere Rechnung die Anzahl der Nullstellen des zugehörigen vollständigen Graphen von s_k. B1

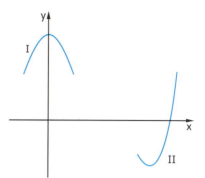

Lösung

a)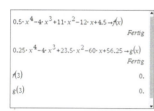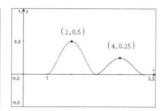

(1) Mithilfe des GTR findet man heraus, dass die Höhe der Bahn an der Stelle x = 2 vorliegt und 0,5 m beträgt.

(2) Der Übergang ist sprungfrei, da die Funktionswerte f(3) = g(3) = 0 übereinstimmen.

(3) Mithilfe des GTR ergibt sich, dass die Wendestellen, also die lokalen Extremstellen von f'(x), an den Stellen x ≈ 1,42 bzw. x ≈ 2,58 liegen. Dort beträgt die Steigung f'(1,42) ≈ 0,77 bzw. f'(2,58) ≈ – 0,77, also beides betraglich kleiner als 0,8.

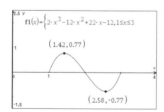

b) (1) Zu bestimmen sind die Lösungen der Gleichungen f(x) = 0,05 und g(x) = 0,05, die links und rechts von der Übergangsstelle bei x = 3 liegen: x_1 ≈ 2,83 und x_2 ≈ 3,257.

Für den Flächeninhalt zwischen den Parallelen zur x-Achse mit y = 0,05 und den Graphen von f(x) bzw. g(x) ergibt sich A_1 ≈ 0,0056 bzw. A_2 ≈ 0,0082 und wegen der Breite der Bahn von 1,25 m hieraus ein Volumen von ca. 17,3 Litern.

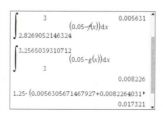

(2) Gesucht wird eine quadratische Funktion q(x) mit den Eigenschaften q(1,42) = f(1,42) und q'(1,42) = f'(1,42), deren Maximum (Scheitelpunkt) bei x = 3 liegt, also q'(3) = 0.

Ansatz: $q(x) = ax^2 + bx + c$, also $q'(x) = 2ax + b$.

Mithilfe des GTR ergibt sich $q(x) \approx -0{,}244 x^2 + 1{,}46 x - 1{,}364$.

(3) Der Hochpunkt der zweiten Welle ist (4 | 0,25). Wegen q(4) ≈ 0,585 überfliegt der geschlagene Ball diesen Hochpunkt.

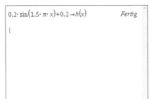
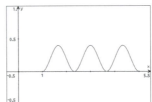

c) (1) Aus der Länge des Intervalls [1 ; 5] ergibt sich, dass die Länge einer Welle, also damit die Länge einer Periode, gleich $\frac{4}{3}$ ist. Hieraus folgt wegen $2\pi = \frac{4}{3} \cdot b$, dass $b = 1{,}5\,\pi$.

Aus der vorgegebenen Höhe der Wellen folgt, dass $a = \frac{1}{2} \cdot 0{,}4 = 0{,}2$.

Der zur Kontrolle gezeichnete Graph bestätigt die Richtigkeit der Modellierungsfunktion.

(2) Durch Einzeichnen von Hilfslinien ergibt sich aus den Symmetrieeigenschaften der Sinusfunktionen, dass die gekennzeichneten Flächenstücke unterhalb und oberhalb von y = 0,2 jeweils gleich groß sind und somit der gesamte Flächeninhalt auch berechnet werden kann mithilfe von 4 · 0,2 = Rechteckbreite x Rechteckhöhe.

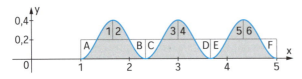

d) Für alle Werte von k gilt: $s_k(0) = 0$, d. h. eine der Nullstellen von $s_k(x)$ liegt an der Stelle $x = 0$. Daher gehört der abgebildete Graph I zur Ableitungsfunktion von $s_k(x)$, also zu
$s_k'(x) = 5x^4 - 3k^2x^2 + k^2$.

Aus $s_k'(0) = k^2 > 0$ ergibt sich, dass der Graph von $s_k(x)$ in der Umgebung um die Nullstelle bei $x = 0$ streng monoton steigend verläuft. Da der abgebildete Graph II eine Nullstelle von $s_k(x)$ zeigt, muss es zwischen dieser Nullstelle und der Nullstelle bei $x = 0$ noch *mindestens* eine weitere Nullstelle dazwischen geben.

Da der Funktionsterm von $s_k(x)$ nur Potenzen mit ungeraden Exponenten enthält, ist der Graph punktsymmetrisch zum Ursprung, und daher müssen diese beiden Nullstellen gespiegelt auch im negativen Bereich vorhanden sein.

Da allgemein eine ganzrationale Funktion 5. Grades höchstens 5 Nullstellen hat, steht somit fest, dass der Graph genau 5 Nullstellen besitzt.

Aufgabe 1B *Analysis – erhöhtes Anforderungsniveau*

Beim maschinellen Lernen simuliert man das Verhalten von menschlichen Nervenzellen. Dabei entscheidet eine künstliche Zelle mithilfe einer sogenannten Aktivierungsfunktion, ob sie ein Signal ausgibt. Die Funktion f mit $f(x) = 0{,}5x^3 - 1{,}5x^2 + 1{,}5x$, $0 \leq x \leq 2$, ist eine mögliche Aktivierungsfunktion. x wird als Eingangswert und f(x) als Aktivitätsmaß bezeichnet.

a) (1) Berechnen Sie für den Eingangswert x = 0,5 das Aktivitätsmaß.

   (2) Markieren Sie in Abbildung 1 den Bereich auf der x-Achse, für den das Aktivitätsmaß mindestens 0,25 und höchstens 0,75 beträgt.

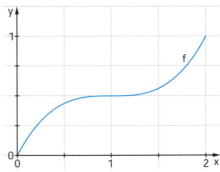

Abbildung 1

Berechnen Sie die Eingangswerte, für die
(3) das Aktivitätsmaß 0,4 überschritten wird,
(4) die lokale Änderungsrate des Aktivitätsmaßes mit der durchschnittlichen Änderungsrate auf dem Intervall [0 ; 2] übereinstimmt.

Betrachtet wird nun zusätzlich die Funktion g mit $g(x) = \dfrac{1}{1 + e^{-3x+3}}$ für $0 \leq x \leq 2$.

b) Eine Funktion ist als Aktivierungsfunktion besonders geeignet, wenn sie die folgenden Kriterien erfüllt:
   - Sie ist monoton wachsend.
   - Die Steigung des Funktionsgraphen ist in der Intervallmitte maximal.
   - Der Inhalt der Fläche zwischen dem Funktionsgraphen und der x-Achse im Intervall [0 ; 1] ist kleiner als $\frac{1}{4}$ des Inhalts der Fläche zwischen dem Funktionsgraphen und der x-Achse im gesamten Intervall.

Untersuchen Sie, ob f und g als Aktivierungsfunktionen jeweils besonders geeignet sind.

c) Der Graph von g ist punktsymmetrisch zum Punkt P(1|g(1)).

(1) Erläutern Sie, auch mithilfe einer Skizze, wie man dies nachweisen kann. **B1**

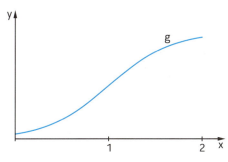

Abbildung 2

Betrachtet wird das Dreieck mit den Eckpunkten A(0|g(0)), B(2|g(0)) und C(2|g(2)).

(2) Erläutern Sie einen Weg, wie man mithilfe des Dreiecks ABC den Inhalt der Fläche zwischen dem Graphen von g und der x-Achse berechnen kann.

d) Die Funktionen f_k mit $f_k(x) = k \cdot x^3 - 3k \cdot x^2 + (2k + 0{,}5) \cdot x$, $k \neq 0$, werden unabhängig vom Sachkontext betrachtet. Es gilt $f_k''(x) = 6k \cdot x - 6k$. Abbildung 3 zeigt die Graphen von $f_{-0{,}6}$, $f_{1{,}1}$ und f_2.

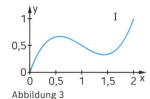 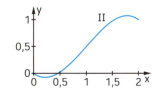 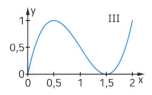

Abbildung 3

(1) Geben Sie an, welche Funktion zu welchem Graphen gehört. **B6**

(2) Zeigen Sie, dass k keinen Einfluss auf die Koordinaten der Wendepunkte der Graphen von f_k hat. **B7**

Die Nullstellen von f_k sind $x_1 = 0$, $x_2 = \frac{3}{2} - \frac{\sqrt{k^2 - 2k}}{2k}$ und $x_2 = \frac{3}{2} + \frac{\sqrt{k^2 - 2k}}{2k}$.

(3) Untersuchen Sie, ob es einen Wert für k gibt, so dass der Graph von f_k nur eine Nullstelle besitzt und an der Stelle x = 1 eine Steigung größer als 0,5 hat. **B6**

Lösung

a) (1) f(0,5) = 0,4375

(2) Numerisch bestimmte Werte (nicht verlangt): 0,206 ≤ x ≤ 1,794

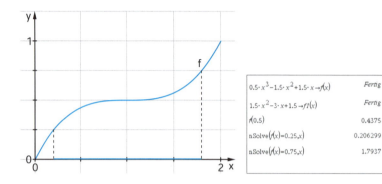

(3) Für alle x > 0,415 gilt: f(x) > 0,4.

(4) Durchschnittliche Änderungsrate im Intervall [0; 2]: $\frac{f(2) - f(0)}{2} = 0{,}5$.

Dieser Wert wird auch an den Stellen x ≈ 0,423 und x ≈ 1,577 angenommen.

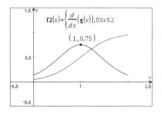

b) Ohne Rechnung erkennt man, dass der Graph von die Bedingung der maximalen Steigung in der Intervallmitte nicht erfüllt, denn f'(1) = 0, insofern also nicht besonders geeignet ist.

Der folgende Screenshot zeigt den Graphen von g(x) und den Graphen der numerisch bestimmten Ableitungsfunktion; da dieser nur positive Werte aufweist, ist bewiesen, dass der Graph von g(x) tatsächlich streng monoton steigend ist. Außerdem liegt das Maximum von g'(x) an der Stelle x = 1, d. h. dort liegt die Stelle mit der größten Steigung vor.

Der Flächeninhalt unter dem Graphen von g(x) ist im Intervall [0; 1] ungefähr gleich 0,215, also weniger als ein Viertel der Fläche über dem gesamten Intervall [0; 2], welches gleich 1 ist.

c) (1) Der Nachweis der Punktsymmetrie erfolgt durch Vergleich des Graphenverlaufs in Bezug auf das Symmetriezentrum (1|0,5). Zu zeigen ist, dass gilt
$g(1 + a) - 0,5 = 0,5 - g(1 - a)$, d.h. $g(1 + a) + g(1 - a) = 1$.

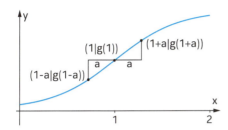

(2) Aus der Punktsymmetrie des Graphen von g(x) folgt, dass die Verbindungsgerade AC zwei gleich große Flächenstücke abschneidet, sodass der Flächeninhalt des Dreiecks ABC gleich dem Wert des Integrals über die Funktion g(x) im Intervall [0;2] ist, vermindert um den Flächeninhalt des Rechtecks der Breite 2 und der Höhe g(0).

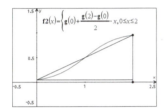

d) (1) Die Ableitung der Funktion an der Stelle x = 0 ist gleich $f'_k(0) = 2k + 0,5$; daher gilt:
$f_{-0,6}$ gehört zu Graph II, $f_{1,1}$ gehört zu Graph I, f_2 gehört zu Graph III.

(2) $f'_k(x) = 3kx^2 - 6kx + (2k + 0,5)$ und $f''_k(x) = 6kx - 6k = 6k \cdot (x - 1)$.

Die Nullstelle der 2. Ableitung (notwendige Bedingung für das Vorliegen einer Wendestelle) liegt stets an der Stelle x = 1, hängt also nicht von k ab.

(3) f_k hat nur eine Nullstelle, wenn x_2 und x_3 entfallen, d.h. wenn $k^2 - 2k = k \cdot (k - 2) < 0$, also wenn $0 < k < 2$.

Es gilt: $f'_k(1) = 3k - 6k + (2k + 0,5) = 0,5 - k$.

Für k ≠ 0 ist dieser Wert stets kleiner als 0,5.

Somit existiert kein Wert von k, für den beide Bedingungen erfüllt sind.

Aufgabe 2A Stochastik – grundlegendes Anforderungsniveau

Ein Würfelspiel wird mit einem Würfel gespielt, dessen Netz in der nebenstehenden Abbildung dargestellt ist.

Der Spieler zahlt einen Einsatz von 3 € und würfelt dann zweimal. Anschließend wird ihm die Summe der beiden gewürfelten Zahlen in € ausgezahlt.

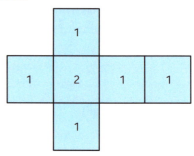

a) Die Zufallsgröße X beschreibt den Betrag in €, der an den Spieler ausgezahlt wird.

(1) Begründen Sie, dass X nur die Werte 2, 3 und 4 annehmen kann.

Die Tabelle zeigt die Wahrscheinlichkeitsverteilung von X.

k	2	3	4
P(X = k)	$\frac{25}{36}$	$\frac{10}{36}$	$\frac{1}{36}$

(2) Geben Sie ein Ereignis an, das bezüglich dieser Verteilung mit einer Wahrscheinlichkeit von $\frac{26}{36}$ eintritt.

Ein Spiel heißt fair, wenn die Einsätze und die Auszahlungen auf lange Sicht ausgeglichen sind.

(3) Untersuchen Sie, ob das Spiel fair ist.

(4) Berechnen Sie den Zahlenwert, mit dem die „2"-Seitenfläche des Würfels überklebt werden muss, damit das Spiel bei einem Einsatz von 5 € fair ist.

b) Es wird 10-mal mit dem oben abgebildeten Würfel gespielt.

(1) Berechnen Sie die Wahrscheinlichkeit dafür, dass bei mindestens 2 Spielen 4 € ausgezahlt werden.

(2) Geben Sie die Bedeutung des Terms $1 - \left(\frac{35}{36}\right)^{10}$ im Sachzusammenhang an.

Lösung

a) (1) Da nur die Augenzahlen 1 und 2 auftreten können, ergeben sich die Augensummen 2 = 1 + 1, 3 = 1 + 2 = 2 + 1 oder 4 = 2 + 2.

(2) P(Augensumme 2 oder Augensumme 4) = $\frac{26}{36}$

(3) Bestimmung des Erwartungswerts der Zufallsgröße X:

$$E(X) = \frac{25}{36} \cdot 2 + \frac{10}{36} \cdot 3 + \frac{1}{36} \cdot 4 = \frac{50 + 30 + 4}{36} = \frac{7}{3}.$$

Da im Mittel nur E(X) = $\frac{7}{3}$ € ausgezahlt werden, aber der Spieleinsatz 3 € beträgt, ist die Spielregel nicht fair.

(4) Wenn die eine Würfelfläche mit a beschriftet wird, treten die Augensummen 2, a + 1 und 2a auf. Für den Erwartungswert der Zufallsgröße muss dann gelten:

$\frac{25}{36} \cdot 2 + \frac{10}{36} \cdot (a+1) + \frac{1}{36} \cdot 2a = 5 \Leftrightarrow \frac{60}{36} + \frac{12}{36} \cdot a = 5 \Leftrightarrow 12a = 120 \Leftrightarrow a = 10$.

Die eine Würfelfläche muss mit „10" beschriftet werden.

b) (1) Betrachtet wird die binomialverteilte Zufallsgröße
Y: *Anzahl der Doppelwürfe mit Augenzahl 2*, die Erfolgswahrscheinlichkeit ist $p = \frac{1}{36}$.

$P(Y \geq 2) = 1 - P(Y \leq 1) = 1 - P(Y = 0) - P(Y = 1)$

$= 1 - \binom{10}{0} \cdot \left(\frac{1}{36}\right)^0 \cdot \left(\frac{35}{36}\right)^{10} - \binom{10}{1} \cdot \left(\frac{1}{36}\right)^1 \cdot \left(\frac{35}{36}\right)^9 \approx 0{,}03$.

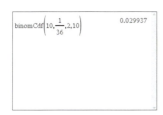

(2) Angegeben ist $1 - P(Y = 0) = P(Y \geq 1)$, d. h. mindestens einmal werden 4 € ausgezahlt.

Aufgabe 2B *Stochastik – grundlegendes Anforderungsniveau*

Eine Süßwarenfabrik stellt Pralinen her.

a) Die Tabelle zeigt Daten von Maschine A und Maschine B:

Pralinenmasse in Gramm	8,3	8,4	8,5	8,6	8,7	8,8	8,9	9,0	9,1
Maschine A: Absolute Häufigkeit	1	3	6	11	16	13	7	2	1
Maschine B: Absolute Häufigkeit	1	1	6	13	16	15	7	0	1

(1) Geben Sie für Maschine A das arithmetische Mittel und die Standardabweichung der Pralinenmasse an.　**H1**

(2) Begründen Sie ohne Berechnung des arithmetischen Mittels für Maschine B, dass die arithmetischen Mittel für Maschine A und B gleich sind.　**H1**

b) Beschädigte Pralinen werden als Pralinen 2. Wahl angeboten. Ihr Anteil beträgt bei Maschine A 18 %.

(1) Berechnen Sie die Wahrscheinlichkeit dafür, dass von 150 hergestellten Pralinen höchstens 20 Pralinen 2. Wahl sind.　**J3**

(2) Berechnen Sie die Anzahl der Pralinen, die mindestens entnommen werden müssen, damit die Wahrscheinlichkeit, mindestens eine Praline 2. Wahl zu erhalten, größer ist als die Wahrscheinlichkeit, keine Praline 2. Wahl zu erhalten.　**J3**

Für Maschine B nimmt der Hersteller an, dass der Anteil, mit dem Pralinen 2. Wahl hergestellt werden, nur bei 11 % liegt. Eine Stichprobe hat ergeben, dass 42 von 300 Pralinen 2. Wahl sind.

(3) Untersuchen Sie mithilfe eines Vertrauensintervalls zur Sicherheitswahrscheinlichkeit von 95 %, ob die Annahme des Herstellers auf der Basis dieser Stichprobe angezweifelt werden sollte.　**K2**

Lösung

a) (1) Mithilfe der Statistik-Optionen des GTR (Statistik mit einer Variablen) ergibt sich:

$\bar{x} \approx 8{,}70$,　$s \approx 0{,}16$.

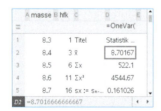

(2) Die Anzahl der Pralinen ist bei beiden Maschinen gleich.

Im Vergleich zu Maschine A gibt es bei Maschine B jeweils zwei Pralinen, die um 0,2 g schwerer bzw. 0,2 g leichter sind.

Damit ist das arithmetische Mittel der Pralinenmasse bei Maschine A und B gleich.

b) (1) Binomialverteilte Zufallsgröße X: *Anzahl der Pralinen 2. Wahl bei Maschine A*, p = 0,18.

P(X ≤ 20) ≈ 0,08

(2) P(mindestens eine Praline 2. Wahl) = 1 − P(keine Praline 2. Wahl)

= 1 − (1 − p)^n = 1 − 0,82^n.

Es soll gelten: 1 − 0,82^n > 0,82^n ⇔ 1 > 2·0,82^n ⇔ 0,5 > 0,82^n

⇔ log(0,5) > n·log(0,82) ⇔ n > $\frac{\log(0,5)}{\log(0,82)}$ ≈ 3,5.

Die Bedingung ist für n ≥ 4 erfüllt.

(3) Vertrauensintervall für den unbekannten Anteil p von Pralinen 2. Wahl:
Für die unbekannte Erfolgswahrscheinlichkeit p gilt mit einer Wahrscheinlichkeit
von ca. 95 %: $\left| p - \frac{42}{300} \right| \leq 1{,}96 \cdot \sqrt{\frac{p \cdot (1-p)}{300}}$.

Mithilfe des GTR bestimmt man nacheinander die untere und obere Grenze des Vertrauensintervalls: 0,1053 ≤ p ≤ 0,1838.

Da das 95 %-Vertrauensintervall die vermutete Erfolgswahrscheinlichkeit von p = 0,11 enthält, gibt es keinen Grund, die Angabe des Herstellers zu bezweifeln.

Aufgabe 2A *Stochastik – erhöhtes Anforderungsniveau*

Ein Würfelspiel wird mit einem Würfel gespielt, dessen Netz in der nebenstehenden Abbildung dargestellt ist. Der Spieler zahlt einen Einsatz von 5 € und würfelt dann zweimal. Anschließend wird ihm die Summe der beiden gewürfelten Zahlen in € ausgezahlt.

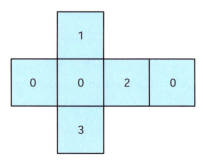

a) Die Zufallsgröße X beschreibt den Betrag in €, der an den Spieler ausgezahlt wird. Begründen Sie, dass X nur die Werte 3, 4, 5 und 6 annehmen kann.

Die Tabelle zeigt die Wahrscheinlichkeitsverteilung von X.

k	3	4	5	6
P(X = k)	$\frac{1}{6}$	$\frac{1}{6}$	$\frac{1}{6}$	$\frac{1}{2}$

(1) Geben Sie ein Ereignis an, das bezüglich dieser Verteilung mit einer Wahrscheinlichkeit von $\frac{2}{3}$ eintritt.

Ein Spiel heißt fair, wenn die Einsätze und die Auszahlungen auf lange Sicht ausgeglichen sind.

(2) Zeigen Sie, dass das Spiel fair ist.

(3) Berechnen Sie den Zahlenwert, mit dem eine der drei „0"-Seitenflächen des Würfels überklebt werden muss, damit das Spiel bei einem Einsatz von 7,50 € fair ist.

b) Es wird 10-mal mit dem oben abgebildeten Würfel gespielt. Die Zufallsgröße Y beschreibt die Anzahl der Spiele, bei denen 6 € ausgezahlt werden.

(1) Berechnen Sie die Wahrscheinlichkeit dafür, dass
– bei mindestens 3 Spielen 6 € ausgezahlt werden,
– bei höchstens 6 Spielen weniger als 6 € ausgezahlt werden.

(2) Begründen Sie ohne Berechnung der Wahrscheinlichkeiten, dass $P(Y = 3) = P(Y = 7)$ gilt.

(3) Erläutern Sie, dass der Term $\frac{1}{3} \cdot P(Y = 9)$ die Wahrscheinlichkeit dafür angibt, dass bei den 10 Spielen insgesamt 59 € ausgezahlt werden.

Lösung

a) (1) Wenn 0 fällt, dann wird 1 + 2 + 3 = 6 € ausgezahlt, wenn 1 fällt, wird 2 + 3 = 5 € ausgezahlt, wenn 2 fällt, 1 + 3 = 4 €, wenn 3 fällt, 1 + 2 = 3 €.

(2) Bestimmung des Erwartungswerts der Auszahlung:
$E(X) = \frac{1}{6} \cdot 3 + \frac{1}{6} \cdot 4 + \frac{1}{6} \cdot 5 + \frac{3}{6} \cdot 6 = \frac{3+4+5+18}{6} = \frac{30}{6} = 5.$
Da der Erwartungswert der Auszahlung so groß ist wie der Einsatz, handelt es sich um eine faire Spielregel.

(3) Wenn eine der 0-Flächen mit a beschriftet wird, dann gilt:

Augenzahl	0	1	2	3	a
Auszahlung	1 + 2 + 3 + a = 6 + a	2 + 3 + a = 5 + a	1 + 3 + a = 4 + a	1 + 2 + a = 3 + a	1 + 2 + 3 = 6
Wahrscheinlichkeit	$\frac{2}{6}$	$\frac{1}{6}$	$\frac{1}{6}$	$\frac{1}{6}$	$\frac{1}{6}$

Erwartungswert:
$E(X) = \frac{1}{6} \cdot (3 + a) + \frac{1}{6} \cdot (4 + a) + \frac{1}{6} \cdot (5 + a) + \frac{2}{6} \cdot (6 + a) + \frac{1}{6} \cdot 6$
$= \frac{3+4+5+12+6}{6} + \frac{5}{6} \cdot a = 5 + \frac{5}{6} \cdot a$
Die Bedingung $5 + \frac{5}{6} \cdot a = 7{,}5$ führt auf $\frac{5}{6} \cdot a = 2{,}5$, also auf a = 3.

b) (1) Mit der Erfolgswahrscheinlichkeit p = 0,5 wird ein Betrag von 6 € ausgezahlt.
$P(Y \leq 3) \approx 0{,}945$

Mit der Misserfolgswahrscheinlichkeit q = 0,5 wird weniger als 6 € ausgezahlt.
P(höchstens 6 Misserfolge) = P(mindestens 4 Erfolge) = $P(Y \geq 4) \approx 0{,}828$.

```
binomCdf(10,0.5,3,10)     0.945313
binomCdf(10,0.5,4,10)     0.828125
```

(2) Da p = 0,5 ist, ist die Wahrscheinlichkeitsverteilung symmetrisch zu Y = 5.

(3) In 10 Spielen werden 59 € ausgezahlt, wenn 9-mal 6 € und 1-mal 5 € ausgezahlt werden. P(Y = 9) ist die Wahrscheinlichkeit dafür, dass 9-mal 6 € ausgezahlt werden und 1-mal ein anderer Betrag (3, 4 oder 5 €). Da diese drei Fälle gleich wahrscheinlich sind, muss P(Y = 9) durch 3 geteilt werden.

Aufgabe 2B *Stochastik – erhöhtes Anforderungsniveau*

Ein Unternehmen stellt Kakaopulver her. Die Zufallsgröße X beschreibt das Füllgewicht der Packungen in Gramm (g) und wird als normalverteilt angenommen. Der Erwartungswert des Füllgewichts beträgt 125 g. Die Standardabweichung hat den Wert 2 g.

Alle Gewichte sind in Gramm, auf eine Nachkommastelle gerundet, anzugeben.

a) (1) Berechnen Sie die Wahrscheinlichkeit dafür, dass das Füllgewicht einer beliebigen Packung
 – zwischen 124,5 g und 125,4 g liegt,
 – über 127,0 g liegt,
 – höchstens 122,0 g oder mindestens 128,0 g beträgt.

(2) Bestimmen Sie das größte Gewicht, das mindestens 95 % der Packungen überschreiten.

b) Der Hersteller überprüft seine Abfüllmaschine. Dafür untersucht er 500 Packungen, die von dieser Maschine abgefüllt wurden. Ein zu geringes Füllgewicht ist gegeben, wenn dieses mehr als 4,5 g unter dem Erwartungswert liegt.

(1) Zeigen Sie die Gültigkeit der folgenden Aussage mithilfe einer geeigneten Binomialverteilung: Die Wahrscheinlichkeit dafür, dass mehr als 2 % der Packungen ein zu geringes Füllgewicht haben, beträgt etwa 4,6 %.

Ein Großhändler erhält 10 Lieferungen mit jeweils 500 Packungen.

(2) Berechnen Sie die Wahrscheinlichkeit dafür, dass bei höchstens einer dieser Lieferungen mehr als 2 % der Packungen ein zu geringes Füllgewicht haben.

c) Unabhängig vom Sachzusammenhang ist die normalverteilte Zufallsgröße X mit dem Erwartungswert $\mu = 125$ und der Standardabweichung $\sigma = 2$ gegeben.

Betrachtet werden Intervalle [a ; b] mit folgenden Eigenschaften:
– a und b sind beide größer als der Erwartungswert.
– Der Abstand vom Erwartungswert ist für b doppelt so groß wie für a.

Bestimmen Sie die beiden Werte von a, für die gilt: $P(a \leq X \leq b) = 0{,}1$.

Lösung

a) (1) $P(124{,}5 \leq X \leq 125{,}4) = P(\mu - 0{,}25\,\sigma \leq X \leq \mu + 0{,}2\,\sigma) \approx 0{,}178$
$P(X > 127) = 1 - P(X \leq \mu + \sigma) \approx 0{,}159$
$P(X \leq 122) + P(X \geq 128) = 1 - P(122 < X < 128) = 1 - P(\mu - 1{,}5\sigma \leq X \leq \mu + 1{,}5\sigma) \approx 0{,}134$

Hinweis: Für die Rechnung mit dem GTR werden die Umrechnungen mit μ und σ nicht benötigt.

normCdf(124.5,125.4,125,2)	0.177966
normCdf(127,140,125,2)	0.158655
1−normCdf(122,128,125,2)	0.133614

(2) Aus den Sigma-Regeln folgt: $P(X \geq \mu - 1{,}64\,\sigma) \approx 0{,}95$, d. h. $X \geq 125 - 1{,}64 \cdot 2 \approx 121{,}7$,

vgl. auch die folgende Kontrollrechnung mit dem GTR sowie die Nutzung der invnorm-Option des GTR.

1−normCdf(0,121.7,125,2)	0.950529
invNorm(0.05,125,2)	121.71

b) (1) X: *Anzahl der Packungen mit einem Füllgewicht unter 120,5 g.*

Aus Teilaufgabe a) ergibt sich hierfür die Erfolgswahrscheinlichkeit p:
p = P(Füllgewicht unter 120,5 g) ≈ 0,012224, vgl. 1. Zeile im Screenshot.

Bernoulli-Versuch mit n = 500; 2 % von 500 ist 10;
mithilfe des GTR ergibt sich $P(X > 10) \approx 0{,}046$, vgl. 2. Zeile im Screenshot.

normCdf(−9.ε999,120.5,125,2)	0.012224
binomCdf(500,0.012224,11,500)	0.046362
binomCdf(10,0.04632,0,1)	0.924607

(2) n = 10, Y: *Anzahl der Lieferungen mit mehr als 2 % zu beanstandenden Packungen.*
Die Erfolgswahrscheinlichkeit beträgt hier p ≈ 0,046362.
Dann ist $P(Y \leq 1) \approx 0{,}925$, vgl. 3. Zeile im Screenshot.

c) Gegeben ist $P(a \leq X \leq b) = P(\mu + x \leq X \leq \mu + 2x) = 0{,}1$.

Mit dem numerischen Gleichungslöser des GTR findet man die beiden Lösungen
$x_1 \approx 0{,}5467$, also $P(125{,}5467 \leq X \leq 126{,}0934) = 0{,}1$, und
$x_2 \approx 2{,}49242$, also $P(127{,}49242 \leq X \leq 129{,}98484) = 0{,}1$, vgl. Kontrollrechnungen.

nSolve(normCdf(125+x,125+2·x,125,2)=0.1	
	0.546702
normCdf(125.5467,126.0934,125,2)	0.1
nSolve(normCdf(125+x,125+2·x,125,2)=0.1	
	2.49242
normCdf(127.49242,129.98484,125,2)	0.1

Hinweis: Um die beiden Lösungen zu finden, müssen entsprechend unterschiedliche Startwerte für den Suchalgorithmus eingegeben werden.

Aufgabe 3A *Analytische Geometrie – grundlegendes Anforderungsniveau*

Eine Pyramide mit viereckiger Grundfläche hat die Eckpunkte A(−3|0|0), B(3|0|0), C(1,5|2|0), D(−1,5|2|0) und S(0|2|2).

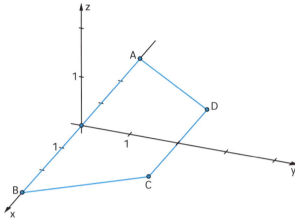

a) (1) Stellen Sie die Pyramide im Koordinatensystem der Abbildung grafisch dar.

   (2) Begründen Sie, dass das Dreieck SCD gleichschenklig ist.

b) Die Gerade $g: \vec{x} = \begin{pmatrix} -3 \\ 0 \\ 0 \end{pmatrix} + u \cdot \begin{pmatrix} 21 \\ 10 \\ 2 \end{pmatrix}$, $u \in \mathbb{R}$, verläuft durch den Punkt A und schneidet die Pyramidenkante $\overline{CS}$.

   (1) Berechnen Sie den Winkel, den die Gerade g mit der Grundfläche ABCD der Pyramide einschließt. **G3**

   (2) Berechnen Sie, in welchem Verhältnis die Gerade g die Pyramidenkante $\overline{CS}$ teilt. **F1 F2**

c) Betrachtet werden Pyramiden mit der Grundfläche ABCD, bei denen die Pyramidenspitze in Abhängigkeit von k durch $S_k\left(0 \mid 4 - \tfrac{4}{5}k \mid \tfrac{4}{5}k\right)$ beschrieben werden kann.

   Untersuchen Sie, ob es Pyramiden gibt, bei denen das Dreieck ABS_k am Punkt S_k rechtwinklig ist. **E4**

Lösung

a) (1) Zeichnung:

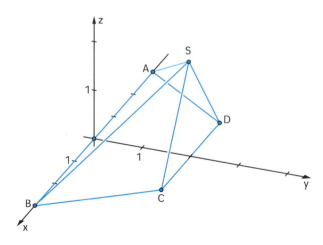

(2) Der Punkt S liegt in der yz-Ebene, die Punkte C und D liegen symmetrisch zur yz-Ebene (entgesetzte x-Koordinaten).

b) (1) Die Grundfläche der Pyramide liegt in der xy-Ebene, ein Normalenvektor hierzu ist

$\vec{n} = \begin{pmatrix} 0 \\ 0 \\ 1 \end{pmatrix}$. Hieraus ergibt sich für den Schnittwinkel

$$\sin(\alpha) = \frac{\begin{pmatrix} 0 \\ 0 \\ 1 \end{pmatrix} * \begin{pmatrix} 21 \\ 10 \\ 2 \end{pmatrix}}{1 \cdot \sqrt{21^2 + 10^2 + 2^2}} = \frac{2}{\sqrt{545}} \Leftrightarrow \alpha \approx 4{,}9°.$$

(2) Bestimmung des Schnittpunkts der Geraden g: $\vec{x} = \begin{pmatrix} -3 + 21u \\ 10u \\ 2u \end{pmatrix}$ mit der

Geraden h: $\vec{x} = \begin{pmatrix} 1{,}5 \\ 2 \\ 0 \end{pmatrix} + r \cdot \begin{pmatrix} 0 - 1{,}5 \\ 2 - 2 \\ 2 - 0 \end{pmatrix} = \begin{pmatrix} 1{,}5 - 1{,}5r \\ 2 \\ 2r \end{pmatrix}$ durch Lösung des linearen

Gleichungssystems $\begin{vmatrix} -3 + 21u = 1{,}5 - 1{,}5r \\ 10u = 2 \\ 2u = 2r \end{vmatrix} \Leftrightarrow \begin{vmatrix} r = 0{,}2 \\ u = 0{,}2 \\ u = r \end{vmatrix}$.

Aus $r = 0{,}2 = \frac{1}{5}$ ergibt sich das Teilungsverhältnis von 1 zu 4.

c) Für das Skalarprodukt der Vektoren $\overrightarrow{AS_k}$ und $\overrightarrow{BS_k}$ gilt:

$$\overrightarrow{AS_k} * \overrightarrow{BS_k} = \begin{pmatrix} 0 - (-3) \\ 4 - \frac{4}{5}k - 0 \\ \frac{4}{5}k - 0 \end{pmatrix} * \begin{pmatrix} 0 - 3 \\ 4 - \frac{4}{5}k - 0 \\ \frac{4}{5}k - 0 \end{pmatrix} = -9 + \left(4 - \frac{4}{5}k\right)^2 + \left(\frac{4}{5}k\right)^2$$

$$= -9 + 16 - \frac{32}{5}k + \frac{16}{25}k^2 + \frac{16}{25}k^2 = \frac{32}{25}k^2 - \frac{32}{5}k + 7 = \frac{32}{25} \cdot \left(k^2 - 5k + \frac{175}{32}\right)$$

Dieses ist gleich null, wenn $x_1 \approx 1{,}62$ und wenn $x_2 \approx 3{,}38$.
Es gibt also Pyramiden mit rechtwinkligem Dreieck ABS_k.

Aufgabe 3B *Analytische Geometrie – grundlegendes Anforderungsniveau*

Gegeben sind die Gerade $g: \vec{x} = \begin{pmatrix} 1 \\ 1 \\ -4 \end{pmatrix} + r \cdot \begin{pmatrix} -2 \\ 1 \\ 0 \end{pmatrix}$, $r \in \mathbb{R}$, und

die Ebene $E: \vec{x} = \begin{pmatrix} 1 \\ 0 \\ -2 \end{pmatrix} + s \cdot \begin{pmatrix} 1 \\ 0 \\ -3 \end{pmatrix} + t \cdot \begin{pmatrix} 0 \\ -1 \\ 2 \end{pmatrix}$, $s \in \mathbb{R}$, $t \in \mathbb{R}$.

a) Zeigen Sie, dass

(1) der Vektor $\vec{n} = \begin{pmatrix} 3 \\ 2 \\ 1 \end{pmatrix}$ ein Normalenvektor der Ebene E ist.

(2) $S(1|1|-4)$ der einzige gemeinsame Punkt von g und E ist.

Die Ebene H hat die Gleichung $3x + 2y + z = 3$. E und H schneiden aus der Geraden g eine Strecke heraus.

(3) Bestimmen Sie die Länge dieser Strecke.

b) Für $a \in \mathbb{R}$ ist die Ebene F durch die Gleichung $3x + 2y + (2 + a) \cdot z = 3a + 4$ gegeben.

(1) Berechnen Sie einen Wert für a, sodass der Punkt $P(0|0|2{,}5)$ der Schnittpunkt von F mit der z-Achse ist.

(2) Untersuchen Sie, ob es zu jedem Punkt Z der z-Achse einen Wert für a gibt, sodass Z der Schnittpunkt von F mit der z-Achse ist.

Lösung

a) (1) Das Skalarprodukt des angegebenen Vektors mit den beiden Richtungsvektoren ist jeweils 0:

$\begin{pmatrix} 3 \\ 2 \\ 1 \end{pmatrix} * \begin{pmatrix} 1 \\ 0 \\ -3 \end{pmatrix} = 3 + 0 - 3 = 0$, $\begin{pmatrix} 3 \\ 2 \\ 1 \end{pmatrix} * \begin{pmatrix} 0 \\ -1 \\ 2 \end{pmatrix} = 0 - 2 + 2 = 0$.

(2) Da der Normalenvektor von E nicht orthogonal ist zum Richtungsvektor von g, gibt es genau einen Schnittpunkt von Gerade und Ebene. Man erhält diesen Schnittpunkt mit den Parameterwerten $r = 0$, $s = 0$ und $t = -1$.

(3) Schnittpunkt der Geraden g mit der Ebene H: Einsetzen der Komponenten der Parameterdarstellung der Geraden in die Koordinatengleichung der Ebene H:

$3 \cdot (1 - 2r) + 2 \cdot (1 + r) + (-4) = 3 \Leftrightarrow 3 - 6r + 2 + 2r - 4 = 3 \Leftrightarrow -4r = 2 \Leftrightarrow r = -0{,}5$.

Koordinaten des Schnittpunkts T von g und H: $(1 + 0{,}5 \cdot 2 | 1 - 0{,}5 | -4) = (2 | 0{,}5 | -4)$.

Länge der Strecke ST: $\sqrt{(2-1)^2 + (0{,}5 - 1)^2 + (-4 - (-4))^2} = \sqrt{1 + 0{,}25 + 0} \approx 1{,}12$.

b) (1) Einsetzen der Koordinaten des Punkts P in die Ebenengleichung ergibt
$(2 + a) \cdot 2{,}5 = 3a + 4$, also $5 + 2{,}5a = 3a + 4 \Leftrightarrow 0{,}5a = 1 \Leftrightarrow a = 2$.

(2) Ist allgemein $Z(0|0|z)$ ein Punkt der z-Achse, dann gilt entsprechend
$(2 + a) \cdot z = 3a + 4$, also $2z + az = 3a + 4 \Leftrightarrow az - 3a = 4 - 2z \Leftrightarrow a \cdot (z - 3) = 4 - 2z$.

Diese Gleichung kann nur nach a aufgelöst werden, wenn $z \neq 3$ ist. Für $z = 3$ gibt es also keinen solchen Punkt.

Aufgabe 3A *Analytische Geometrie – erhöhtes Anforderungsniveau*

Ein dreieckiges Stück Papier wird entsprechend der Abbildung liegend in einem Koordinatensystem betrachtet. Es besitzt die Eckpunkte A(−3|0|0), B(3|0|0) und C(0|4|0). Die Punkte D(−1,5|2|0) und E(1,5|2|0) liegen auf den Dreiecksseiten.

Das Dreieck wird entlang der Strecke DE so gefaltet, dass der ursprüngliche Punkt C zur Spitze S(0|2|2) einer Pyramide mit der Grundfläche ABED wird.

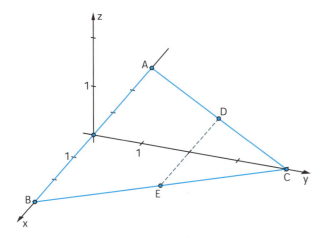

a) (1) Stellen Sie die Pyramide im Koordinatensystem der Abbildung grafisch dar.

Die Ebene F, die die Seitenfläche SBE der Pyramide enthält, kann durch die Gleichung $4x + 3y + 3z = 12$ beschrieben werden.

(2) Berechnen Sie den Winkel, den die Seitenfläche SBE mit der Grundfläche ABED einschließt.

Die Ursprungsgerade g verläuft durch den Punkt P(0|3|1). Die Strecke u verläuft vom Punkt M(0|1|0) zur Pyramidenspitze S(0|2|2).

(3) Berechnen Sie, in welchem Verhältnis die Gerade g die Strecke u teilt.

b) Im Folgenden wird der Faltvorgang vom dreieckigen Stück Papier zur Pyramide betrachtet.

Begründen Sie, dass sich bei diesem Faltvorgang der ursprüngliche Punkt C sowohl in der yz-Ebene als auch auf einer Kreisbahn bewegt.

c) Der Punkt D wird entlang der Strecke $\overline{CA}$ verschoben.

(1) Begründen Sie, dass seine Koordinaten dabei durch $D_k\left(-\frac{3}{5}k \mid 4 - \frac{4}{5}k \mid 0\right)$ mit $0 \leq k \leq 5$ beschrieben werden können.

Analog zum oben beschriebenen Faltvorgang wird das ursprüngliche Dreieck jetzt entlang der Strecke $\overline{D_k E}$ gefaltet. Dabei wird der ursprüngliche Punkt C zur Spitze S_k einer Pyramide mit der Grundfläche ABD_kE.

(2) Berechnen Sie den Wert für k, für den die Pyramidenfläche $S_k D_k E$ die Form eines Dreiecks mit einem rechten Winkel beim Punkt D_k hat.

Lösung

a) (1) Grafik:

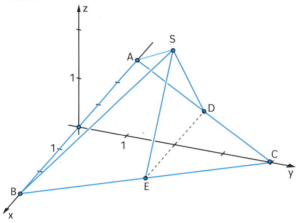

(2) Die Grundfläche der Pyramide liegt in der xy-Ebene, ein Normalenvektor hierzu ist
$\vec{n} = \begin{pmatrix} 0 \\ 0 \\ 1 \end{pmatrix}$.

Ein Normalenvektor für die Ebene F ist $\vec{m} = \begin{pmatrix} 4 \\ 3 \\ 3 \end{pmatrix}$.

Hieraus ergibt sich für den Winkel zwischen den Ebenen:

$$\cos(\alpha) = \frac{\begin{pmatrix} 0 \\ 0 \\ 1 \end{pmatrix} * \begin{pmatrix} 4 \\ 3 \\ 3 \end{pmatrix}}{1 \cdot \sqrt{4^2 + 3^2 + 3^2}} = \frac{3}{\sqrt{34}} \Leftrightarrow \alpha \approx 4{,}9°.$$

```
cos⁻¹(3/√34)          59.0362
|
```

(3) Parameterdarstellung der Gerade g: $\vec{x} = s \cdot \begin{pmatrix} 0 \\ 3 \\ 1 \end{pmatrix}$

Parameterdarstellung der Gerade u durch M und S: $\vec{x} = \begin{pmatrix} 0 \\ 1 \\ 0 \end{pmatrix} + t \cdot \begin{pmatrix} 0 \\ 1 \\ 2 \end{pmatrix}$

Der gemeinsame Punkte der beiden Geraden erfüllt beide Bedingungen:
$1 + t = 3s \wedge 2t = s$, also $1 + t = 6t$, d. h. $t = 0{,}2 = \frac{1}{5}$.

An diesem Parameterwert kann man ablesen, dass die Strecke MS im Verhältnis 1 zu 4 unterteilt wird.

b) Die Faltlinie DE schneidet die y-Achse senkrecht und liegt in der xy-Ebene. Da zusätzlich C auf der y-Achse liegt, bleibt beim Falten der ursprüngliche Punkt C in der yz-Ebene. Sein Abstand vom Schnittpunkt der Faltlinie DE mit der y-Achse hat stets den gleichen Wert. Er bewegt sich also beim Falten auch auf einer Kreisbahn.

c) (1) Parameterdarstellung eines Punktes D_k auf der Strecke CA:

$$\vec{x} = \begin{pmatrix} 0 \\ 4 \\ 0 \end{pmatrix} + r \cdot \begin{pmatrix} -3 \\ -4 \\ 0 \end{pmatrix} = \begin{pmatrix} 0 \\ 4 \\ 0 \end{pmatrix} + k \cdot \begin{pmatrix} -\frac{3}{5} \\ -\frac{4}{5} \\ 0 \end{pmatrix} = \begin{pmatrix} -\frac{3}{5}k \\ 4 - \frac{4}{5}k \\ 0 \end{pmatrix}, \text{ wobei } 0 \leq r \leq 1, \text{ also } 0 \leq k \leq 5.$$

(2) Wenn längs der Strecke ED_k gefaltet wird, entsteht nur dann ein rechter Winkel bei D_k, wenn AC orthogonal ist zu ED_k.

$$\begin{pmatrix} -\frac{3}{5}k - 1{,}5 \\ 4 - \frac{4}{5}k - 2 \\ 0 \end{pmatrix} * \begin{pmatrix} -3 \\ -4 \\ 0 \end{pmatrix} = \frac{9}{5}k + 4{,}5 - 8 + \frac{16}{5}k = 5k - 3{,}5 = 0 \Leftrightarrow k = 0{,}7.$$

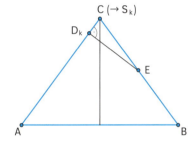

Aufgabe 3B *Analytische Geometrie – erhöhtes Anforderungsniveau*

Gegeben sind die Gerade $g: \vec{x} = \begin{pmatrix} 1 \\ 1 \\ -4 \end{pmatrix} + r \cdot \begin{pmatrix} -2 \\ 1 \\ 0 \end{pmatrix}$, $r \in \mathbb{R}$, und

die Ebene $E: \vec{x} = \begin{pmatrix} 1 \\ 0 \\ -2 \end{pmatrix} + s \cdot \begin{pmatrix} 1 \\ 0 \\ -3 \end{pmatrix} + t \cdot \begin{pmatrix} 0 \\ -1 \\ 2 \end{pmatrix}$, $s \in \mathbb{R}, t \in \mathbb{R}$.

a) Zeigen Sie, dass

(1) der Vektor $\vec{n} = \begin{pmatrix} 3 \\ 2 \\ 1 \end{pmatrix}$ ein Normalenvektor der Ebene E ist.   **E4**

(2) S(1|1|–4) ein gemeinsamer Punkt von g und E ist.   **F8**

(3) Berechnen Sie die Größe des Schnittwinkels von g und E.   **G4**

Die Ebene E und die Ebene H, die parallel zu E ist und den Punkt P(0|1|1) enthält, schneiden aus der Geraden g eine Strecke heraus.

(4) Bestimmen Sie die Länge dieser Strecke.   **F5 F8 E5**

Gegeben sind die Ebenen $E_a: 3x + 2y + (2 + a) \cdot z = 3a + 4$, $a \in \mathbb{R}$.

b) (1) Untersuchen Sie, ob die Ebene E zu den Ebenen E_a gehört.   **F11**

(2) Zeigen Sie, dass die Gerade g in keiner der Ebenen E_a liegt.   **E4 F8**

c) Jede Ebene E_a mit $a \neq -2$ hat mit der z-Achse einen Schnittpunkt Z.

Klassifizieren Sie diese Ebenen nach der Lage des Punktes Z auf der z-Achse.   **F11**

Lösung

a) (1) Das Skalarprodukt des angegebenen Vektors mit den beiden Richtungsvektoren ist jeweils 0:
$$\begin{pmatrix} 3 \\ 2 \\ 1 \end{pmatrix} * \begin{pmatrix} 1 \\ 0 \\ -3 \end{pmatrix} = 3 + 0 - 3 = 0, \quad \begin{pmatrix} 3 \\ 2 \\ 1 \end{pmatrix} * \begin{pmatrix} 0 \\ -1 \\ 2 \end{pmatrix} = 0 - 2 + 2 = 0.$$

(2) Da der Normalenvektor von E nicht orthogonal ist zum Richtungsvektor von g, gibt es genau einen Schnittpunkt von Gerade und Ebene. Man erhält diesen Schnittpunkt mit den Parameterwerten $r = 0$, $s = 0$ und $t = -1$.

(3) Der Schnittwinkel ist daher

$$\sin(\alpha) = \frac{\left| \begin{pmatrix} -2 \\ 1 \\ 0 \end{pmatrix} * \begin{pmatrix} 3 \\ 2 \\ 1 \end{pmatrix} \right|}{\sqrt{5} \cdot \sqrt{14}} = \left| \frac{-4}{\sqrt{70}} \right| \Leftrightarrow \alpha \approx 28{,}6°.$$

(4) Koordinatengleichung von H: Der Normalenvektor von E ist angegeben, also auch von der parallelen Ebene H, daher gilt:

$$H: \vec{x} * \begin{pmatrix} 3 \\ 2 \\ 1 \end{pmatrix} = \begin{pmatrix} 0 \\ 1 \\ 1 \end{pmatrix} * \begin{pmatrix} 3 \\ 2 \\ 1 \end{pmatrix} = 3 \Leftrightarrow 3x + 2y + z = 3.$$

Schnittpunkt von H mit g: Der gemeinsame Punkt erfüllt beide Bedingungen:
$3 \cdot (1 - 2r) + 2 \cdot (1 + r) + 1 \cdot (-4) = 3 \Leftrightarrow 3 - 6r + 2 + 2r - 4 = 3 \Leftrightarrow -4r = 2 \Leftrightarrow r = -0,5$

Einsetzen des Parameterwerts in die Geradengleichung: $T(2|0,5|-4)$.

Länge der Strecke ST: $\sqrt{(2-1)^2 + (0,5-1)^2 + (-4-(-4))^2} = \sqrt{1,25} \approx 1,118.$

b) (1) Koordinatengleichung für E: $\vec{x} * \begin{pmatrix} 3 \\ 2 \\ 1 \end{pmatrix} = \begin{pmatrix} 1 \\ 1 \\ -4 \end{pmatrix} * \begin{pmatrix} 3 \\ 2 \\ 1 \end{pmatrix} = 1$, also $3x + 2y + z = 1$.

Aus dem Vergleich der Koordinatengleichungen ergeben sich zwei Bedingungen:
$2 + a = 1 \land 3a + 4 = 1 \Leftrightarrow a = -1 \land a = -1$, daher ist $E = E_{-1}$.

(2) Für das Skalarprodukt des Normalenvektors der Ebene E_a mit dem Richtungsvektor der Geraden g gilt:

$\begin{pmatrix} -2 \\ 1 \\ 0 \end{pmatrix} * \begin{pmatrix} 3 \\ 2 \\ 2+a \end{pmatrix} = -6 + 2 = -4$, d. h. die Gerade ist nicht parallel zu irgendeiner der

Ebenen der Ebenenschar, also erst recht kann g nicht in einer der Ebenen liegen.

c) Für die z-Koordinate eines Punktes Z der z-Achse gilt: $(2 + a) \cdot z = 3a + 4 \Leftrightarrow z = \frac{3a+4}{a+2}$.

Daher gilt: Wenn $3a + 4 = 0$, also $a = -\frac{4}{3}$, verläuft die Ebene durch den Ursprung.

– Wenn $3a + 4 > 0 \land a + 2 > 0$, ist z positiv, also wenn $a > -\frac{4}{3} \land a > -2 \Leftrightarrow a > -\frac{4}{3}$.

– Wenn $3a + 4 < 0 \land a + 2 < 0$, ist z positiv, also wenn $a < -\frac{4}{3} \land a < -2 \Leftrightarrow a < -2$.

– Wenn $3a + 4 < 0 \land a + 2 > 0$, ist z negativ, also wenn $a < -\frac{4}{3} \land a > -2 \Leftrightarrow -2 < a < -\frac{4}{3}$.

– Wenn $3a + 4 > 0 \land a + 2 < 0$, ist z negativ, also wenn $a > -\frac{4}{3} \land a < -2$. Dieser Fall ist nicht möglich.

Zusammenfassung: Die positive z-Achse wird geschnitten für $a > -\frac{4}{3}$ oder für $a < -2$. Die negative z-Achse wird geschnitten für $-2 < a < -\frac{4}{3}$.

Für $a = -\frac{4}{3}$ enthält die Ebene den Ursprung.

Stichwortverzeichnis

Ableitung
– Exponentialfunktion 13
– Logarithmusfunktionen 13
– Potenzfunktionen 12
Ableitungsfunktion 15
abschnittsweise definierte Funktionen 17
absolute Extrempunkte 26
absolute Häufigkeit 94
Abstand
– Gerade von Ebene 89
– paralleler Geraden 92
– Punkt von Ebene 89
– Punkt von Gerade 91
– zweier Ebenen 89
– zweier windschiefer Geraden 92
Achsensymmetrie 19
Änderungsrate 51
– mittlere und lokale 15
arithmetisches Mittel 94
Asymptote, asymptotisches Verhalten 33
Ausprägungen eines Merkmals 94
Baumdiagramm 96
– umgekehrtes 97
bedingte Wahrscheinlichkeit , 98
BERNOULLI-Formel 101
BERNOULLI-Versuch 101, 110
beschränktes Wachstum 43
Betrag eines Vektors 60
Binomialverteilung 101
– Erwartungswert 105
Diagonalform 80
Dichtefunktion einer stetigen Zufallsgröße 106
Differenzialgleichungen der Wachstumsprozesse 43
differenzierbarer Übergang 17
Dreieck, Flächeninhalt 87, 93
Dreiecksform 80
Dreiecksregel 57
Ebenen
– gegenseitige Lage 77
– Koordinatengleichungen 70
– Parameterdarstellung 65
– Schar 79
– Schnitte mit Geraden 73
– Spurpunkte, -geraden 67
Ebenenbüschel 79

Ebenenbüschel 79
Ebenenschar 79
Einheitsnormalenvektor 68
Einheitsvektor 60
elementare Zeilenumformungen (EZU) 80
empirische Standardabweichung 94
empirische Varianz 94
Erwartungswert
– einer Binomialverteilung 105
– einer Zufallsgröße 100
erweiterte Koeffizientenmatrix 80
Exponentialfunktionen
– Ableitung 13
– asymptotisches Verhalten 33
– Extrempunkte 27
– Koeffizientenbestimmung 39
– Kurvenschar 36
– Wendepunkte 32
exponentielles Wachstum 40, 43
Extrempunkte
– Funktionenscharen 34
– lokale und absolute 26
Extremwertaufgaben mit Nebenbedingungen 45
Faktorregel 13
Fläche
– ins Unendliche reichend 53
– zwischen Graphen 48
– zwischen Graph und x-Achse 48
Flächeninhalt, Dreieck 87, 93
Funktionen, abschnittsweise definierte 17
Funktionenscharen 34
Funktionsterm
– verschieben 20
– vervielfachen 22
Fußpunkt 89
ganzrationale Funktionen
– Globalverlauf 33
– Koeffizientenbestimmung 38
– Symmetrie 19
GAUSS'sches Lösungsverfahren 80
Gegenereignis 96
Geraden
– Abstand zu Gerade 92
– Lage 62
– Parameterdarstellung 61
– Schar 79

– Schnitte mit Ebenen 73
– Spurpunkte 67
– Winkel zwsichen 84
Geradenbündel 79
Geradenschar 79
Gesamtänderungen bestimmen 51
gewichtetes Mittel 94
glatter Übergang 17
Graph
– stauchen 22
– strecken 22
– verschieben 20
Halbwertszeit 40
Häufigkeitsverteilung 94
Hauptsatz der Differenzial- und Integralrechnung 47
HESSE'sche Normalenform 70, 89
hinreichende Bedingung
– lokale Extrempunkte 26
– Sattelpunkte 29
– Wendepunkte 29
hypergeometrische Verteilung 103
integrale Näherungsformel von MOIVRE und LAPLACE 108
Integralfunktion 47
Integrandenfunktion 47
Integration über unbeschränkte Funktionen 53
Intervallschätzung 110
inverse Normalverteilung 107
Kettenregel 13
knickfreier Übergang 17
Koeffizientenbestimmung
– Exponentialfunktionen 39
– ganzrationale Funktionen 38
Koeffizientenmatrix 80
Kollinearität 56
Komplementärregel 96
Konfidenzintervall 112
Koordinatenebenen 66
Koordinatengleichungen 70
Koordinatengleichung in Parameterdarstellung überführen 72
Kreuzprodukt (Vektorprodukt) 68, 93
krümmungsfreier Übergang 17
Krümmungsverhalten, Krümmung 25
Lage
– von Geraden 62
– von Punkten 65

Stichwortverzeichnis

Laplace-Faustregel 105
lineare Gleichungssysteme (LGS) 80
linksgekrümmt 29
Logarithmusfunktion, Ableitung 13
logistisches Wachstum 41, 43
lokale Änderungsrate 15
lokale Extrempunkte, Extremstellen 26
lokale Näherungsformel von Moivre und Laplace 108
Lotfußpunktverfahren 89
Lotgerade 89
Matrizen 75
Mehrfeldertafel 97
Merkmal 94
Mindeststichprobenumfang 114
Mindestwert, Mindestwahrscheinlichkeit 103
Minimum/Maximum 26
Mittelwert 94
– von Funktionswerten 52
mittlere Änderungsrate 15
Monotonie 26
nahtloser Übergang 17
Nebenbedingung 45
Normalenform 70
Normalengleichung 14
Normalenvektor 68
Normalverteilung 106
notwendige Bedingung
– lokale Extrempunkte 26
– Wendepunkte 29
Nullstelle 23
Nullvektor 57
Orthogonalität 59
Orthogonalitätskriterium 68
Ortslinie 34
Ortsvektor 56
Parallelenschar 79
Parameterdarstellung
– Ebene 65
– Gerade 61
Parameterdarstellung in Koordinatengleichung überführen 72
Perzentilwerte 107
Pfadregeln 96
Pfeil 56
Potenzfunktionen, Ableitung 12
Potenzregel 12
Produktregel 13
Projektionen im Raum 75

Punktprobe 61, 65, 70
Punktschätzung 110
Punktsymmetrie 19
Randextrema 45
rechtsgekrümmt 29
reduziertes Baumdiagramm 96
ref 80
relative Häufigkeit 94
Richtungsvektor 61
Rotationskörper 54
rref 80
ruckfreier Übergang 17
Sattelpunkte 29
Satzes von Bayes 98
Schattenbilder 75
Schluss von der Gesamtheit auf die Stichprobe 110
Schluss von der Stichprobe auf die Gesamtheit 112
Schnittgeraden 77
Schnittpunkte
– von Graphen 25
– zwischen Ebenen und Geraden 73
Schnittwinkel
– eines Graphen mit der x-Achse 16
– zwischen Ebenen 85
– zwischen Geraden 84
– zwischen Gerade und Ebene 86
Sicherheitswahrscheinlichkeit 110
Sigma-Regeln 108
signifikante Abweichung 110
Skalarprodukt 59, 84
Spatvolumen 93
Spiegelung
– eines Punktes an Gerade 91
– von Punkten an Ebenen 89
spitze und stumpfe Winkel 84
Spurgeraden von Ebenen 67
Spurpunkte von Geraden und Ebenen 67
Stammfunktion 47
Standardabweichung 100
Standard-Normalverteilung 106
Stauchung eines Graphen 22
stetiger Übergang 17
Stichprobenergebnis, verträglich mit p 110, 112
Stichprobenstreuung 94
Stichprobe, Umfang 114
Streckung eines Graphen 22
Streuung 94

Stützvektor 61
Summenregel 13
Symmetrie von Graphen 19
Tangentengleichung, -steigung 14
Tetraeder, Volumen 88
Trägergerade 79
Trassierung 38
überbestimmt 81
Umfang der Stichprobe 114
umgekehrtes Baumdiagramm 97
uneigentliche Integrale 53
unterbestimmt 81
Varianz einer Zufallsgröße 100
Vektoren, Winkel 84
Vektorprodukt (Kreuzprodukt) 68, 93
Vektor, Vektorkette 56
Verbindungsvektor 57
Verdopplungszeit 40
Verschiebung eines Graphen 20
Verschiebungsvektor 56
verträglich mit p 110
Vertrauensintervall 112
Vervielfachung eines Funktionsterms 22
Vierfeldertafel 97
Volumen
– Spat 93
– Tetraeder/Pyramide 88
– von Rotationskörpern 54
Vorzeichenwechselkriterium (VZW) 26, 29
Wachstum
– beschränktes 43
– exponentielles 40, 43
– logistisches 41, 43
Wachstumsfunktion 43
Wachstumsprozesse 39, 43
Wahrscheinlichkeitsverteilungen 99
Wendepunkte, Wendestellen 29
– Funktionenscharen 34
Winkel zwischen Vektoren 84
Zielfunktion 45
Zufallsgrößen 99, 100

Bildquellenverzeichnis

|Alamy Stock Photo (RMB), Abingdon/Oxfordshire: LianeM 145.1; Otto, Werner 157.1. |ARTWORK Agentur für visuelle Kommunikation, Hannover: Fotowirtz, Dormagen 2.1. |Getty Images, München: NurPhoto/Raa, Jonathan 164.1. |Kilian, Ulrich - science & more redaktionsbüro, Frickingen: 12.1, 12.2, 12.3, 12.4, 12.5, 12.6, 12.7, 21.1, 22.1, 23.1, 28.1, 39.2, 58.2, 63.1, 82.1, 83.1, 84.1, 122.2, 125.1, 125.2, 126.1, 126.2, 134.1, 196.1, 200.5, 204.1, 205.1, 214.2, 218.1, 219.1. |Langner & Partner Werbeagentur GmbH, Hemmingen: 15.1, 16.1, 17.1, 32.1, 33.1, 33.2, 55.1. |Peter Wirtz Fotografie, Dormagen: Titel. |Texas Instruments Education Technology GmbH, Freising: 17.2, 17.3, 24.1, 25.1, 26.1, 27.1, 30.1, 30.2, 31.2, 32.2, 32.3, 36.1, 41.1, 41.2, 41.3, 42.1, 42.2, 42.3, 42.4, 42.5, 43.1, 50.2, 50.3, 62.2, 65.1, 65.2, 65.3, 65.4, 67.1, 67.2, 68.2, 70.1, 70.2, 75.1, 75.2, 79.1, 86.2, 88.1, 96.2, 96.3, 103.1, 103.2, 105.1, 105.2, 105.3, 105.4, 105.5, 105.6, 106.1, 106.2, 107.1, 107.2, 108.1, 108.2, 108.3, 109.1, 110.2, 112.1, 112.2, 112.3, 112.4, 112.5, 113.1, 113.2, 113.3, 114.3, 114.4, 116.1, 116.2, 139.1, 139.2, 139.3, 139.4, 140.1, 140.2, 140.3, 140.4, 143.1, 143.2, 143.3, 143.4, 144.2, 144.3, 146.1, 146.2, 146.3, 146.4, 147.1, 147.2, 147.4, 147.5, 149.1, 149.2, 150.1, 150.2, 150.3, 150.4, 152.1, 152.2, 152.3, 153.1, 153.2, 153.3, 153.4, 156.1, 162.1, 162.2, 163.1, 167.1, 167.2, 170.1, 170.2, 174.1, 174.2, 175.1, 175.2, 175.3, 176.1, 176.2, 176.3, 179.2, 179.3, 180.1, 180.2, 180.3, 182.1, 182.2, 182.3, 182.4, 184.1, 184.2, 185.1, 185.2, 185.3, 193.1, 193.2, 193.3, 193.4, 194.1, 194.2, 194.3, 194.4, 194.5, 196.2, 196.3, 196.4, 197.1, 197.2, 199.2, 199.3, 199.4, 199.5, 199.6, 200.1, 200.2, 200.3, 200.4, 204.2, 204.3, 204.4, 204.5, 205.2, 207.1, 208.1, 208.2, 209.1, 209.2, 211.1, 212.1, 213.1, 213.2, 213.3, 215.1, 215.2, 218.2, 220.1. |Wojczak, Michael, Braunschweig: 15.2, 18.1, 18.2, 18.3, 18.4, 19.1, 19.2, 20.1, 21.2, 23.2, 29.1, 31.1, 34.1, 35.1, 37.1, 39.1, 45.1, 46.1, 46.2, 47.1, 47.2, 48.1, 48.2, 49.1, 49.2, 49.3, 49.4, 50.1, 51.1, 51.2, 52.1, 53.1, 53.2, 54.1, 54.2, 54.3, 56.1, 56.2, 56.3, 57.1, 57.2, 57.3, 58.1, 59.1, 59.2, 62.1, 63.2, 66.1, 66.2, 66.3, 66.4, 67.3, 68.1, 69.1, 69.2, 72.1, 77.1, 78.1, 78.2, 78.3, 80.1, 85.1, 85.2, 86.1, 87.1, 88.2, 89.1, 90.1, 90.2, 90.3, 90.4, 92.1, 93.1, 94.1, 96.1, 97.1, 98.1, 98.2, 100.1, 110.1, 111.1, 111.2, 111.3, 114.1, 114.2, 115.1, 118.1, 118.2, 119.1, 119.2, 119.3, 120.1, 120.2, 122.1, 123.1, 124.1, 127.1, 127.2, 127.3, 136.1, 137.1, 137.2, 141.1, 141.2, 141.3, 142.1, 144.1, 144.4, 145.2, 147.3, 151.1, 154.1, 154.2, 155.1, 156.2, 157.2, 158.1, 158.2, 159.1, 160.1, 169.1, 174.3, 177.1, 177.2, 178.1, 179.1, 181.1, 183.1, 192.1, 192.2, 195.1, 198.1, 199.1, 202.1, 203.1, 203.2, 206.1, 210.1, 214.1, 217.1.